健康に Enjoy 筋トレライフ

著

谷本道哉
（順天堂大学大学院スポーツ健康科学研究科　先任准教授）

荒川裕志
（国際武道大学体育学部　教授）

はじめに

すべての人に筋トレと幸せを

筋トレが盛り上がりを見せ始めてから随分たちます。完全に定着して、もはやブームとはいえなくなりました。

ブームの起きた理由には、某パーソナルジムの衝撃的な広告、超高齢社会におけるロコモ予防の重要性の認知拡大、女性の美しいスタイルに対する意識改革。さらには、新型コロナウイルスによる行動制限から、健康に対する意識が高まったことなどが挙げられるでしょう。

これだけ多くのことが重なると、これは偶然ではなくむしろ必然のように感じます。筋肉はすべての源です。ブームが来なかったこれまでがおかしいのかもしれません。

そして、24時間ジムの激増、女性専用やシニア特化型のジムの登場、自重トレーニングの広がりなどが、ブームを後押ししています。

筋トレはムキムキマッチョだけのものというのは過去のこと。すべての人にとって、カッコよくて、さらには健康で快適な体をつくる筋トレが身近なものになったのです。理想的な体形と快適なコンディション。これがあればそれだけで幸せだと僕は思います。

見た目にカッコいい体をつくることが筋トレの醍醐味であることはもちろんですが、筋トレをすることの第一義は、「健康の維持・増進」であるべきです。

口頃から筋トレに励む筋肥大最優先の皆さんにとっても、「健康な体」は大切な財産ですよね。筋肉さえあればほかはいらない、病気になっても早死にしても構わない、というわけではないはずです。

本書では、健康づくり・体づくりの観点から取り入れていただきたい、あるいは知識として知っていただきたいトレーニングと食事の方法やヒントを、科学的根拠や僕自身の経験に基づいて、できるだけわかりやすくご紹介します。

皆さんのよりよいトレーニングライフの参考にしていただき、いつまでも元気で万全な幸せな状態を保ち、そして筋トレをエンジョイしてください。

谷本道哉

目次 CONTENTS

第2章 トレーニング実践編

装丁デザイン◎泰司デザイン事務所
イラスト◎小島サエキチ、よしだゆうこ
図版◎田中祐子
編集◎森永祐子

第3章 食事編

第1章

Enjoy

トレーニング理論編

第1章では、筋トレの頻度や方法について、
あるいは年代別、性別による
筋トレのポイントや注意点、
スポーツ競技者・アスリートが取り組む筋トレの実際など、
筋トレに対する
“考え方”についてお伝えしていく。

日内リズムと体づくり

1 脂肪を落とすには運動を朝に、筋肉をつけるには筋トレを夜に？

運動後は脂質利用率が上がる

ある程度の強度・ボリュームの運動を行うと、ノルアドレナリンや成長ホルモンの分泌促進などの作用で、体脂肪の分解が進みます。そして運動後、数時間にわたって「脂質利用率（消費エネルギーのうち脂質で賄われる割合）が高まる」ことがわかっています。

その効果は運動の条件によって異なりますが、「軽く息が上がる程度（最大酸素摂取量の50％強度）の自転車運動を1時間行った場合」の運動後6時間の平均脂質利用率は、80％に高まるとの報告があります（図1：Justinら,2012）。使われるエネルギーのうち、80％が脂質から賄われるということです。通常の脂質利用率は50％程度ですので、これは結構な変化といえます。

脂質利用率の高い状態が運動後6時間続くわけですから、「活動的に過ごす時間の前」に運動を行うと、脂肪減量によいだろうといえます。例えば、出勤前のジョギングや自転車通勤を行って、脂肪を使いやすい状態にしてあげてから活動的に過ごすことにより、「その脂肪を効率よく燃やす」ことができます。

高強度運動でより脂質利用率が上がる

なお、この運動の条件を、（エネルギー消費量を一致させた上で）２分間の高強度ペダリング（90％最大酸素摂取量）と２分間の低強度ペダリング（25％最大酸素摂取量）を繰り返すインターバル式にすると、脂質利用率がさらに90％にまで上がることが観察されています。運動の種類としては高強度の刺激をしっかり与える方法が、脂質利用率をより高めるようです。

昨今流行りのタバタトレーニング（20秒の高強度持久運動と10秒の休憩×６～８回）なども、その後の脂質利用率を高めるという点でよい方法かもしれません（※１）。

総合格闘技の川尻達也選手は、「〝朝タバタ〟を行うと、１日中体が燃焼しやすくなっていると感じる」と話しています（実際によく絞れる実感があるということでしょうか）。

僕の場合は、前の職場が山のてっぺんにあったので、「20秒の高強度ペダリングと10秒の低強度ペダリング×７回」で坂道を上り切る〝朝タバタ〟を、通勤でよく行っていま

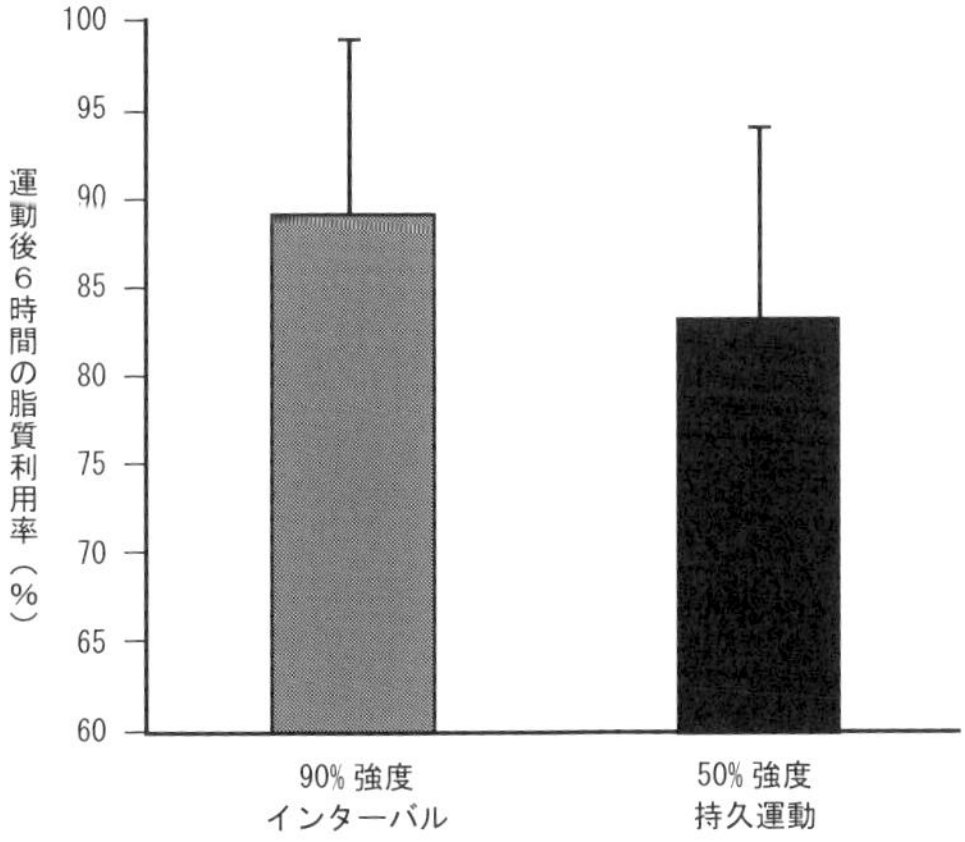

（Justin ら , 2012 より改変）

図1　運動後6時間の脂質利用率

運動刺激により脂質利用率が高い状態が運動後、長時間にわたって維持される。特に高強度運動でその効果が高い。なお、2つの運動条件はエネルギー消費量を同一としている（50%強度運動は60分、90%強度インターバルはウオーミングアップも入れて約40分）

筆者が一時期ハマっていた自転車通勤での朝タバタ。主目的は「心肺持久力・心臓血管系機能・糖質代謝能の向上」「下肢筋量の増大（パンプ系の刺激が強い）」だが、脂質代謝の活性という副次効果も期待できる

※1…タバタトレーニング（ハイインテンシティインターバルトレーニング：HIIT）の最大の特徴は、短時間で高い持久力向上効果が得られることといえます。短時間である分「消費エネルギーは多くない」ので、運動自体の減量効果が高いとはいえません。あくまでも「脂質利用率を高める起爆剤的な効果」が期待できるという話です。その後の時間を活動的に過ごすこととセットで、脂肪減少につながるものと理解してください。

した。

筋トレのような運動もホルモン応答がよく、その後の脂質代謝を高める効果が期待できます。ただし午前中の筋トレは、個人差はあるものの力が出にくい傾向にあります（詳細は後述）ので、筋トレの効果を勘案するとあまり適切ではないかもしれません。

筋トレで一番力が出やすい時間帯は夕方～夜

個人差や慣れによる違いはもちろんありますが、1日のなかで筋力やパワーは午前中よりも夕方から夜にかけてのほうが高くなると多くの研究で観察されています（Chtourou, 2012など）。時間帯による筋力の差は研究条件によりますが、おおむね5～10%ほどとされます。

例えば、順調なときは100kgの挙上重量が、時間帯によって95kgや90kgになるわけですから、これは結構な違いです。午前中の筋トレではあまり高重量が上がらない、といった経験はないでしょうか？

筋トレでは強い力をしっかり出して、筋肉に大きな力学的ストレスを与えることが重要なポイントの1つとなります。ですから、筋トレは夜に行うほうがトレーニングの質を高めやすいといえます。

この発揮筋力やパワーが高まる時間帯というのは、体温

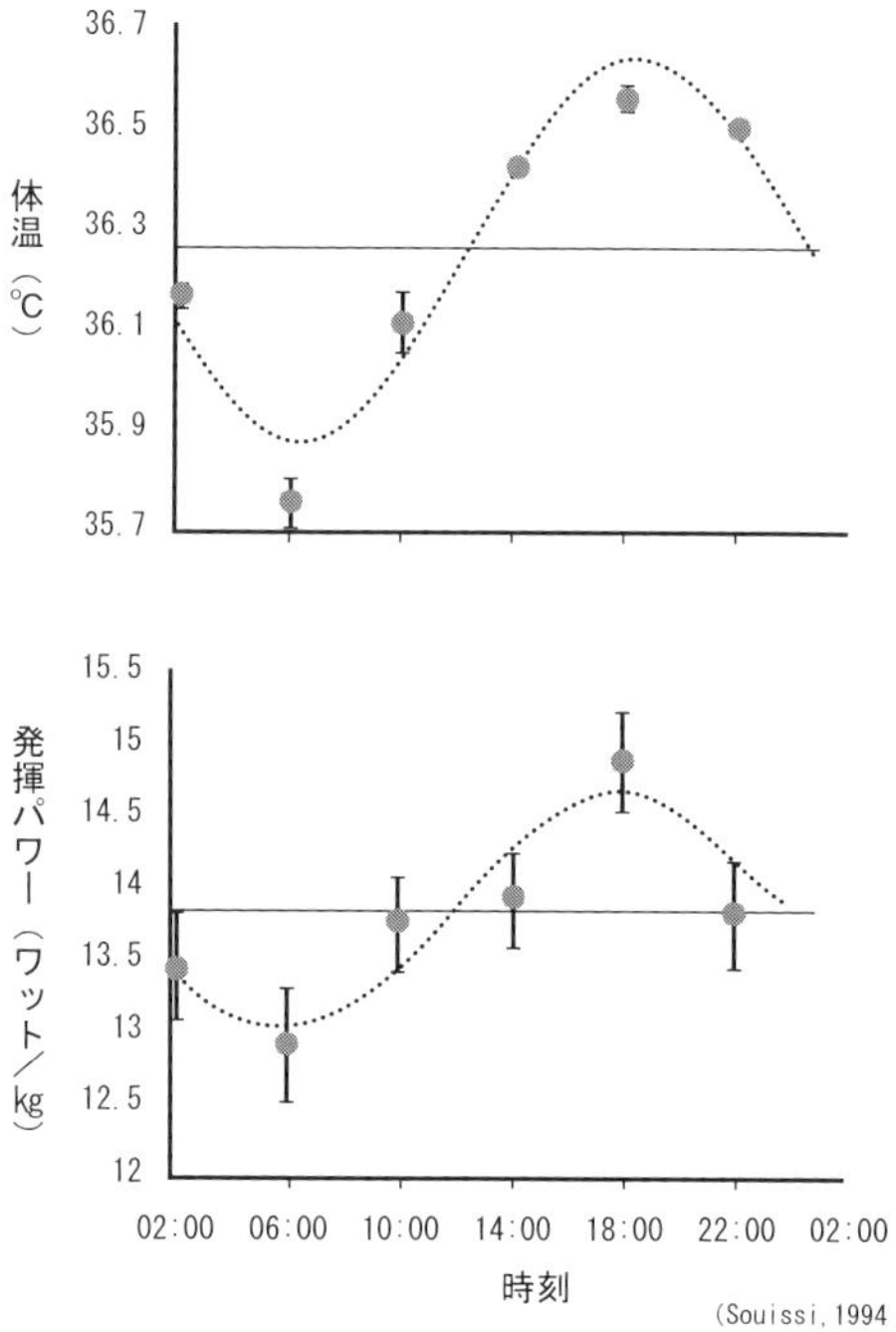

（Souissi, 1994 より改変）

図2　体温と発揮パワーの時間変化はおよそ一致する

自転車を短時間で目いっぱいこぐウィンゲートテストの発揮パワーは、体温の時間変化とおよそ一致する。体温の高まる時間帯はパワーを発揮しやすい時間帯といえる

が高まる時間帯と関係していると考えられています。最大筋力とは少し異なりますが、30秒間全力で自転車を漕ぐウィンゲートテストにおける最大発揮パワーの時間変動を見ると、体温の時間変動とおよそ同期して変化する様子が見られます（図2：Souissi,1994）。

この結果を見ても、体温は夕方から夜にかけて最も高くなるので、このあたりの時間帯が筋トレで最も強い力を発揮できるときといえます（※2）。ただし、時間帯と最大筋力との関係には個人差があります。最も力がみなぎる時間が夕方から夜にかけてでない人は、その時間に無理に合わせる必要はないでしょう。

朝トレに体を慣らすこともできる

夕方以降が筋トレに適した時間帯とはいえ、仕事などの都合によってトレーニングできる時間が限られることもあるでしょう。筋トレを行える時間が朝しかない場合もあります。その場合は、筋トレの時間を朝に固定してしまうのがよさそうです。

朝7時からの筋トレを6週間実行させた群、夕方5時からの筋トレを6週間実行させた群、筋トレをしない群に分けて、朝と夕方の最大発揮筋力（膝伸展筋力で評価）を調べた研究があります（図3：Souissiら,2012）。

各群の筋力差は夕方5時からのほうが15～20％程度高か

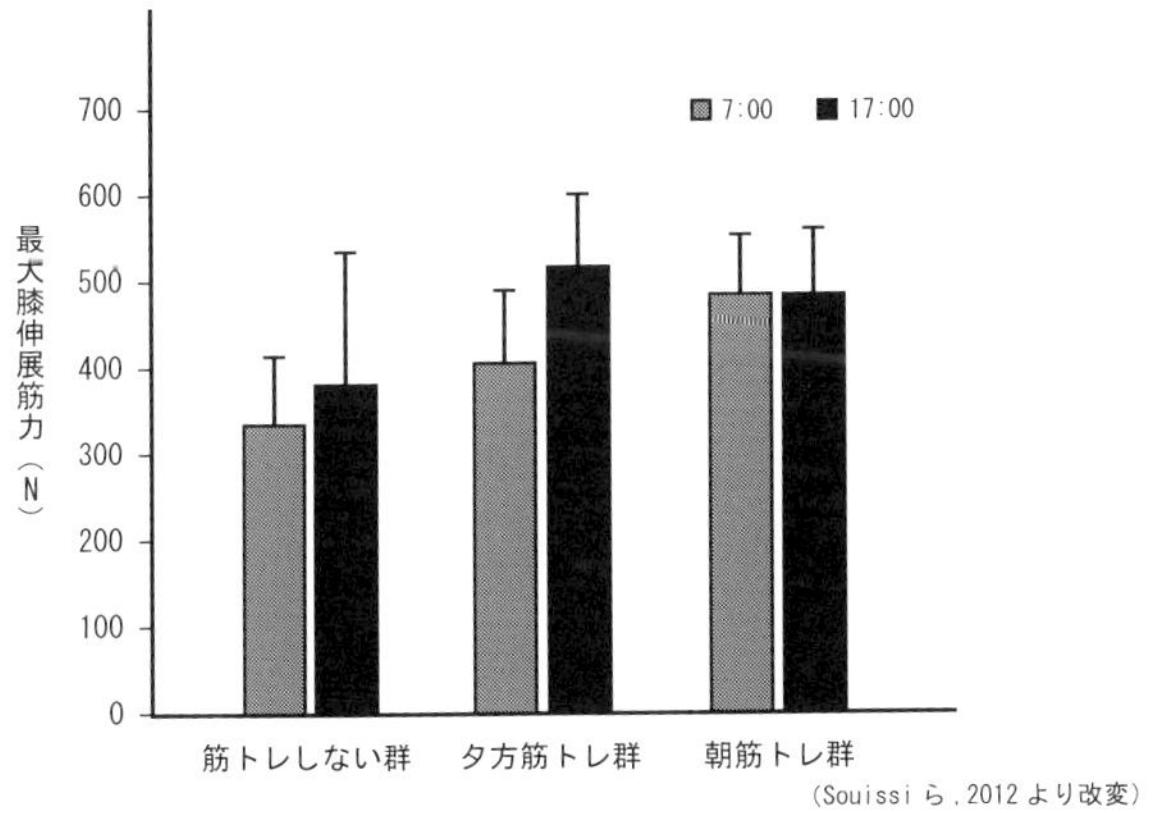

図3　6週間の朝or夕方の筋トレ実施によって時間帯別の最大筋力の関係が変わる

筋トレしない群では夕方の発揮筋力が約15%高く、夕方筋トレする群ではその差が約28%まで増大する。しかし、朝筋トレ群ではその差がほぼなくなる。なお、6週間前の元の筋力差は左から順に17%、15%、21%ほど夕方が強い

※2…この話は「体温が高いから力が出る」というよりも、「力が出るときは代謝活性の高い身体状態で、体温が上がっているとき」と解釈すべきでしょう（体温が上がることによる効果もあるが、それだけではない）。体温が低い時間帯なら、ウオーミングアップなどで体温を上げればよいという考えももちろん有効ですが、それですべてが解決するという話とは少し違います。

内臓脂肪 100cm² 以上の該当率の比	オッズ比 20-39 歳（159 人）	オッズ比 40-59 歳（132 人）
1 日総摂取エネルギー：（2000Kcal 以上と 2000Kcal 未満）	1.1	1.4
夕食時刻：20:00 以前と 20:00 以降	1.4	1.6
夕食エネルギー：（1000Kcal 以上と 1000Kcal 未満）	1.5	2.2

（近藤と高瀬，2010 より改変）

図4　内臓脂肪過多は夕食の量・時間と強く関係する

夕食の量や時間は総摂取カロリーよりも内臓脂肪過多に強く関係する。オッズはいずれも「未満に対する以上（以前に対する以降）」の該当率の比を示す

ったのが（この実験群の被験者は少し差が大きめです）、6週間の朝と夕方の筋トレ実施習慣で、その差がどうなるかという研究です。

筋トレしない群では夕方5時のほうが、約14%筋力が高く（もともとは夕方が＋17%、つまり変わらず）、夕方筋トレをする群ではその差が28%に広がります（もともとは夕方が＋15%）。一方、朝筋トレを行った群では、朝と夕方で発揮筋力の差がなくなりました（もともとは夕方が＋21%）。これは、朝の筋トレ習慣を続ければ、朝でもしっかりと強い筋力を出せるようになるという結果です。

このことから、筋トレする時間を選べるなら夕方から夜の時間が適していますが、時間を好きに選べない場合は行う時間帯を固定して、その時間帯にベストパフォーマンスができるように体を慣らすのがよいといえます。

2　朝型人間よりも夜型人間のほうが太っている？

朝しっかり食事派より夜しっかり食事派は太っている

朝や昼の食事の比重が多いか、夜の食事の比重が多いか

※3…特に運動をしていない被験者のBMIの増減は、主に脂肪量の増減を反映していると考えて、およそ差し支えありません。

が、太る・痩せるに影響することはよく知られています。
朝食欠食者は、総摂取カロリーが少ないにもかかわらずBMI（体重（kg）／身長（m）^{2}※3）が高値である（Chora, 2004）、夕食の量の多さや時間の遅さは総摂取カロリーの多さよりも内臓脂肪過多との関係が強い（図4：近藤と高瀬,2010）、といった報告が多くあります。

遅い時間帯の食事のほうが肥満につながりやすい理由として、いろいろなメカニズムが示されています。代表的なものを紹介しましょう。

最も有名な説明は、BMAL1《ビーマルワン》の作用によるものでしょう。脂肪の合成を高めるBMAL1という遺伝子の発現は、夜に高まります（Shimbaら,2005）。BMAL1は夜遅くの食事の脂肪合成を促します。

そのほかに、食事誘発性熱産生（DIT）の違いもあります。DITとは、主に食事によって体温を上げて安静時代謝（安静にしているだけで使われるエネルギー量）を増大させる作用で、いわゆる「代謝を上げる」作用です。朝食はDITが高く、次いで昼食、そして夕食は極めて低くなります。

食事の条件などによりますが、朝食ではその後数時間、安静時代謝が20％程度上がります。夕食ではその変化は軽微です（図5：Ronanら,1995）。

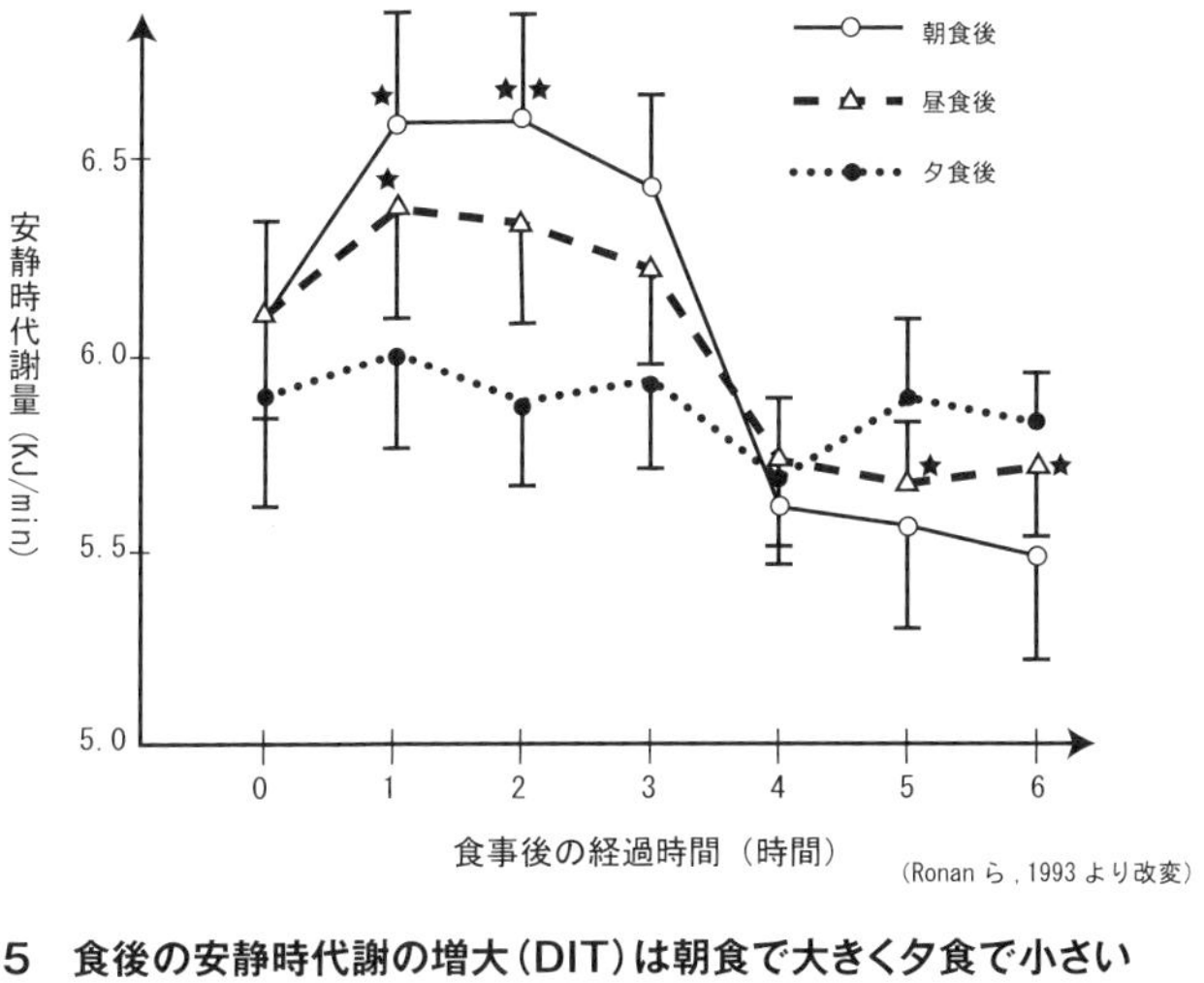

図5　食後の安静時代謝の増大（DIT）は朝食で大きく夕食で小さい

朝食は食後3時間ほど代謝の高い状態が続く。昼食も程度が下がるが同様の変化を示す。夕食はその変化が非常に小さいその理由は、これから活動的に動く時間帯では体温を上げて、体内の化学反応を活発にさせようとするからだと考えられます。代謝を上げるべき時間帯に合わせて、体内時計がそのような反応を起こさせていると考えられるのです。また、単純に夜遅くに食事をとる人は摂取カロリーが多いという要素もあるようです。夜8時以降に食事をとる人はそれ以前に食事を済ませる人よりも、摂取カロリーが平均で250キロカロリー多い、という報告があります（Zee, 2012など）。さらに、夜食では脂質を好んでとる傾向があるとの報告もあります。

体内時計の乱れが肥満・疾病を誘発する

夜型の人のほうが太っているという報告は数多くありますが、これには体内時計の乱れが原因の1つとなっていると考えられています。日内リズムと関係する遺伝子を時計遺伝子と呼びますが、時計遺伝子の発現時間パターンの乱れと肥満との関係性を示す研究が近年増えています。

夜型生活パターンの人では、肥満や糖尿病の割合が高いことが複数報告されています（Hatanaka,2010など）。がんの発症率が上がるという報告もあります。特に男性の前立腺がん、女性の乳がんのリスクが上がる率が高いことが知られています。

体内時計の乱れはBMAL1の発現量が終日上がるなど、肥満をはじめさまざまな体によろしくない影響を与えるようです。

また、夜型は睡眠時間が短い傾向にあると思われますが、睡眠時間の短さも肥満と関係します。睡眠時間が短いほど食欲抑制、脂肪燃焼促進効果のあるレプチンの分泌が減少し、食欲増進作用のあるグレリン分泌量が増大することが知られます。短時間睡眠（6時間）者は標準睡眠（8時間）者よりBMIが1ほど大きい（170㎝で約3㎏）という報告があります（Taheriら,2004）。

光の浴び方だけでも変えてみよう

体づくりにおいても健康づくりにおいても、夜型生活習慣はよろしくないようですが、仕事の都合などで生活パターンを変えにくい場合があると思います。その場合は、強い光を浴びる時間帯を変えてみましょう。生活の時間帯が夜型であっても、光の浴び方で体内時計の調整がある程度適正化される可能性があります。光は、体内時計の針合わせに最も強い影響を与える因子とされているのです。

サンプル数が54名と少ない研究ですが、光を浴びる時間帯の違いが肥満の程度と強く関係するという報告があります（Reidら，2014）。それによると、500ルクス以上（コンビニの店内くらい）の強い光を浴びている時間の平均時刻が早い人ほど、BMIが少ない傾向が見られました（図6）。平均時刻での評価ですから、早い時間に強い光を浴びることと同時に、遅い時間には強い光を浴びないことも肥満の抑制に関わるということになります。

この研究で興味深いのが、「就寝時間と関係なくこの関係性が見られた」ことです。つまり、「たとえ夜型であっても、強い光を浴びる時刻が早いほど痩せている」という関係が得られたというわけです。もちろん生活習慣の時間自体を改善するのが理想ですが、それが難しければ、光の当たり方だけでも変えるとよいでしょう。遅い時間に起きても、起きてすぐの時間を明るい場所で過ごしたり、夜更かしする場合は部屋を暗めにしたりすることで、体内時計のズレが是正されて肥満が抑えられる可能性があります。糖尿病など、体内時計の乱れが誘発する疾病のリスクも下がるかもしれません。

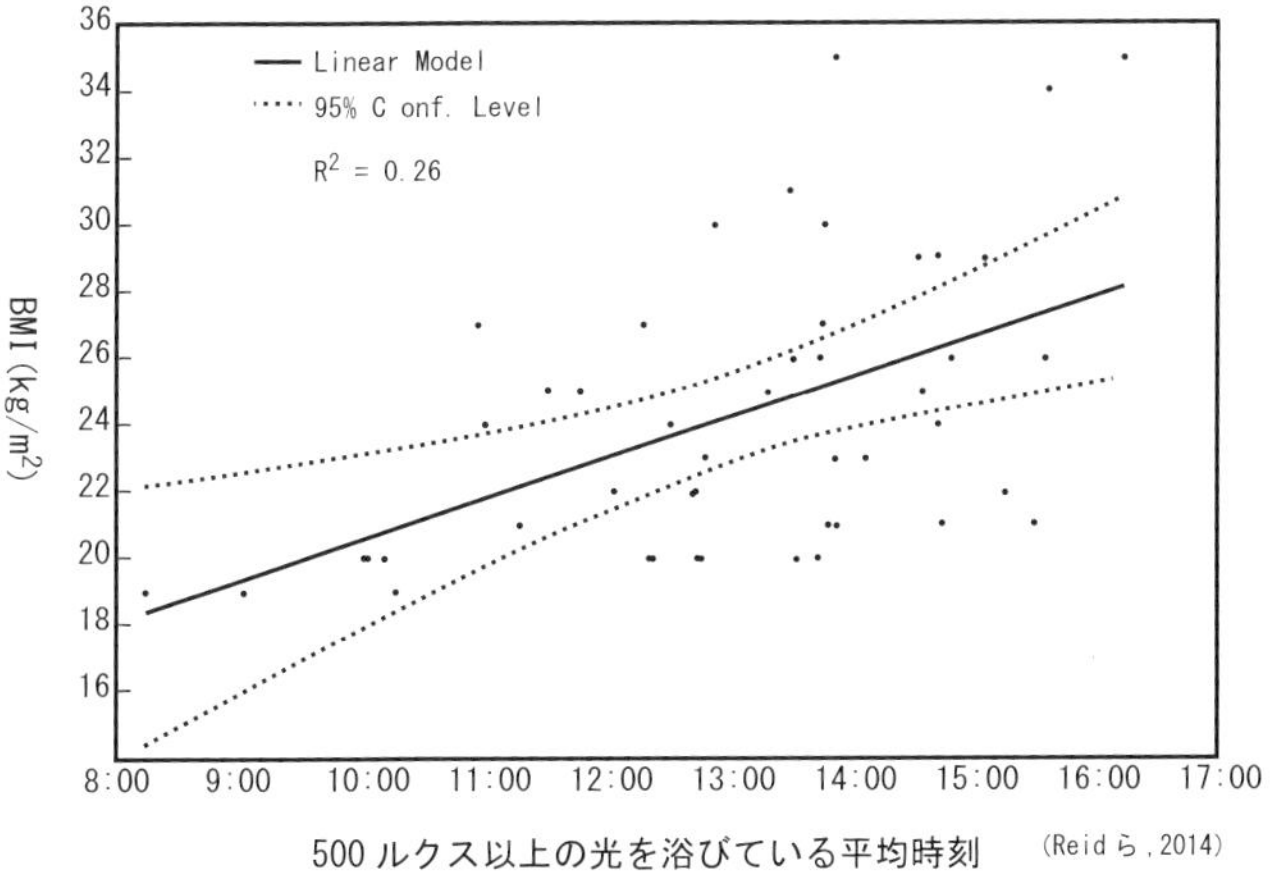

図6　強い光を浴びている平均の時刻が早いほどBMIが小さい

強い光を浴びている平均時刻が早いほど、BMIが小さいという関係が観察されている。この関係は、就寝時間に関係なく見られる。つまり夜型生活でも強い光を浴びる時間帯が早い時間にあれば、体内時計の乱れを是正して肥満を抑えられる可能性があるということ

筋トレと競技パフォーマンス

筋力トレにできること・できないこと

1 スポーツの競技力向上には筋肉があるほどよい？

エンジンの基本性能は確実に上がるが…

筋トレは、筋肉を大きく肥大させてエンジンとしての基本性能を上げること、「最短で最大の効果」を得ることを目的に行われるものです。これほど効率よくエンジンの能力を〝ベースアップ〟できる方法はありません。

　純粋にエンジンの能力だけでみると（スキル要素は除く）、筋肉は肥大するほど力が強くなり、力が強くなるほど発揮できるスピードも上がります。その高性能のエンジンを、競技動作で存分に使えるように〝チューンアップ〟できれば、競技で最大のパフォーマンスを発揮することが可能になります。そのための最も直接的な手段は、競技の練習を行うことです。また、プライオメトリックトレーニングのような、ダイナミックな動作でのパワー発揮を高める方法も有効となります。

　では、「どんな競技でも筋肉をつけるほどよい」のでしょうか？　さまざまな競技のトップ選手の体を見ても、答えは必ずしもyesにならないことがわかります。ゴリゴリマッチョのマラソン選手や卓球選手はあまりいません。

　競技によって、必要な筋肉量や筋肉が必要な部位（必要でない部位）は変わります。筋肉がつくことで、「その分重

くなる」「酸素の拡散供給が遅くなる」といったマイナス要素もあるからです。筋肉をつけることには、エンジンの能力を高めるというプラス要素だけでなく、マイナス要素もあるのです。そのあたりを考察していきましょう。

筋肥大のお荷物問題と酸素供給問題

長距離走の場合、筋肉で体重が増えると、それだけ同じ距離を走るために必要な仕事量は増え、心肺機能にかかる負担が増大することになります。脂肪がついて体が重くなり、遅くなるのと一緒です。

長距離走のパフォーマンスレベルは、末梢の筋肉の酸素消費能力の影響もありますが、中枢の心肺機能の全身への酸素供給能力によるところが大きいものです。筋肉を大きくしても後者にはあまり影響しませんので、体重が増える分、体の移動に対する負担が増えることになるのです。

また、筋肉への酸素供給は、毛細血管から先は筋肉内を拡散することで行われます。そのため、筋肉が肥大して断面積が大きくなれば、それだけ拡散による酸素供給に時間がかかることになります。太い筋肉は酸素供給に劣る点で持久的運動にマイナスとなるのです。

なお、長距離走の練習を多く行うと、筋肉が萎縮することがあります。これは筋肉のサイズを落とすことで、酸素拡散能力を向上させる適応として起きているのかもしれません（あるいは、過度な運動によるオーバートレーニングの影響の可能性もあります）。

長距離走でも走運動をするために相応の強い筋力が必要

筋肥大には質量が“お荷物”になるなどのマイナス面もあるため、競技ごとに必要な筋肉量は異なる
ともにGetty Images

ですから、筋肉が不要なわけではもちろんありません。ある程度のしっかりした筋肉は必要です。しかし、プラスマイナスの要素から考えると、理想的な筋肉量は、ラグビーなどパワー系の競技よりはずっと少なくなるでしょう。

昔、『ひとつ屋根の下』というドラマで、主役の〝あんちゃん〟を演じていた江口洋介さんが元マラソン選手の設定でした。当時は結構な筋肉量だった江口さんがマラソンを走る姿は、かなり違和感があったことを覚えています。

投球ではボールだけでなく腕にも運動エネルギーを与える必要がある

筋肉が重りになるという要素は、全身的な体重だけの問題ではありません。部位によってはそれが大きくマイナスになる、つまり大きな〝お荷物〟になる場合があります。例えば、四肢を振り回す競技における四肢の筋肉量の増大は、その要素が顕著になります。

ラケットを振ったり、ボールを投げたりする競技では、標的となるラケットやボールに大きな運動エネルギーを与えることが、動作の最終目的です。しかしながら同時に、振る腕にも運動エネルギーを与えなければなりません。腕が重ければ、それだけ全身で生み出したエネルギーをそちらに〝とられる〟ことになります。すなわち、回転半径の大きな先端側の筋肉は、動き・力を生み出すエンジンであると同時に、動かされるお荷物になる要素も大きいのです。

例えば、卓球のラケットのように軽いものを振る場合、動かさなければならない対象のほとんどが腕の質量になります。それに対して野球のバッティングでは重いバットを振るので、腕の重みに〝とられる〟運動エネルギーの割合が減じます（バットの軌道は回転半径が大きいので、バットによる要素がより大きくなります／正確には重さではなく慣性モーメントによるため）。

腕の筋肉をつけるプラスマイナスの要素として、卓球は力が強くなるというプラスもありますが、重りになるマイナス要素が大きく、バッティングの場合は重りになるマイナスは小さく、力が強くなることによるプラスの恩恵が大きくなります。細い腕でも速いスマッシュが打てる卓球選手はいても、腕の細いホームランバッターがあまりいないのは、そのためでしょう。

なお、野球の投手の場合、腕の振りのメイン動作は肩関節の内旋と水平内転ですが、この動作に関与する上半身の主な筋肉は、大胸筋と広背筋です。上腕の筋肉はあまり使わないため、腕を太くすることによるプラス要素は小さいといえます。そして、お荷物になるマイナス要素は大きいので、腕の細い速球投手が多いと考えられます。「あんなに細い腕で、よく投げられるな」と思ってしまいそうですが、「細いからこそ投げられる」要素があるのです。

そう考えると、日本最速の球速を誇る大谷翔平投手（ロサンゼルス・エンゼルス）は腕を少し細くしたほうが、球速がさらに上がるかもしれません。とはいえ、二刀流でバッティングも行いますので、腕はしっかり太く強くしておく必要があります。求められる身体要素が異なる2つの競技動作でトップレベルにある大谷選手の偉大さが、このような視点からもわかります。

筋肉とは異なるスポーツの資質

筋肉のお荷物問題とは話が変わりますが、筋肉によるエンジンの出力と併せて、体の〝長さ〟も球速には重要といえます（身長、特に腕の長さの影響が大きい）。全身の筋肉量が同じであれば、エンジンの性能として発揮できるパワーは同一となりますが、そのパワーを伝えられる移動距離・時間は、背が高く腕が長いほど大きくなるからです。ボールに与える運動エネルギーは、与えられるパワーの時間積分（力学的仕事量）で決まりますので、それだけ球速が上がることになります。

単純計算で、全身の筋肉量が同じで投球スキルも等しい条件で、身体各部位が10％長くなったとすると、ボールに与える運動エネルギーも10％増大します。球速は、その平方根に比例しますので（運動エネルギーは$\frac{1}{2}mv^2$）、約5％増大することになります。

細身に見える藤浪晋太郎投手（オークランド・アスレチックス）は平均的な身長よりも15％ほど高いので、同じ筋肉量で同じスキルであれば、この計算では体の長さで7％球速が増していることになります（藤浪投手は身長以上に腕が長いように見えますので、さらにこの数値は高くなるでしょう）。藤浪投手の最高球速は162㎞／時ですが、身長が平均的な170㎝であれば、この計算では÷1・07で150㎞／時となります。ここでは単純計算していますし、要素の一部ではあるのですが（だからさほど背が高くない速球投手もいる）、速球投手に背が高く腕が長い選手が多い理由は、このことから説明がつきます。

競技には「トレーニングでは変えられない資質」もあります。背が低ければ投手はあきらめろ、というわけでは決してありませんが、人それぞれの適性があることは理解すべきです。背が足りなければ、必要な部分によりたくさんの筋肉をつけて不利な部分を埋める、球速よりもコントロールや配球などに重きを置いて球速とは別の要素で勝負する、適性のあるポジションや競技に変更するなどの対応ができるでしょう。

「細い腕なのに」ではなく、「細い腕だから」こそ剛速球が投げられるという要素もある　Getty Images

筋肉が邪魔でスムーズに体が動かない？

ここまでは、筋肉が大きくなりすぎることが競技によってはマイナスになり得るという話をしてきました。しかし、筋トレ実践者の皆さんならよくご存じだと思いますが、マイナスになるほど筋肉を発達させることは、そう簡単ではありません。「お荷物になるから」という心配は、つきすぎて困った状況になってからでよいように思います。

なお、「筋肉がつくと邪魔になって動きが制限される」という話を耳にすることもあります。「胸の筋肉がつきすぎると腕がうまく回せない」などというのですが、これこそ心配するレベルに達することはないというか、まずできないでしょう。

筋トレは熱心に行うけれども競技の練習をあまりしなかった場合などに、動きがぎこちなくなることはあり得ます。しかしながら、動きを邪魔するほど筋肉がつくことは、まずありません。「やれるもんならやってみな」です（大和田常務＠半沢直樹）。そのようなことを言う人に限って、筋肉量が全く足りないことも多いのです…。絞り切っても120kgを超える海外のプロボディビルダーのような体にでもならない限り、動きを邪魔することはないでしょう。いわゆる、筋肉が大きすぎてポケットに手が入らないような体です。

余談ですが、ポケットに手が入れられないほどのマッチョが、ヤンキーにカツアゲでジャンプさせられ、「（チャリンチャリンの音に）ポケットに小銭があるじゃねーか」（ヤンキー）「うん。でも手が入らないんだよ」（マッチョ）という光景があったら面白いですよね。そんな体になれたら、一度カツアゲされてみたいです。

2 筋トレはケガの予防になるか？

筋力が上がれば負担も増える

「筋トレで筋肉を強く大きくすることは、スポーツにおけるケガの予防になる」とよく言われます。確かに同じ力を外部から受けたとき、筋肉が大きければ、その筋肉にかかる力は相対的に小さくなります。強くなって丈夫になるわけです。

しかし、筋トレによる筋力増強は、競技パフォーマンスの発揮パワーの増大につながりますが、発揮パワーが増せば、体はそれだけ大きな力を受けることになります。そして、その強い力に耐えられなくなる部位もあります。

例えば短距離走のトップ選手は、走っているだけで肉離れを起こすことがあります。肉離れはハムストリングの筋肉と腱の移行部で頻繁に起こりますが、この部位がパフォーマンスの向上によって受ける強い力に耐えられなくなるのです。

ほかの競技の選手がフィールドを走っているだけでケガをする光景はあまり見かけませんが、100m走では肉離れを引き起こしてしまい、レース中に離脱する選手をたびたび見かけます。オリンピックのような、万全のコンディションで臨んでいるであろう大会においてもです。自分で走って自分でケガをするほど、ハイパワーを発揮しているともいえます（※4）。

※4…ハイパワーを発揮しやすいタータントラックであることや、練習などでケガを再発する場合があることなども関係します。

1

ダルビッシュ投手や田中投手も苦しんだ野球肘

野球投手に多いケガで、肘の内側に痛みを生じる〝野球肘〟があります。松坂大輔氏やダルビッシュ有投手（サンディエゴ・パドレス）が肘内側側副靱帯の損傷で手術を受けています。また、田中将大投手（東北楽天イーグルス）は手術こそ回避しましたが、治療に長い時間を要しました。

投球動作では、肘を外に反らせる方向（外反…これは肘関節の動かない方向）の非常に強い力がかかります。そして、球速が上がるほどその力は強くなります。一般的な投手では、60N・m程度の外反させる力が作用するとされています（Fraising,1999）。ところが、その力に主に抵抗する内側側副靱帯の耐荷重は30N・mほどとされ、負担が過大となって障害を起こすのです。

内側側副靱帯だけではなく、肘周辺の内反方向に力を発揮する筋肉でも外反力を受けています。しかし、肘の筋肉の主な作用は動作方向の屈曲・伸展、回内・回外であり、内反作用は強くありません。また、内反に作用する筋肉は円回内筋などサイズの小さい筋肉で、回内方向のテコも短いため、筋肉で外反力を受ける作用は大きくありません。

球速が上がれば上がるほど肘の負担は増しますが、それを筋肉で守り切ることは肘の構造上、困難と考えられます。なお、メジャーリーグ投手の約3分の1が内側側副靱帯の再建術を受けているという報告があります（アメリカ整形外科アカデミーの報告）。日本人投手よりもずっと上腕の筋肉が発達したメジャーリーグ投手でも、筋肉で肘を守れていないことになります（ほかの要素もいろいろあるため、一概にはいえませんが）。

ケガのリスクが増すなら筋トレは×？ それを回避するのがプロの仕事

筋力が増大してパフォーマンスが向上すれば、それによってケガのリスクの増す部分があることは〝前提〟として考えるべきです。「だから筋トレは悪い」とするのではなく、「強いパフォーマンスができるようになった体で、いかにケガのリスクを下げるか」を考えるべきでしょう。

ケガをするからパフォーマンスは上げない、というわけにはいきません。トレーナーやコーチの仕事に就いている人は、そこがプロとしての腕の見せどころではないかと思います。もちろん選手自身も自己管理の意識が必要です。

例えば野球のピッチャーの場合なら、まずは肘への負担を減らすことを考えます。最もよく行う方法は、球数制限です。単純に何球までとするだけでなく、全力のストレートは何球までとする、あるいは違和感がある日は緩めの投球だけにするか、投球を中止してほかの練習に切り替えるなどの対応が必要でしょう。

試合期に合わせてピリオダイゼーション（時期に合わせたプログラミング）を立てる際にも、各部位の負担の軽減を考慮します。短距離走選手は1年中速く走りませんし、投てき選手は年間を通して全力で投げません。ピッチャーもオフには肩や肘を休ませます。強い出力ができるトップ選手は、それだけ負担が大きいからです。全力でパフォーマンスを行わない時期に、基礎筋力の増強やスキルの確認など、別のメニューを重視して行うわけです（この時期だけ行うのではなく、この時期により重点的に行う）。

ハイパワーを発揮できるようになれば、ケガのリスクも増す（そのことを前提にコンディショニングを考えるべき）。例えば、投手の肘は筋肉で守ることは困難

Getty Images

また、練習後のアイシングなどによるケアも有効です。ただし、アイシングは酷使した部位の炎症を抑える作用がありますが、炎症は組織の修復に必要な反応でもあります。近年は、過度の冷却には否定的な研究報告も出てきています（Bekerom, 2012）。冷却は運動直後に限定し、その後は保温サポーターなどで適度に温めて、修復反応を促すべきでしょう。

フォームを工夫するという方法もありますが、これは慎重に行う必要があります。投球の場合、肩関節の可動域を高めて腕を大きく引く（外旋と水平外転）フォームのほうが、肘外反力はやや減少するという報告があります（谷本ら，2011）。ただし、それがパフォーマンスに与える影響は定かではなく、球速が減じてしまう恐れもあります。柔軟性に明らかな問題があるなどの場合を除き、フォーム改善には慎重になるべきだと考えます。選手の体感なども考慮して取り組むべきでしょう。

同一部位の筋トレは週何回？①

適切な頻度は〝やり方次第〟

同一部位は週2～3が理想とされる「が」

同一部位に行う筋トレ、例えば胸のトレーニングの頻度、背中のトレーニングの頻度は、週に2～3回程度が理想的と古くからいわれています。

アメリカスポーツ医学会（ACSM）のガイドラインでは、「週2～3回の実施」「トレーニングの間隔は少なくとも48時間空ける」としています（ACSM,2009）。48時間は中1日ですので、2日続けて同一部位の筋トレはしないということになります。

理想頻度を検証した研究を見てみましょう。1回の総トレーニング量を合わせた場合（頻度が2倍になれば1週間の総量は2倍になるということ）では、多くの研究をまとめたレビュー（Feigenbaum とPollock, 1997）を見ると、筋力増強効果は週1回よりも週2～3回で高い、週2回と週3回では差がない、週2回よりも週3回で高い、といった研究が見られます。週2回でも週3回でも週5回でも差はないという報告もあり、極端に頻度を増やしても成果は上がらないようです。

1週間の総トレーニング量を合わせた場合では、筋肥大効果を比べた複数の研究をまとめたメタ解析を見ると、1回よりは2回、3回で効果が高く、2回と3回の差はこの解析の時点では明確にできないとしています（Schoenfeld ら,2016）。

研究結果という「エビデンス」からも、やはり週2～3回がよいようです。しかしながら、研究はあくまでも「そ

の実験条件におけるもの」であり、そこから導き出される答えは限定的です。

理想的な頻度は〝やり方次第〟で当然変わります。めちゃくちゃハードでハイボリュームな筋トレと、軽く追い込むくらいを少しだけの筋トレで、理想頻度が同じになるわけがありません。年齢も含め、個人差もあります。

総トレーニング量（重さ×回数×セット数、厳密にはさらに×動作距離：力学的には「総仕事量」）による影響が大きいとされます（Fleck & Kraemer, 2003）が、それだけではありません。動作範囲や動き方、追い込み方など、さまざまな要素が理想的な頻度に影響します。

「ベーシックな1つのガイドライン」として、週2〜3回の頻度がよいだろうと捉えるべきです。メニューの組み方や体の反応を見ながら、フレキシブルに考えてください。

週2〜3回でOK！ではなく週2〜3回しかできないやり方でやれ

「筋トレの一般的な理想の頻度は週2〜3回」に対して、女性誌などでは「週2〜3回でOK！」といった文言を好んで使います。ただし、それは「週2〜3回でOKなやり方をした場合」に限ります。

筋肉の回復に2〜3日の時間が必要なだけの刺激、筋肉の合成反応が翌日も続くような刺激を与えられていることが、週2〜3回でOKの必要条件です。「週2〜3回でOK」ではなく、「週2〜3回しかできないやり方、毎日はできないやり方でやれ」のほうが正しい表現かなと思います。翌日に同じメニューをこなせないくらいしっかり行うから、週2〜3回となるわけです。ぬるい筋トレをちょっとだけして「回復の時間が必要だから翌日は休まなきゃね」とはなりませんよ。女性誌からはよく取材していただきますので、「しっかり行えば」などの枕詞をできるだけ記してもらっています。

初級者は高頻度、上級者は低頻度？

理想的な頻度は筋トレ上級者になるほど下がるのかもしれません（もちろんやり方次第ですが）。トレーニング実践者と非実践者を比べたメタ解析を見ると、非実践者では週2回よりも3回で筋力増強効果が高く、実践者では週3回よりも2回で高い効果が見られます（Rheaら, 2003）。なお、どちらも週1回より、週2～3回で効果が上がっています。実践者を用いた研究では、トレーニング量が大きいものが多かったからかもしれません。実践者のほうがより力を出し切れること、追い込み切れることも関係していそうです。

トレーニングの現場を見ても、実際に上級者ほど低頻度で行っている傾向にあります。以下のようなパターンが多いのではないでしょうか。

初級者：1回のセッションで全身を鍛えるメニューを週3回（同一部位週3回）

中・上級者：全身2分割のスプリット法で週4回、もしくは3分割で週6回（どちらも同一部位週2回）

上級者：全身5分割で週5回（同一部位週1回）

トレーニング経験が多いほど、部位ごとに徹底してメニューをこなしていくようになること、また、それにより回復の時間も必要になることで、このように変遷していくという印象です（※5）。加えて、トレーニング動作を習熟していくという意味でも、初級者は比較的高頻度で行ったほうがよいかもしれません。神経系の動作の学習には、頻度の要素が重要と考えられるからです。

「週2～3回でOK」なトレーニングの条件は、筋肉の回復に2～3日かかるような刺激や、筋肉の合成反応が翌日も続くような刺激を与えられていること

中1日の休息は必須！とは限らない

ACSMが回復の時間を48時間以上とるべきとしているように、一般的に2日続けて同一部位の筋トレすることはあまりありません。そのため、週4回以上の頻度の研究はまれです。

ただし、必要な回復期間は筋トレのやり方次第ですから、

※5…これが理にかなっているかどうかははっきりしませんが、経験則としてのエビデンスは相応にあると思われます。

頻度を週4回以上に増やす選択肢もあり得ます。そのような視点からでしょうか、週3回と週6回（!）で1週間の総トレーニング量を合わせて比較した研究があります。この研究は全身を7種目で鍛える構成で、1部位1種目のみ、4セットを週3回と2セットを週6回とで比較しています。各セットを6～12回で限界になる重量でオールアウトまで繰り返します。結果、どちらも同程度の筋肥大を認めました（Saricら, 2019）。

1部位1種目を2セット程度なら、ほぼ毎日行うという方法もアリかもしれません（毎日ならこの量がベストかどうはわかりません）。

頻度を目いっぱい上げれば合成上がりまくりか？

週6回でも1回の量を減らせば効果が出そうです。回復

Column

やりすぎトレで“筋肉が溶ける”ことも

筋トレの頻度・量・強度を上げすぎることは、効果としてはマイナスです。例えば、1週間の1部位の総セット数の大小による効果を比較した研究では、ベンチプレスを週5セット行った場合と週10セット行った場合に筋肥大・筋力増強効果が高く（ともに大胸筋の筋厚変化は＋約6mm/6ヵ月）、週15セット行った場合には効果が下がり（＋約2mm/6ヵ月）、週20セットではほぼ変化なし、となっています。

この研究では、頑張るほど効果が下がる結果となっていますが、それどころか、場合によっては激しく体を壊すことさえあります。横紋筋融解症という筋肉が破壊されて溶け出てしまう疾患になることがあるのです。破壊された筋肉の中のミオグロビンという赤い組織が尿に混ざって、血尿の症状が出るなどします。

溶解する分、筋肉は落ちてしまうわけですが、最悪の場合、腎機能不全を起こして命を落とすこともあります。必死になる気持ちはわかりますが、体づくりにも健康づくりにもマイナスでしかありません。体の声に耳を傾けて、きちんと回復度合いを見ながら筋トレに取り組んでください。

「筋トレで追い込んで血尿が出たぜ」と自慢げに話す人がいますが、とんでもない話です。あなた1人の体ではありませんよ。

が追いつくようにうまくやれば、頻度を上げることは「さらに強い武器」になるかもしれません。筋肉の合成を高める機会を増やせるからです。

例えば、加圧トレーニングは血流制限により激しいパンプを引き起こしますが、負荷が小さいので、その分筋肉の損傷刺激を小さく抑えられる可能性があります。そこで、負荷強度をうんと下げた加圧ウオークという方法を「1日2回」という超高頻度で行う実験が行われました。回復時間を短縮できるトレーニングで超高頻度に行えば、短期間でもすごく肥大するのではないか？　という発想です。

結果は、わずか3週間で大腿部の皮下脂肪を除いた断面積が約6％増大しました（Abeら,2005）。これは、通常の筋トレの2～3ヵ月分ほどに相当します。やり方次第で高頻度トレによる大きな効果が得られることを示した実験といえます。

力学的な負荷が比較的小さい加圧トレーニングやスロートレーニング、ノンロック法、じっくりと効かせる方法。また、下ろす動作のエキセントリック局面がない（損傷刺激が弱い）バトルロープや自転車エルゴメータを目いっぱい漕ぐといったやり方などは、回復が早く、高頻度トレにうまく活用できる可能性があります。選択肢の1つとして試す価値があると思います。

これと似た経験が僕にもあります。大学生のときに10日ほど、工場実習でジムでの筋トレができない期間がありました。帰りのバスを待つところに懸垂ができそうな棒があったので、毎日そこでリバースグリップ（逆手）の懸垂を20回×1セットだけやっていました。若いのもあったと思いますし、ちょうど伸び盛りだったのもありますが、たった10日で明らかに腕が太くなるのを実感しました。こんなやり方もあるのかな、と思った覚えがあります。

筋トレは総トレーニング量で決まる？要素は複雑、そんな簡単じゃない

総トレーニング量が同じであれば、週2回以上であれば頻度は結果にあまり影響しないことが〝研究上〟では示されています。それに関連して、「筋トレ効果は総トレーニング量で決まる」といった論調を聞くことがありますが、これは少し乱暴です。

例えば、ノンロックスロー法では同じ回数でも使用重量

が下がるので、1セットの総トレーニング量は通常の動作方法の6割程度になります。しかし、同じセット数での筋肥大効果は変わりません（TanimotoとIshii,2006：3秒上げ・3秒下げでノンロック）。スローではないノンロック法でも総量は減ります。

ベテランになってくると、同じような上げ下げに見えて「じっくり効かせる」意識で行うことにより、軽めの重量・

理想的なトレーニング頻度は総トレーニング量だけでなく、動作範囲や動き方、追い込み方などさまざまな要素が影響する

少なめの回数でオールアウトさせることができます。そのような少ない総量となるやり方で巨大な筋肉をつくり上げている人は、実際にたくさんいます。

ヘビーデューティーは「いかに総トレーニング総量を減らしつつ効果を高めるか」を突き詰めたトレーニング理論です。フォーストレップやレストポーズなどのテクニックを使って1セットのなかで何度もオールアウトに導くことで、少ないセット数（つまり少ない総トレーニング量）で高い効果を目指します。

筋肥大というボディメイクの視点からは、近現代ではウイダートレーニングプリンシプルに始まり、マイク・メンツァーのヘビーデューティーやほかにもいろいろなテクニックが先人たちにより構築されてきました。総トレーニング量では測れないさまざまな要素がそこにはあります。

シンプル化した研究条件では、総トレーニング量の要素が大きいことは確かですが、筋トレはそんなに簡単なものではありません。怖いのは、総トレーニング量を増やすことが効果につながるという短絡的な考えで、目的が総量（重量×回数）を増やすことになってしまう点です。

要領よく重量×回数を増やすことを求めすぎるあまり、

©MITSURU OKABE

マイク・メンツァー（写真左）が確立させたヘビーデューティーのように、少ない総量でトレーニング効果を高めるものもある

筋肥大の刺激を効率よく与えることから離れてしまっては本末転倒です。

筋力の回復度合いは、やり方次第

理想頻度決定の目安の1つとなるのが、筋力の回復状態でしょう。当然ながら回復にかかる時間はやり方次第でさまざまです。例えば、筋トレ実践者が1セットのベンチプレスから回復するには2日（JudgeとBurke,2010）、8セットでは4日を要した（Ferreiraら,2017）という報告があります。

実践する上で使えるわかりやすい指標は、「前回と同じメニューをこなせるか」だと思います。同じ重量でも、前回よりも重く感じる、できる回数が明らかに減っているという場合は、休息が足りていないと判断できます。回復が追いついていると感じられる間隔を空けて行うのが、理想頻度の1つのわかりやすい答えといえるでしょう。

エビデンスに振り回されるな

本項では、筋トレの研究を背景にいろいろと説明してきましたが、研究で示しているのはあくまでも「その条件での結果」に過ぎません。筋トレの変数は負荷・量・頻度だけでなく、動作の仕方、レストポーズやドロップセットなどの特殊なテクニックなど多様で（さらにそれの掛け算の組み合わせは、もはや無限）、そう簡単に一律の答えを出せるものではありません。トレーニングをする人による個人差も大きくあります。

また、複数の研究をまとめたメタ解析と聞くと、いかにもすごいエビデンスに聞こえます。しかしながら、メタ解析は多くの研究を取りまとめていて確かに全体像がわかりますが、それぞれの研究はトレーニングメニューも被験者も違います。要するに、条件のふぞろいなものをいっしょくたにまとめた「かなり乱暴」な分析なのです（研究者はそのあたりをよく理解して結果を判断しています）。

ですから、科学的なエビデンスはあくまでも「参考になる材料の1つ」と考えてください。それをもとに自分の体で試しながら、個々人が適切な方法を探求していくわけで、それが楽しかったりもします。

エビデンスを絶対視してそれに振り回されず、さりとてもちろん有効な情報ではありますから参考情報としては利用して、上手に活用してください。

Column

ボディビルダーには週2回でも高頻度

多くの研究が、週1回の筋トレは週2～3回よりも効果が低いことを示しています。しかし、実際には週2回以上の頻度で行うボディビルダーは少数派です。『トレーニングマガジン』で紹介されるボディビルダーのメニューを見ても、多くの選手が全身のメニューを4～5分割にしていて、同一部位の頻度は週1回程度です。

その代わり、極めて高い強度で、かなりの量のトレーニングを行っています。「あと1回!」の追い込み切り方も普通ではありません。週2回行うと回復が追いつかないメニューだから、週1回になっているのでしょうか。

第35代東京選手権王者の林久司選手はかつて、週2回で回す自身のルーティン（その分、1回当たりの量は減る）を「サイクルトレーニング」と名づけていました。週2回をサイクルと呼ぶのは、週1回がベースという感覚があることの表れといえます。

ボディビルダーの週1回のルーティンを、一般的なエビデンスに基づいて週2回に変える、例えば1回の量を半分にしたほうが（負担を減らして回復を早める要素は量だけではありませんが）、効果が上がるのかは、なんともわかりません。やり方次第ですし、人にもよるでしょう。とはいえ、選択肢として試してみる価値はあると思います。

なお、これを研究で示すのは極めて困難です。既に限界近くまで筋肥大させているボディビルダーは、伸びしろがわずかだからです。

同一部位の筋トレは週何回?②

筋トレ頻度の実践におけるエトセトラ

1週間単位でメニューを組む必要はない

多くの人が、筋トレのメニューを1週間(7日)周期でつくります。生活スタイルが1週間周期で合わせやすいからでしょう。例えば、全身を3分割したABCのメニューで行うなら、「月・木＝A、火・金＝B、水・土＝C、日＝休み」といった感じで、曜日に合わせてサイクルをつくります。

1週間周期でうまく筋トレサイクルを組めるのなら、もちろんそれで構いません。しかし、それで体の反応としてうまく回せなくなる場合には、必ずしも曜日に合わせる必要はないと思います。

例えば、僕の場合は4日で1サイクルという方法をよく行います。2サイクルで8日間になるので、1週間とは合いません。毎週1日ずつ曜日がずれていくことになります。

4日サイクルの内訳は、A：プレス系、B：脚と腹・背筋、C：プル系、そして休みです。これを「A→B→C→休」のサイクルで回していきます。このサイクルにする理由は、「各メニューの休みは常に中3日」「上半身のメニュー(AとB)は中1日以上」の2つを守るためです。

僕は、1回のトレーニングは20分ですが、その時間内で集中して追い込み切ります。中2日では回復が追いつきません。筋疲労で前回と同じメニューをこなせなくなるため、中3日が必要です。

しかし、1週間に合わせて各部位を週に2回ずつ入れると、「A→B→C→A→B→C→休」となり、中2日の日と

中3日の日ができます。また、プレス系とプル系が連続する日も出てきます。

曜日を合わせるとやりやすいので、7日周期に合わせていたときもありますが、それでは調子が上がりませんでした。中2日の後はバーベルが重いですし、プレス系とプル系が連続するときは、疲労でいまひとつ力を出せないと感じるときがあります。

生活リズムは曜日で動くものなので、確かにそれに合わせたくなります。けれども、うまく回らないならこだわらなくてもよいと思います。

曜日で動く生活リズムに筋トレのサイクルを合わせたくはなるが、うまく回らないなら、そこにこだわる必要はない

部位を分けてもかぶる要素はある

多くのトレーニーがスプリットルーティン（分割法：日ごとに筋トレ部位を変える）を組んでいます。ですから、筋トレの頻度は「部位ごと」に考えるわけですが、それだけでは十分とはいえません。部位ごとに使う筋肉が完全に分けられるわけではないからです。

例えば、プレス系のオーバーヘッドプレスでも、プル系のベントオーバーローウイングでも、僧帽筋はかなり使われます。ベンチプレスはアーチをしっかり作って行うと、広背筋もそれなりに使われます。また、ベンチプレスをやり込んだ後に、動作に直接関係しないはずの上腕二頭筋が結構パンプアップしていることもあります。

プレス系種目とプル系種目を、日を分けて行う人は多いと思いますが、結構かぶる部位があります。前日のベンチプレスの疲労で、プルダウンが重く感じることがあるのです。このことから、「その部位の頻度だけでなく、その部位に影響する別の部位のトレーニングとの兼ね合い」も考えたほうがよいでしょう。

僕の場合は、上半身はプレス系とプル系に分けていますが、前述の通り、この2つを2日連続で行わないようにしています。間に1日、脚・体幹の日かオフを入れています。また、トレーニングの内容にもよりますが、全身を休ませるという意味でのオフの日も、おそらく必要でしょう。これはヘビーデューティー理論で知られるマイク・メンツァー氏がよく言われていました。

なお、多くのボディビルダーが1部位の頻度は週1回ですが、ほかの部位のトレーニングでも多少の刺激が加わっている要素もあるでしょう。同一部位に対するメインのトレーニングは週1回ですが、軽いトレーニング刺激を与えられている日が、それとは別に何回かあるといえます。

部位ごとに頻度を変えるのもアリ

筋トレの頻度は、部位によって変えてもよいと思います。各部位の筋肉の生理学的な特性からというよりも、行うトレーニングの内容によるところが大きいでしょう。例えば、各部位の頻度を週1回もしくは週2回で回しているのに、腹筋だけは別のサイクルで週3～4回行っている、という人は多くいます。

腹筋・背筋群の種目は、比較的低負荷・高回数で行うことが多いからかもしれません。背骨は脊柱管を脊髄が走っており、枝分かれした神経根が椎骨間から出ているので、背骨周辺はデリケートな部位です。そのため、通常は腹筋・背筋運動を高負荷強度で行うことは、あまりありません。腹筋・背筋群は「高頻度で行うのが向いている」というよりも、「高頻度でできるメニューを採用している」といえそうです。

1回のトレーニングの強度や量を抑えたい部位だから、その部位の頻度を上げる、という考え方もあります。脚は、筋肉痛や筋疲労により生活に支障を来しやすい部位です。高負荷かつハイボリュームのスクワットで、2～3日まともに歩けない、というのは困りますよね。日常の活動量も減ってしまいかねません。これは太りやすくなるというだけでなく、健康上においても望ましいことではありません。

脚は、筋肉痛や筋疲労により生活に支障を来しやすい部位だからこそ、強度や量を抑えて頻度を上げるという考え方もできる　Getty Images

ランニングなどの持久運動を行う人にとっても、強い筋肉痛が脚に長く残るのは避けたいところです。そこで、脚トレは1回の強度・量を抑えて、その分、頻度を上げるという方法もアリだと思います。

脚トレは精神的にキツいので、頻度を上げることで1回の強度・量は下げて対応したい、という気持ちにもなりますよね(笑)。それも1つのやり方だと思います。

僕の場合は、腰痛で高負荷のスクワットができないこともあり、脚トレは強度・量を抑えて、頻度を週3回くらいに上げて対応する、といった方法を取り入れることがあります。そのほかに、通勤での自転車の坂道ダッシュも脚トレのメニューの一部に含めています。そんな「メンタル弱々」なやり方ですが、大腿の発達具合はそんなに悪くありません。週1～2回で高重量スクワットをやり込んでいたときとあまり変わらないと思います。

高頻度サイクルと低頻度サイクル

前項でもまとめたように、筋トレの理想頻度はやり方次第です。1回の量を減らしたり、パンプアップ重視で損傷系の刺激を抑えたりして、週に3〜6回の高頻度で行う方法もあれば、全身を細かく分割して部位ごとに徹底的にいじめ抜く週1回程度の低頻度で行う方法もあります。

いろいろな方法がありますので、どれがより効果的かは、一概にはわかりません。人によって合う・合わないもあるでしょう。どの方法が合うのかを試して、自分なりの方法を探してもよいですし、バリエーションとしてさまざまな頻度でのサイクルを織り交ぜるのもよいと思います。

僕の場合、今は低頻度サイクルと高頻度サイクルを数週間ごとに変えるやり方を試しています。行っているのは、前述の同一部位を8日に2回の低頻度サイクルと、1週間に3回の高頻度サイクルの2つです。ビルダー式の1部位週1回の超低頻度サイクルや、週5回以上の超高頻度サイクルで行うときもありますが、現在は行っていません。

谷本の高頻度・低頻度でのサイクル構成例

僕が行っている低頻度サイクル、高頻度サイクルは、以下のような感じです（※6）。あくまでも一例として、参考にしてください。

採用種目は日ごとに多少変更を加えています（ベンチプレス→ダンベルプレスなど）。1回のトレーニングは20分に収まるように集中して行っています。

■低頻度サイクル例

○同一部位の頻度は8日に2回
○「A→B→C→休」の4日で1周

【A：プレス系】
例：ベンチプレス×2、マシンプレス×1、フロントプレス×2、フレンチプレス×2　各15RM程度（フォーストレップ＋レストポーズつき）

【B：プル系】
例：ラットプルダウン×2、ビハインドネックプルダウン×1、アームカール×2、シュラッグ×2　各15RM程度

【C：下半身】
例：加重ブルガリアンスクワット×2、自重スプリットスクワットジャンプ×1、加重バックエクステンション（ハム、大臀筋狙い）×2、自重カーフレイズ×2、デクラインシットアップ×2、自重スーパーマン×2　各15RM程度

※6…前腕や首は、仕事をしながら徒手抵抗で、気がついたときに行います。

■高頻度サイクル例

○同一部位の頻度は週3回

○月・水・金＝A、火・木・土＝B、日＝休み

【A：プレス系・プル系】

例…ベンチプレス×1、フロントプレス×1、ラットプルダウン×1、ビハインドネックプルダウン×1、アームカール×1、フレンチプレス×1、シュラッグ×1　各15RM程度（フォーストレップ＋レストポーズつき）

【B：下半身・体幹】

例…加重ブルガリアンスクワット×1、自重スプリットスクワットジャンプ×1、加重バックエクステンション（ハム、大臀筋狙い）×1、自重カーフレイズ×1、デクラインシットアップ×1、自重スーパーマン×1　各15RM程度（この日は10分強で終了）

ほぼすべての種目で、毎セットにフォーストレップ2〜3回と、レストポーズで＋4〜5回を入れます。フォーストレップはパートナーがいるときは補助で、1人のときはチーティングで反動を使って行います。

筋トレの頻度についてはさまざまな方法があり、合う・合わないもあるため、自分なりの方法を探してもよいし、バリエーションとしてさまざまな頻度でのサイクルを織り交ぜるのもよい

ベンチプレスのようなチーティングをしにくい種目は、ブリッジするなど工夫して行います。レストポーズは4〜5回くらいを反復できる休息時間で行います。5秒で行う種目もあれば、10秒とる種目もあります。

なお、フォーストレップとレストポーズを多用しますが、どちらもやらないつもりで、まず本番セットを行います。「あとでさらに追い込むから」という気持ちで行うと、手を抜いてしまうからです。あるある、ですね。厳しく追い込むつもりが、それが逆に甘えになってはいけません。

マシントレーニングに関するいくつかの考察

マシントレーニングのメリット

マシントレーニングには、フリーウエイトにない数多くのメリットがあります。

・フリーウエイトのように重りを振り回せないので慣性が働きにくいこと、体がベンチなどに固定されていることなどから、反動などのチーティングを行いにくく、ストリクトフォームで効かせやすい。

・フリーウエイトは動作範囲のなかで筋肉にかかる負荷に強弱が生じる種目が多いが、マシンなら動作範囲全般を通してほぼ一定の負荷をかけられる（ものが多い）。例えばダンベルフライでは動作後半に負荷が減じ、上げ切ったところでは大幅に負荷が抜けるが、マシンバタフライでは動作全体を通して一定の肩関節トルクが維持される。

・負荷設定がピン1つで簡単に行える。特に、徐々に重さを減らしながら追い込むディセンディングセットや、高負荷の後に中負荷に即座に切り替えて追い込むマルチパウンデッジなど、手早く負荷を変えて行うテクニックに適用しやすい。

・体が固定されていて、標的の部位以外の筋肉があまり使われず、主観的強度が下がる。つまり全身的な疲労が小さく、ラクに標的部位を鍛えられる（他部位への副次的な効果が減るという意味では、欠点ともいえる）。

・バランスをとる要素が少なく、標的の筋肉に負荷をかけることに集中できる（バランス要素のトレーニングにならないという意味では、欠点ともいえる）。
・軌道が一定で、初心者でも適切なフォームで行いやすい。そのため、ビギナーはマシントレーニングから入ることも多い。
・バランスを崩して転ぶ、プレートを落とす、可動域を超える動きになるといった危険性が少なく、安全に行える。
・お気に入りのマシンがあれば、効かせやすく楽しい（好き嫌いはある）。

マシン好きのトレーニーも多く、例えば〝マッスル北村〟こと故・北村克己さんは、ほとんどの種目をマシンで行っておられました。また、多くのトップボディビルダーを輩出するトレーニングセンターサンプレイの宮畑豊会長は、オススメのトレーニングとしてケーブルクロスオーバーをよく挙げられます。

これはマシンのほうが優れているということではなく、マシンにはマシン固有のメリットがあるということです。そのため、なかにはマシンはほとんど使わない人もいます。

マシントレーニングのデメリット（？）

では、デメリットについても考えていきましょう。こちらは一概に欠点とはいえない部分もありますので、1つずつ丁寧に考察してみます。

標的の部位以外を鍛える効果は少ない

マシンは、標的の部位にはよく効きますが、同時にほかの部位を強化する要素はあまりありません。

例えばベントオーバーロウイングでは、主働筋である広背筋や僧帽筋（僧帽筋にも結構きます）だけでなく、姿勢を維持するために脊柱起立筋や大臀筋、ハムストリングにもかなりの負荷がかかります。体幹の安定性を保ちながら動作する練習にもなるという点では、ここ数年流行りの、プランクなどの体幹トレーニングよりも効果的といえそうです。

胸にパッドを当てて行うロウイング系のマシンでは、ほぼ主働筋のみの運動となります。これは前述の通り、要領よく標的の部位を鍛えられる点ではメリットですが、見方を変えればデメリットともいえます。

バランス要素などの動作改善の要素が少ない？

安定していてバランスの要素が少ないことも、見方によってはマシントレーニングの欠点といえます。バランスを安定させながら強い力を発揮する能力も、運動の重要なポイントと考えることができるからです。

ただし、バランス要素の強化には、その目的に特化したトレーニングを行うという手段がありますし、バランス感覚も含めた動作の改善効果はスポーツ競技の練習中でも得ることができます。そう考えると筋トレにバランス要素がないことは、欠点というほどのものでもなさそうです。

それよりも、例えばバランスボール上でダンベルプレスをするなどのような、バランス要素を重視しすぎた筋トレに問題を感じます。不安定性が強くなりすぎる方法では、筋肉に強い負荷を与えにくくなってしまうためです。

バランス要素がないからインナーマッスルが鍛えられない？

マシンの欠点としてよく聞く話ですが、結論からいうとインナーマッスルにまつわる都市伝説の1つといえます。

インナーマッスルは「奥にある筋肉」という意味ですが、奥にある筋肉には、関節のそばについていて関節が外れないように安定させる働き(関節スタビリティ)が、アウターマッスルには関節を動かす働き(関節モビリティ)が、それぞれ主となるものが多くあります。

バランスをとる動きは関節を動かすことで行います。これはアウターの関節モビリティの役割です。インナーの関節スタビリティは関節の回転軸を安定させますが、これはバランスの安定と直結するものではありません。

実際に理屈通りなのか、我々の研究室で調べてみました。実験デザインは、プレス動作での比較です。最もスタンダードな筋トレ種目のベンチプレスと、それよりもバランス要素の強くなるダンベルプレス、そしてバランス要素の弱くなるマシンチェストプレスを、それぞれ10RMの負荷で行って比較しました。

測定評価するのは、肩関節のインナーマッスルである棘下筋としました。棘下筋は肩関節のそばにつきますが、その上を覆う筋肉がなく、表層に露出している部分があります。そこに電極を張りつけて、筋活動レベルを測定することができます。

インナーマッスルは、バランス動作に関わるというイメージからすると、ダンベルプレスでは棘下筋の筋活動が上がり、マシンチェストプレスでは下がることになります。実際に多少そのような傾向はありますが、3種目での筋活動に差はほぼありませんでした（図7）。

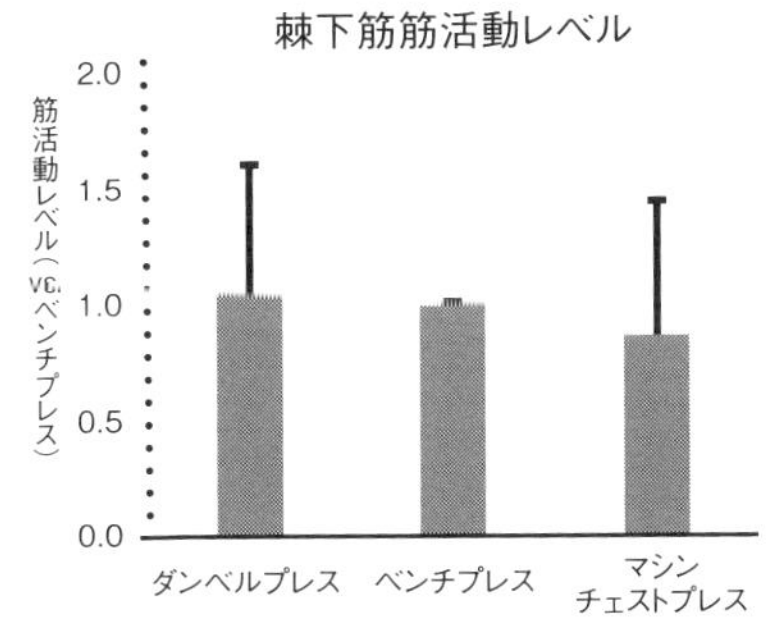

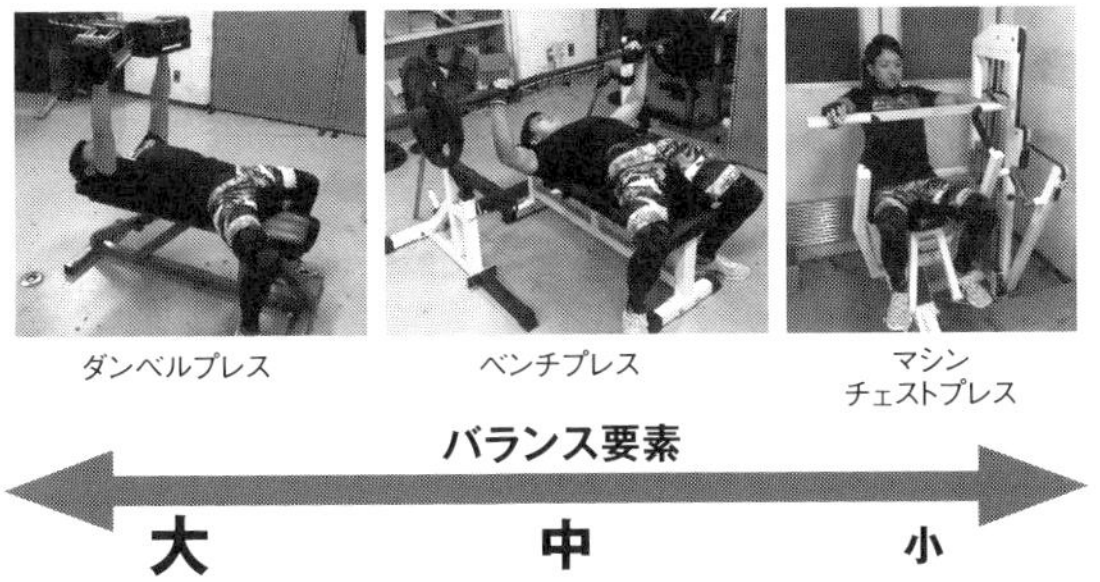

図7　バランス要素とインナーマッスルの筋活動に関係性は見られない

バランス要素が大きいほどインナーマッスルが使われるイメージがあるが、10RM条件における各プレス動作での測定値において、そのような関係性は見られない

下ろす動作での負荷が小さくなる

マシントレーニングは、ケーブルの滑車やウエイトスタックのガイドポールで摩擦などの抵抗が生じるため、下ろす動作は上げる動作よりどうしても負荷が減じてしまいます。これは、筋トレのデバイスとしては望ましいとはいえません。下ろす動作も重要な筋肥大の刺激となるからです。

実際に、摩擦抵抗の影響がどれほどあるのか、張力計を用いて測定してみました。下ろす動作での負荷は、ジム用のマシンでは、70kg負荷でのシーテッドロウイングで約5%、30kg負荷でのアームカールで約10%減少していました。なお、動作速度による影響は小さく、使用重量が大きいほど値が小さくなる様子が見られました（谷本，2018）（42ページ図8）。

なお、家庭用の廉価版のマシンでも同様の測定を行いました。ウエイトスタックが100kgもある巨大なものですが、価格は10万円以下と超廉価版のマシンです。結果は、上げ下げの差は35〜50％（！）と、かなり大きなものとなりました。10万円以下のマシンと100万円ほどするジム用のマシンとでは、使い勝手がかなり違いますが、こうし

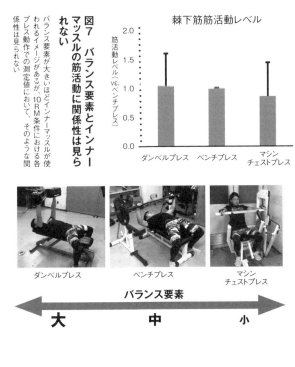

図8　マシンを下ろす動作、上げる動作に対する負荷の割合

マシンの下ろす動作における負荷の減少率は、５～10%程度だった

テンポ／負荷	シーテッドロウイング 高負荷 70kg	シーテッドロウイング 中負荷 49kg	シーテッドロウイング 低負荷 35kg	アームカール 高負荷 30kg	アームカール 中負荷 21kg	アームカール 低負荷 15kg
３秒・３秒	95%	95%	95%	90%	90%	88%
２秒・２秒	95%	94%	94%	92%	90%	88%
１秒・１秒	96%	93%	92%	92%	90%	88%

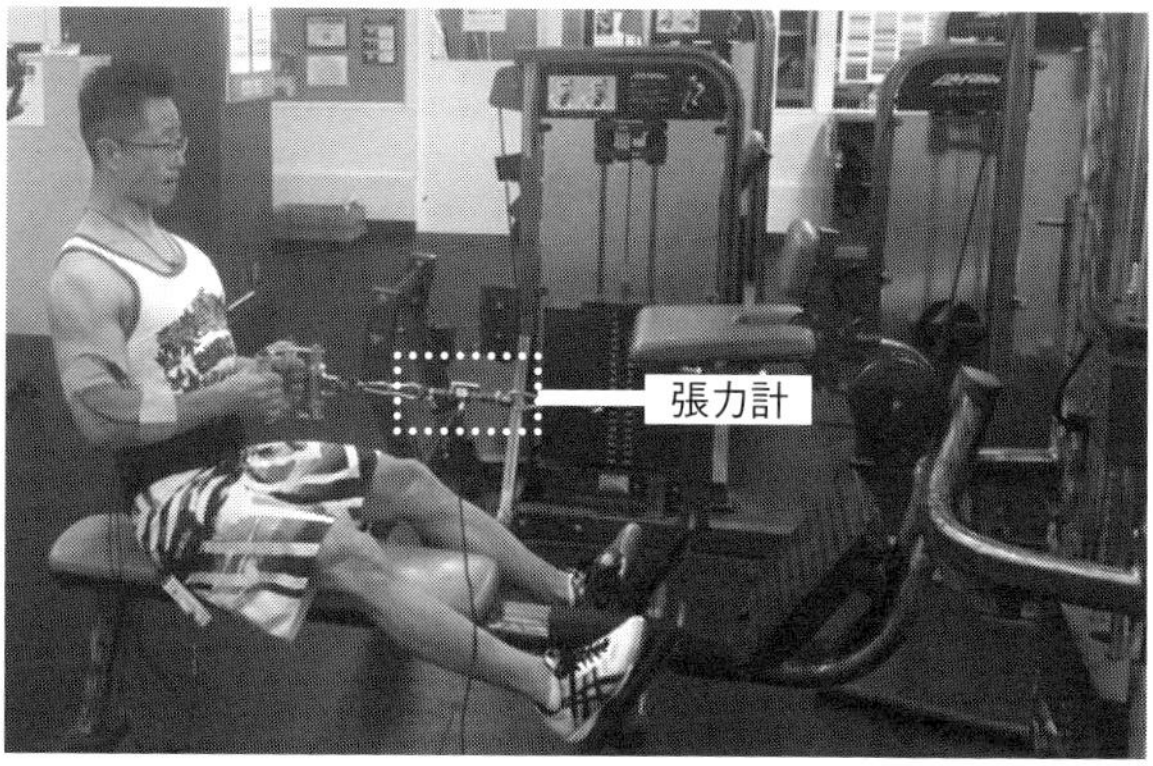

た数字でもかなりの差が見られます。

下ろす動作に負荷を追加する工夫

下ろす動作で行うエキセントリック収縮は、上げる動作で行うコンセントリック収縮よりも3割程度筋力が強く、また、外部からの位置エネルギーを筋肉で受け取るため、筋肉へのダメージが強く筋肉痛が生じやすいという特徴があります。この筋肉へのダメージは、筋肥大の重要な要素の1つとなります。

そのため、下ろす動作でもしっかり負荷をかけることが大切です。筋トレの動作は「1秒で上げて、2秒で下ろす」のテンポがよく推奨されます。これは下ろす動作をややゆっくりと丁寧に行って、落下のエネルギーをエキセントリック収縮でしっかり受け止めることが目的です。

手で押して加負荷

図9　パートナーの補助で、下ろす動作にかける負荷を追加する方法

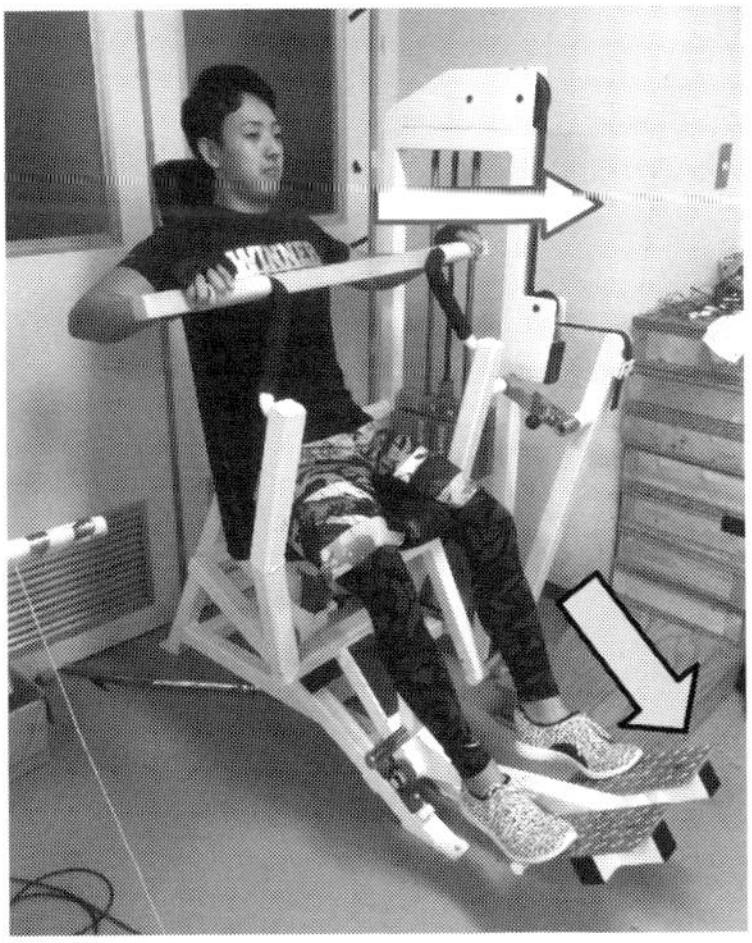

足で押してアシスト

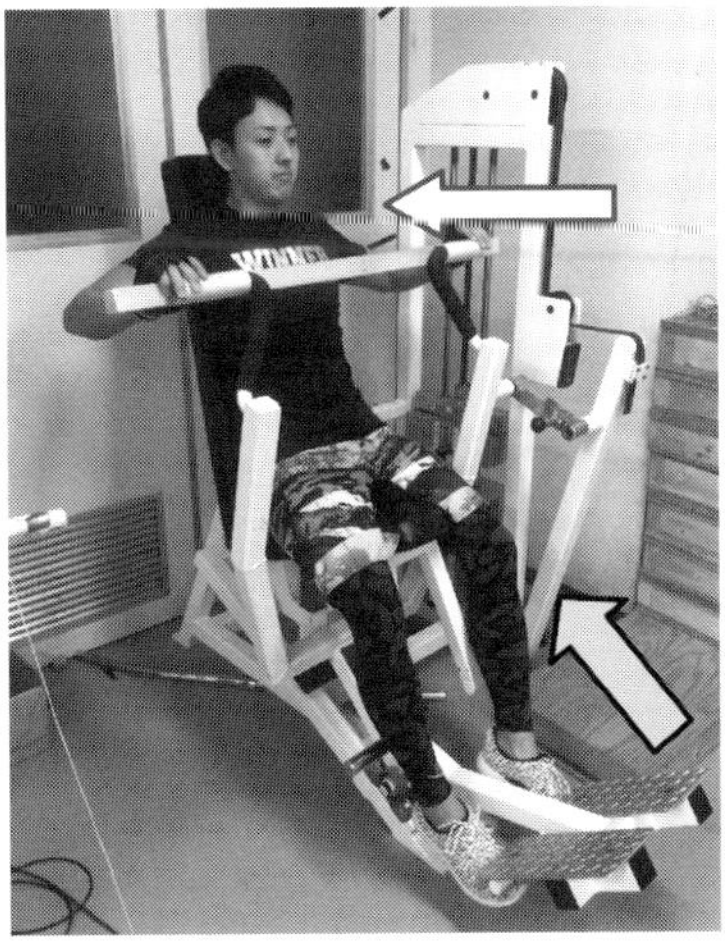

つま先で引いて加負荷

図10　セッティングのための補助アイテムを使って、セルフ補助やセルフ加負荷に使う方法

下ろす動作を行う際に、上げる動作時よりも負荷を追加して行う筋トレ法（パートナーの徒手で負荷を追加する、といった方法）では、通常の方法よりも筋力増大効果が高まるという報告もあります（Doanら, 2002）。

マシントレーニングでは若干ですが、エキセントリック局面での負荷が小さくなってしまいます。その差は、約5～10％とさほど大きくはありませんが、気になる人は気になるでしょう。対処法としては、下ろす動作に負荷を加えるか、上げる動作を補助するかしかありません。そうすれば、このマイナス5～10％をプラスにすることもできます。パートナーがいれば、パートナーに下ろす動作で負荷を足してもらうか、上げるときに補助してもらうとよいでしょう（図9）。個人的には、補助は甘えが出るので前者のほうが好きです。これはフリーウエイトでも使えるテクニックです。

また、パートナーがいなくてもできる場合もあります。例えばレッグエクステンションなら、自分でウエイトスタックを上から押すことができます。セッティングのために足で蹴ってウエイトを上げる装置がついたものもありますが、それをセルフで動作の補助や負荷がけに使うこともできます(43ページ図10、103ページ図36)。

これと同様の仕組みで、セルフでの補助や負荷がけができる構造のマシンを作ってほしいと常々思っているのですが、手を上げていただけるメーカーはありますでしょうか?

今回の話題に類する2つの余談

最後に、今回の話題に類する余談を2つほど。

余談1　柔道着を引くプルダウンの是非

マシントレーニングでメジャーな種目であるラットプルダウンで、バーにかけた柔道着を引くという方法を見かけることがあります。柔道は道着をつかんで引く動作を行うので、その動きに直結させるという考え方です。

この方法にもメリットはあるのです(※7)が、広背筋など標的の筋肉を強く大きくするという筋トレ本来の目的からすると、あまりよい方法とはいえません。なぜなら指の握りが制限になって、標的の筋肉をしっかり追い込めなくなるからです。握りが耐えられなくなったら、背中に余力があっても動作を続けられません。むしろ引く動作では、ストラップやパワーグリップなどの握力補助アイテムを使って、握りが制限にならないようにし、標的の筋肉を完全に追い込むことが得策です。

柔道といえば、〝バズーカ〟岡田隆先生らのトレーニング指導の成果もあり、男子柔道日本代表選手のフィジカルが大きく改善されました。岡田先生の指導では、道着をマシンにかけて引く方法は行っていません。ストラップなどを使ったロウイング種目で、しっかりと背中の筋群に負荷をかけています。

競技の特異性を追い求めすぎると、競技練習とあまり変わらない内容に近づきます。そうすると、「競技練習では得られない高い効果を得るために行う〝補強トレ〟」としての意味が薄れてしまいます。「それはグラウンドやコートで行えばいい」という方法になってしまうのです。筋トレには筋トレの効果を上げるための、筋トレ特有の方法があるのです。

余談2　バランス要素で体幹を鍛える?

バランス動作には、体幹筋群を鍛える効果があるといわ

※7…「握力強化」「引く動作でうまく握り込むための動作の練習」などがメリットとして挙げられます。目的に応じてロウイング系種目の1つとして取り入れるのならよいでしょう。

れることがあります。よく引用される研究論文には、「バランスボールに背中をのせて行うベンチプレスでは、通常のベンチに寝て行うベンチプレスと比べて、腹筋群など体幹筋群の活動が2倍近くに上がる」というものがあります(Lehmanら,2005)。

数字自体は正しいのですが、解釈には注意が必要です。このことから「体幹を鍛える効果も得られる」という話にはなりません。さらにはバランス要素を含むことで、体幹のインナーマッスルを鍛えられると思われがちですが、バランスとインナーには直接の関係がないことは、前述の通りです。

柔道日本代表のフィジカルアップの要因の1つに、筋トレの本流から外れるトレーニングを「行わなかった」ことが挙げられるかもしれない　Getty Images

そもそもベンチプレスでは、腹筋群はほとんど活動しません。2倍近くになったといっても、全力の筋活動の4・7%から7・4%に上がるという、極めて低いレベルでの変化です。自重で行うシットアップで26%となることに比べれば、鍛える効果がほとんどないことがよくわかります。腹筋群を鍛えたいのならば、負荷をかけたシットアップやクランチを行うほうがはるかに得策です。

しかも、バランスボール上で行う方法では高負荷のバーベルを扱えませんので、筋トレとしての効果は下がります。転倒の危険性もあり、かなり危険です。また、バランスをとりながら動作する練習にはなるものの、それがスポーツにプラスに作用するかはよくわかりません。「バランス」「体幹」「インナーマッスル」といったファンクショナルでよさそうなイメージから、こういった方法が好まれる傾向が強いようです。

先ほど、男子柔道日本代表の強化について少し触れましたが、日本柔道のフィジカルが強くなった理由として、筋トレの本流から外れるトレーニングを「行わなかった」ことも、要素の1つに挙げられるかと思います。

ロコモと筋トレ

筋トレ愛好家はロコモと無縁…とは限りません

メタボの次のキーワードは「ロコモ」

「メタボ」という言葉を知らないという人は、まずいないでしょう。２００６年には流行語大賞のトップ10にも入るほど大きな注目を浴びました（ちなみに、その年の大賞は荒川静香さんの「イナバウアー」）。

　メタボは生活習慣病リスクの高まる中年世代が主な対象となります。そして、メタボの先にはロコモティブシンドローム、略して「ロコモ」という問題が控えています。

　ロコモティブシンドロームとは、日本語で「運動器症候群」。骨、関節、筋肉といった体を動かす「運動器」の加齢に伴う衰えによって、自立した生活が困難になり、要介護となる危険性の高い状態のことをいいます。

　１９４７〜４９年生まれの人たちを団塊の世代と呼びますが、この方たちは２０２３年に76〜79歳になります。人口の多い団塊世代がロコモを強く意識する年代になったことで、ロコモに対する社会的な注目も高まりました（対象人口が少なくても注目すべきなのですが…）。

ロコモの主要因は筋力低下と活動量低下

　加齢に伴う運動器の低下として、具体的には①筋力、②神経系、③関節機能、④骨強度、の衰えなどが挙げられます。順に見ていきましょう。

1. 筋力

体を動かす力を発揮するのは筋肉ですから、何よりもまず「①筋力」がある程度強くなければ、自分の体を支えて元気に動くことができません。そして筋力の衰えは、ほかの要素である「②神経系」「③関節機能」「④骨強度」にも大きく影響を与えています。ロコモ予防にはまず何よりも体を動かす筋力が大事なのです。

2. 神経系

体の状態を感知し、筋肉に運動指令を送る神経系の機能は、加齢によって低下します。生活機能において神経系の衰えの影響で最も問題となるのは、バランス能力の低下でしょう。

バランス能力は、姿勢の状態を感知し運動制御を行う神経系、そして運動の力を発揮する筋力、のトータルの能力で決まります。十分に強い筋力がある若いうちは、バランス能力は主に平衡感覚と運動制御を行う神経系の能力に強く依存します。

しかし、これが高齢者になると、筋力がバランス保持に不十分である場合が多いため、筋力がバランス能力に及ぼす影響が大きくなります。筋力トレーニングの実施によって高齢者のバランス能力が向上することが多くの研究で示されています（Andersenら, 2005）。バランス能力は、神経系の機能維持も大切ですが、筋力の要素である程度補償できるといえます。

また、神経機能には、バランスをとりながら動作するような運動が、機能向上のトレーニングになります。歩行など日常動作の多くは、バランスをとりながらの動作になります。ダイナミックに動作するスポーツはいうまでもないでしょう。

ですから、強い筋力を保ち、日頃から元気によく動けること、スポーツを楽しむことが神経機能向上のトレーニングとなり、バランス能力の維持に重要な働きをすることになります。

3. 関節機能

関節機能低下で起こる代表的な症例としては、変形性関節症があります。背骨の椎間関節など、ほかの部位でも問題は起こりますが、ここでは特に症例が多い膝関節を例に説明していきます。

変形性膝関節症の患者さんは、大腿前面の筋肉を鍛えるように、医師から指導されることがよくあります。筋力が関節と一体どう関係しているのでしょうか？

1つは、着地動作時に筋力を発揮して関節にかかる衝撃を和らげられるという要素があります。歩行などの着地動作では股関節、膝関節、足関節が屈曲しながらクッションのように衝撃を和らげています。このとき、大腿前面の大腿四頭筋をはじめとした下肢の筋群が、エキセントリック収縮によるブレーキの力を発揮します。

筋力が低下すると、この緩衝作用がうまくできなくなってしまい、膝をはじめ下肢の関節にかかる衝撃が大きくなります。着地の緩衝作用に特に膝伸展筋の大腿四頭筋が重要との考えから、大腿前面を鍛えなさいといわれるのです。

筋力による関節の安定作用も、関節の負担を和らげることに役立っています。着地の際に、膝を伸ばす筋肉と曲げる筋肉が同時に力を出すこと(共縮)で、膝関節の回転軸がずれないように固定されます。これにより、着地の衝撃で膝関節にかかるせん断力(横方向の力)を抑えてくれます。

また、関節をしっかり動かすこと、つまりよく運動すること、日常の活動量を保つことも関節機能保持に重要です。

関節内は滑液という液体に満たされていますが、この滑液中のヒアルロン酸含有量は、関節不動によって減ることがわかっています(Pitsillides ら,1999など)。ヒアルロン酸の減少は関節内の摩擦を増加させて、骨の接触部分を摩耗させます。

関節の不動には関節を包む関節包や靭帯および周辺の筋肉を固くし、関節の動きを悪くするという要素もあります。関節障害の患者さんが、医師から関節の柔軟性回復のためにストレッチを指導されるのは、このためです。

4. 骨強度

加齢により骨密度は低下します。骨粗鬆症が進むと、転倒などによる骨折の危険性が高まります。

高齢者における骨折は、若年者よりも深刻です。体を支える脚を骨折すると、しばらく自力で動くことができなくなり、不活動で筋肉が弱ってそのまま寝たきりになってしまうことが多いからです。

骨粗鬆症に起因する、背骨の圧迫骨折もよく見られる症状です。折れた骨片が背骨の後ろの神経根を圧迫すると、痛みで日常動作が制限されることがあります。

運動しない生活を続けていれば、加齢による骨密度低下は確かに避けられません。だからといって、年をとったら骨密度は増やせない、ということではありません。骨密度は主に骨に強い力を与えることで増加しますので、運動負荷によって何歳からでも高めることができるのです。

重い負荷を上げ下げする筋トレを行うボディビルダーでは、年齢が高くても、キャリアが長いほど骨密度が高くなることが報告されています(田中ら，1994)。高い筋力をつけるための筋トレで骨密度を高く保てるのです。

筋トレでなくても、ジョギングのような強い衝撃力の加わる運動も、骨密度を高めるのに有効です。日常の活動量を保つだけでも骨に力が加わる分、それなりの効果は期待できるでしょう。

以上、ロコモに関わる4つの衰えについて解説しました。まずは筋力の維持が重要であり、高い筋力を保って、日常から元気に、よく動けることが大切であるということがよくわかったと思います。

ただし、筋力さえあれば、しっかり運動していれば、それだけで安心というわけにはいきません。むしろ筋力を高める筋トレを激しくやり込みすぎること、ハードに運動をしすぎることが、逆に問題となる場合があります。

関節は消耗品
ゴン中山選手を引退に追い込んだ膝関節傷害

体は、「筋肉」で「骨」を「関節」まわりに動かすことで動作します。このうちの筋肉と骨は、何歳になっても鍛えれば強くなります。しかし、関節は強くならないわけではありませんが、回復が遅く、酷使することで消耗しやすい部位なのです。

その理由は、関節内に血管が走っておらず、極めて新陳代謝（構成組織の入れ替わり）が遅いからです。新陳代謝が遅いので、酷使されると回復が追いつかなくなってしまいます。そして、痛めてしまうとなかなか治りません。「鍛えれば強くなる」「鍛えていればいつまでも元気で、若いときと変わらずいられる」という話は、関節には当てはまらないのです。

自分は筋トレしているから、よく運動しているから、ロコモは関係ないとは限りません。どんなに筋力が強くて、骨が鉄のように固くても、膝が痛くて歩けなければロコモです。腰が痛くて立っていられなければ、それは立派なロコモなのです。

日本サッカー界の一時代を築いた、ゴンこと中山雅史選手が引退したのは２０１２年のことでした。立っていることさえ困難なほど、両膝が悪くなっていたためです。中山選手は体力的な衰えは感じておらず、膝さえ治ればすぐにでも復帰したいと発言していました。でも、どんなに筋力があっても、持久力があっても、立っていられないほど膝が悪ければ復帰はできません。

筋力、持久力とも十分なだけに、引退しなければならない状況を受け入れられない様子でしたが、関節機能の衰えも「体力の衰えの１つ」「老化の１つ」として受け止めなければならないのです。

日本サッカー界の一時代を築いたゴンこと中山雅史選手も、膝の故障には勝てなかった　Getty Images

関節を労わろう
筋肉年齢20代、関節年齢70代？

繰り返しますが、関節は消耗品です。鍛えて強くするという考えではなく、回復のレベルを超えた無理な運動で酷使せずに、労わることを考えなければなりません。

しっかり筋肉を鍛えて普段からよく動くことは、関節にとってプラスに作用しますが、程度があります。関節の回復力を超えた負荷は、関節の老化を進めます。

筋肉が強ければ、動きのなかでの関節への衝撃をある程度和らげることはできますが、負担がゼロになるわけではありません（筋力さえあればカバーできる、とはいきません）。よく動かすことで関節内の滑液の循環が促進され、新陳代謝も多少活発になりますが、回復が遅いことに変わりはありません。

やはり無理は効かないのです。

サージ・ヌブレは、70代まで全盛期と遜色ない肉体を維持した伝説のボディビルダー。比較的軽負荷でじっくりと効かせる（比較的関節にやさしい）トレーニングを行っていたことはよく知られている。ヌブレ選手のように太く長く筋トレライフを楽しみたいもの　Getty Images

筋トレは高負荷を用いて行うものですので、関節への負担が当然大きくなります。スロートレーニングや、ストリクトフォームで軽めの負荷でもじっくり効かせる方法もあります。関節への負担を減らせるので、こういった方法をうまく活用するとよいでしょう。

例えば、高負荷トレーニングをずっと続けるのではなく、1ヵ月間高負荷で行ったら、次の1ヵ月間は軽めで効かせるといった具合に工夫をしながら、関節に無理をかけすぎない工夫をするとよいでしょう。

また、筋トレ以外にも、跳んだりはねたりするようなダイナミックな運動も、関節には大きな負荷がかかります。ジョギングで膝や足首が痛むようなら、強い衝撃の加わらない自転車運動を併用するなどするとよいでしょう。靴もクッションの効いたものが選べます。

何より関節に痛みが出たら無理をしないことです。筋肉でカバーできる範囲は限られています。いつまでも痛みなく快適に、長く筋トレを続けられるように（ひどい場合はそれこそロコモになります）、関節を労わることを考えてください。

筋肉年齢、骨年齢は20代、でも関節年齢が70代では、やはり体が若いとはいい切れないのです。

子どもの筋トレ

Q 子どもにもプロテインを飲ませて大丈夫でしょうか？

A 特に問題はありません。ジュニア用プロテインも売られています。

ジュニア用プロテインの目的は、「安心して」飲んでもらうこと

プロテインは食品からタンパク質を抽出して粉末にしたものです。タンパク質は三大栄養素の1つで、普通の食事でも相当量とっている成分です。そのため、パッケージに記載されている程度の量を飲む分には、とりすぎの問題が起こることはまずないでしょう。これは子どもにおいても大人においてもいえることと思います。

ジュニア用プロテインという商品があります。たいていのスポーツショップや薬局に置かれているので、目にしたことがある人も多いと思います。成長期に合わせてカルシウムやビタミンDなどを添加しているといった、ジュニア固有の特徴もありますが、「基本的に大人用と同じもの」です。ですから、あえてジュニア用のものを選ばなくても、子どもが大人用のプロテインを飲んで問題はないと考えてください。

では、なぜジュニア用のものが売られているのでしょうか。おそらく一番の理由は、ご質問のような不安を多くの

保護者がもっているからだと思います。子どもがプロテインを飲んでも大丈夫なのか、という不安です。ジュニア用プロテインと銘打ってあれば、安心して買えますよね。

シニア用プロテインもある

実は、ジュニア用ほど流通していませんが、シニア用プロテインも商品として売られています。骨密度を増加させるためのカルシウムやビタミンD、疲労回復作用のあるイミダペプチドなど、高齢者向けの成分が添加されていますが、こちらも基本は普通のプロテインと同じものです。

ジュニア用もシニア用も、どちらも一般のプロテインと内容はさほど変わらない。つまり、どちらも成人と同様にプロテインをとっても問題ないということ。ただし、パッケージ表記の何倍もとるのは推奨しない

高齢者は食が細くなることにより、タンパク質の摂取量が不足することが懸念されています。タンパク質を摂取することで、直後の筋タンパク合成反応がよく進みますので、毎食しっかりと十分量のタンパク質をとることが大切です。その点で考えると、朝食で足りていない場合が多いことが指摘されています。

筋タンパク合成反応を十分に進めるには、1食20g程度以上のタンパク質摂取が1つの目安になりますが、パンとコーヒーのような朝食では5g程度しかとれません。そういう場合の補助食品としてプロテインで10g追加など、少し足し算してあげるのは1つのよい選択といえると思います。

なお、プロテインを飲んだことのない高齢の方は「プロテインはまずいもの」と思っているようですが、全然そんなことはありません。おいしいですよ。青汁のように我慢して飲むものと思われがちですが、むしろ「デザートとして楽しむもの」としてとれます（青汁も結構おいしいですが）。おいしく楽しんでください。

ただし、タンパク質は窒素、硫黄成分を含むため、すべて二酸化炭素と水に代謝される糖質や脂質とは少し違いま

す。タンパク質をとった分だけ窒素、硫黄を排泄するために、腎臓や肝臓の負担になるのは確かです（除脂肪組織の増大分は除く）。高齢になれば腎機能や肝機能が低下していることが多くなります。プロテインを表示された量を大きく超えて、やたらにたくさんとるのはオススメしかねます。このあたりの懸念があるので、シニアプロテインはジュニア用ほど流通していないのかもしれませんね。

プロテインサプリメントは、簡単に多量のタンパク質をとれるので、高齢者に限らず、とりすぎには注意が必要です。プロテインなら40ｇ程度でも溶かして簡単に1回で飲めてしまいますが、タンパク質20ｇを含むサラダチキンを1つ食べるのは結構大変です。

食事も大事だがプロテインのよさもある

食事でしっかりタンパク質をとれていれば、プロテインは必要ないという論調もあります。しかし、そうともいえない部分もあります。プロテインは、タンパク質摂取量を「足し算するだけのものではない」からです。

運動前後に摂取して速やかに吸収することができる、血中アミノ酸を一気に高濃度にできる（アミノ酸の筋肉合成の薬理作用が強まります）、脂質や糖質をとりすぎずにタンパク質だけを摂取できる、容易に多量のタンパク質をとれる（その分、とりすぎになりやすい点は要注意）など、食事にはない固有の利点がプロテインにはあります。

この利点の恩恵は一般のトレーニーだけでなく、ジュニアもシニアも同様に受けることができます。

プロテインはまずいものではない。むしろぜいたくな、おいしいスイーツだ！　プレーン（味つけなし）の商品でも、抹茶やココアなど＋スクラロースで、激うまスイーツドリンクにできる。抹茶＋青汁も、実は結構美味

Q 筋トレをやりすぎると、背が伸びなくなるということはありませんか？

A 超高重量で行わない限り、筋トレによる成長障害は考えにくいです。それよりも、瞬間的に大きな力が加わるスポーツ動作でのリスクに注意すべきです。

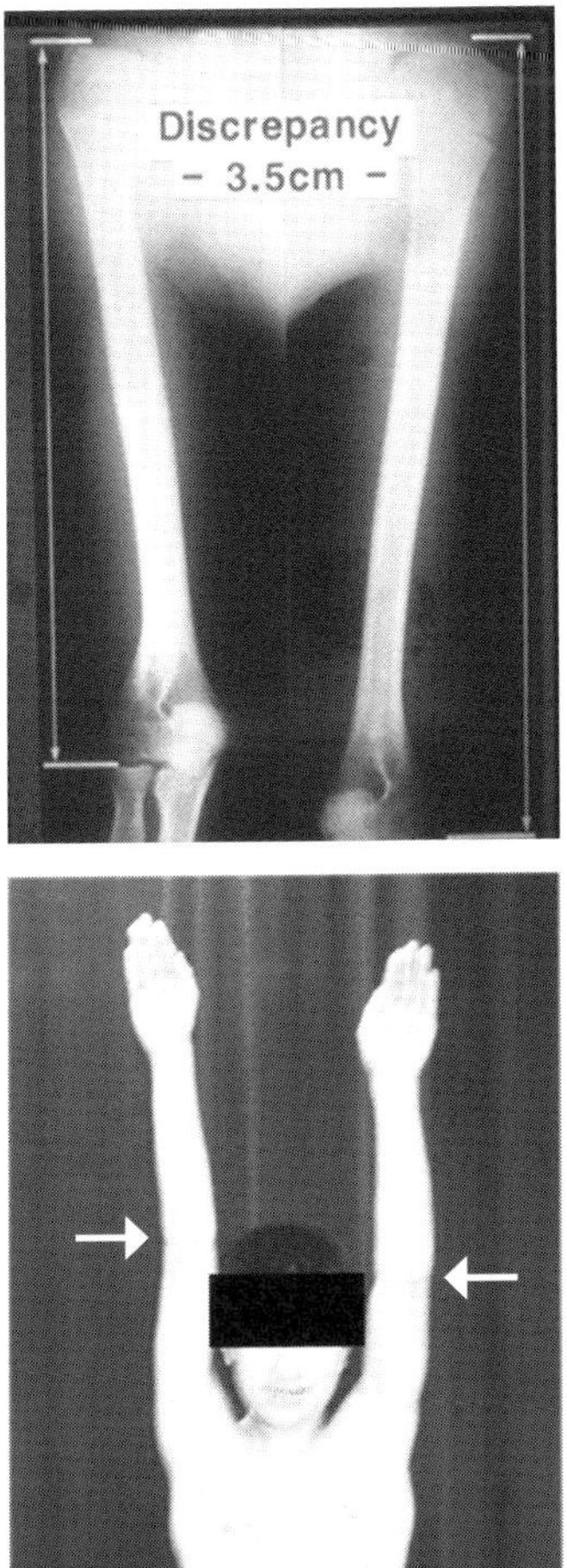

図11　肩関節の障害があり、上腕骨の左右差が3㎝あるジュニア野球投手

成長軟骨が障害されると成長が妨げられる

運動で背が伸びなくなることは、実はあります。骨が縦方向に伸びていく成長軟骨といわれる部分は構造的に脆弱で、ここに障害を受けると伸長が妨げられることがあるからです。実際に、スポーツのせいで背が伸びなかったというのは確認しにくいのですが、強い力を受ける側の骨が短ければ、その間接的な証拠になります。

例えば野球選手では、少年期の肩障害経験者は平均で約1㎝、反対腕よりも上腕骨が短いという報告があります。臨床医に話を聞くと、3㎝以上短くなるケースも珍しくないといいます(図11)。

左右両方の腕や脚で成長障害が起こると、運動のせいで骨の伸長が妨げられたかどうかは確認できません。しかし、野球の事例から考えると、例えばサッカーで脚が短くなるということも、実際には起きている可能性は十分考えられます。

筋トレでかかる力はすごく大きくもない

強い力を受けて成長障害が起こるなら、「重いものを上げ下げする筋トレは危険じゃないか」と思われるかもしれません。しかし、実は筋トレで骨にかかる力は、それほど大きくはありません。ダイナミックな競技動作のほうが、瞬間的にはずっと大きな力がかかります。

例えば、ダッシュをすれば体重の3～5倍程度の力が片脚にかかります。仮に3倍としたら、両脚に体重の6倍ですので、体重の5倍の重量を担いで立っている状態に相当します。

対して、筋トレのスクワットでは、ジュニアが行う場合は丁寧にフルレンジで行うなら、重くて体重の1倍程度でしょう。体重と合わせて2倍なので、片脚にかかる荷重は体重の1倍。切り返しの加速度の影響を大きめに見積もっても、体重の1・5倍程度です。ダッシュするほうがずっと負担が大きいわけです。

高重量パーシャルレンジやチーティングは、リスクが高まる

ただし、やろうと思えば体重の3倍以上を担いで、浅くしゃがむパーシャルレンジでスクワットを行うこともできます。

それでも脚部への負担はすごく大きいわけではないのですが、脊柱への負担は相当なものになります。競技動作ではかからないような、かなり大きな負荷が椎間板にかかります。

また、全身の反動を使って高重量を扱う場合は、使用重量に加速度分も加わるので、かかる力が強まります。

フルレンジで丁寧に行っている分には、問題はまずありませんが、やり方によっては、筋トレで身長の伸びが止まるリスクは多少あると思ってください。そもそも成長障害以外にも、いろいろなケガのリスクが高まりますね。

超高重量を全身の反動で上げる重量挙げの動きは、成長障害の可能性が考えられます。なお、競技としては背が伸びないほうが挙上しやすくなるので、記録を考えるならそちらのほうがよいという一面もあったりします。

ムキムキは背が止まる、というよりも早熟な子はムキムキ

小中学生のときにムキムキだった子はすぐに背が止まった、という様子を見たことがある人はいると思います。僕のまわりにも何人かいました。筋肉隆々で背も高く、カッコいい体でうらやましかったのですが、ほどなく身長の伸びが止まりました。

そこから、「筋肉をつけると背が伸びなくなる」という俗説が生まれるわけです。ただしこれは、ムキムキ→背が伸びない、ではなく、背が既に伸びている→ムキムキ、という関係のためかもしれません。ムキムキで背が伸びない子がいる理由はおそらく、「小中学生の時点でムキムキの子は、既に第二次性徴が進んだ早熟な子だから」だと考えられます。

第二次性徴を過ぎると、ホルモン応答の関係などから筋肉がよくついてきます。そしてそういう子は、その筋肉をより発達させたくて筋トレを始めるものです。マラソンの速い子がマラソンに夢中になる、短距離の速い子が陸上チームに入ってスプリントに取り組む、というのと同じですね。自分の秀でているところは伸ばしたくなるものです。頭のいい子が自分で塾を探して、親に入塾のお願いをする、なんていうのもありますね。

僕のまわりの早熟でマッチョだった友達も、かなり筋トレに取り組んでいました。周囲が「すごい筋肉だね」とも ち上げるので、モチベーションも上がったことでしょう。子どもは結構筋肉が好きですからね。

なお、彼らは早い段階で声変わりしていて、局部の発毛時期も早期でした。このことからも、ムキムキな体をしていた小中学生の時点で、既に第二次性徴がかなり進んでいる状態だったということになります。

「ムキムキな子は背が伸びない」ではなく、「既に背が伸びている子はムキムキ」というのが、筋トレで背が伸びなくなるといわれる実際の理由かもしれない
Shutterstock/アフロ

女性の筋トレ

引き締める筋トレとムキムキになる筋トレ?

　ボディメイクのアプローチには、筋肉を大きくする「筋肥大」と、脂肪を減らす「除脂肪」の2つがあります。基本的には、シンプルにこの2つのみで体形を変えていくわけです。

　そして、筋トレのボディメイクにおける第一義の目的は「筋肥大」です。女性の場合は「ムキムキではなく、引き締めが目的。だからムキムキにならない方法でやりたい」という方がよくいらっしゃいますが、引き締める筋トレというものがあるわけではありません。どちらが目的であっても、筋トレで狙う主な効果は筋肥大です。

　筋トレで筋肉を肥大させると、体のラインにメリハリができます。これが適度に進むと、引き締まった見た目になります。痩せて皮下脂肪が落ちると、さらに引き締まって見えます。ものすごく筋肥大が進むとムキムキになります。その上ですごく皮下脂肪が落ちると、ムキムキがより際立ちます。

　要は、筋肥大と除脂肪が「適度に進む」と引き締まり、「すごく進む」とムキムキになるわけです。引き締めとムキムキは「程度の違い」であって別々のものではありません。このあたりの当たり前の前提は、きちんと押さえておいたほうがよいと思います。

　なお、筋肉を増やさずに除脂肪だけを進めても、引き締まった見た目にはなります。ただし、ボディラインにメリハリはできません。また、除脂肪だけを進めるのは難しく、筋トレをせずにしないで痩せると筋肉も落ちて、貧相な体になりかねません。このあたりが、ボディメイクに筋トレ

を取り入れる女性が増えている理由ではないかなと思います。「ただ痩せるだけじゃなくて、筋肉もつけなきゃ」ということですね。

引き締めもムキムキもやるべきことは基本同じ

引き締めとムキムキは程度の違いですから、引き締まった体はムキムキの体になる途中ということになります。たどり着ける目標点が高くても、それほどでなくても、そこにたどり着くための方法は基本的に同じです。

「ムキムキになりたくないから〝筋肉があまりつかない筋トレ〟をしたい」という話をよく聞きますが、これはちょっと変な話です。目標点が高くないからといって〝あえて効果の低い方法〟を行う必要はありません。「東大を目指すわけではないから、あえてあまり役に立たない粗悪な参考書を選んで勉強する」みたいなものです。良質の参考書でほどほどに勉強するほうが、ずっと賢明ですよね。

ムキムキの手前の引き締まった体を目指すなら、筋肥大効果の高い方法をそこそこ頑張るか、効果の高い方法をしっかりと行って短い期間で目標の体にたどり着き、あとは維持できる程度の方法に変えればいいわけです。

除脂肪に関しては、食事の調整と、エネルギー消費を稼げて脂質利用率の高い有酸素運動が効果的ですが、筋トレも相応に役立ちます。筋トレの実施による基礎代謝向上が見込めるからです。多くの研究から示されている筋トレ実施による基礎代謝の増大効果はおおむね100キロカロリー程度です（Lemmerら, 2001など）。ジョギング10分程度に相当しますので、それなりの効果といえます。なお、筋肉量がすごく増えても+100キロカロリーから先はそれほど上がらないので、過度な期待はできません。

「引き締め」と「ムキムキ」、どちらが目的でも、筋トレで狙う主な効果は筋肥大となる

筋肉量の男女差は部位による

ボディメイクと引き締め、ムキムキの関係の基本を押さえたところで、女性の筋トレ効果について生理学的特性か

上半身の筋肉量の男女差は非常に大きいが、下半身はそこまででもない。スクワットでは結構な重量を扱えるだけでなく、腹筋や背筋も結構強い

ら考えていきましょう。

男性と女性では、当然ながら女性のほうが筋肉量はずっと少ないです。そして皮下脂肪は女性のほうが多いので、女性は簡単には引き締めの先のムキムキにたどり着けません。

ただし、筋肉量の男女差には部位による差がかなりあります。上半身の筋肉量の男女差は非常に大きいのに対して、下半身はそこまでではありません。日本人のデータで見ると、5000人ほどの超音波画像法による筋厚データ（安部と福永，1995）は、例えば30代では、上腕前側が女性は男性の74%であるのに対し、大腿前側では87%と差は小さくなります（断面積で見ると、およそこの値の2乗の比率になります）。

女性はベンチプレスがあまり強くなく、腕立て伏せが1回もできないこともありますが、スクワットであれば結構な重量を扱えます。自重スクワットなら男性よりも高回数できることも珍しくありません。腹筋や背筋も結構強かったりします。

部位によって男女差の大小がありますので、女性だからといって一律に筋トレの負荷を下げる必要はありません。遠慮せずにできる種目は負荷や回数を増やしてください。

筋肉で脚が太い女性はいる

「私、脚は筋肉がすごいから」と言う女性がよくいらっしゃいます。そう言いながら、主に皮下脂肪で太いだけの方もいますが、本当に筋肉で脚が太い方も多くいます。

筋肉で脚が太い女性の場合は、スクワットよりもヒップリフトやルーマニアンデッドリフトなどのように、大腿部にはあまり負荷をかけずに臀部に集中させる種目のほうが、ボディメイク的には向いているかもしれません。

脚を細くするスクワットなんてありませんからね。時々耳にしますが…。もちろん、スクワットでメリハリがついてキレイな脚のラインになるというのはあります。

なお、主に筋肉で脚が太いかどうかを判断するには、スクワットがとても強いのか、そうでもないのかが1つの目安になると思います。つまんだときの皮下脂肪の厚みが、ほかの女性と比べてあまり変わらないのか、とても分厚いのかも目安になるでしょう。

筋トレ効果の性差はそれほどない

筋トレをしても女性は男性より筋肉がつきにくい、とよくいわれます。男性ホルモンのテストステロンの分泌量が女性では少ないことが、そう思われる主な理由でしょうか。テストステロンには強い筋タンパク合成、筋細胞のもとになる筋サテライト細胞の増殖作用があります（Brodskyら, 1996, Zarrmitら, 2006）。そのテストステロンの血中濃度は、女性では男性の20分の1程度しかありません。

ただし、テストステロンは精巣で多く合成されることから男性固有のものと思われていますが、実はテストステロンを合成するのは精巣だけではありません。筋肉内で合成される量も多い（Aizawaら, 2007）ので、女性の筋肉にもそれなりに作用しています。筋肉内で合成される分は、血中にはあまり出てこないので、血中濃度では女性が少なく見えているだけです。テストステロンは、男性の筋肉だけに作用するものではないのです。

また、テストステロンの前駆物質であるＤＨＥＡは男女で血中濃度に差はなく、運動による分泌量増大も同等に起こることが観察されています（相澤ら, ２００１）。そして、女性の性ホルモンであるエストロゲンにも、筋肥大促進作用があります（Tiidusら, 2013）。

実際に、筋トレによる筋肥大効果の男女差を比較した研究では、男女で差がないとするものや、差はあるがその差は大きくはないとするものが多くあります。被験者数の多い研究例で見ると、男女合わせて５８５名を用いた12週間の肘屈曲運動の筋トレ介入の結果、男性の肘屈曲筋の横断面積の増加率は＋20・４％、女性は＋17・９％で、１割ほどしか変わりません（Hubalら, 2005）。

筋肉で脚が太い女性の場合、スクワットよりも臀部に負荷を集中させるヒップリフトやルーマニアンデッドリフトなどのほうが、ボディメイク的には向いているかもしれない

女性の筋トレの筋肥大効果は、男性とそれほど変わらないといえそうです。男性と比べて、もともとの筋肉量が少なくて皮下脂肪が多く、筋肉の変化が外から見えにくいため、女性は筋肉がつきにくいように思われるのでしょう。また、女性は大きな筋肥大効果を望んでいないことが多く、男性ほど真剣には筋トレに取り組んでいないことも強く関係していると思われます。

女性ホルモンの影響

意外かもしれませんが、前述の通り女性ホルモンのエストロゲンにも筋肥大促進作用があります。試験管内の実験では、エストロゲンの投与によって筋芽細胞の成長を促進すること（Kahlertら,1997）や、筋タンパク合成反応のシグナル伝達系であるｍＴＯＲ《エムトール》系・ＭＡＰＫ系を促進すること（Vasconsueloら,2008）などが報告されています。

動物を用いた実験では、卵巣を除したラットにエストロゲンを投与すると筋肉量の回復が早まるという報告があります（Sitnickら,2006）。また、ヒトにおいては、閉経後女性にエストロゲン補充療法を行うことで、筋肉の減少が抑制されることが示されています（Tiidusら,2013）。

エストロゲン分泌量は加齢とともに減少しますが、特に閉経を境に大きく減少します。閉経後のエストロゲンに限らず、筋肉中の性ホルモンや前駆物質のＤＨＥＡ濃度も加齢とともに減少します。これらの濃度低下は、筋肉量の減少や転倒リスクと関係することが示唆されています（Orwollら,2006）。

エストロゲン分泌量の低下する閉経後女性の筋肉に、大豆食品が役立つ可能性が期待されている

大豆食品は閉経後女性の味方

エストロゲン分泌量の低下する閉経後女性の筋肉に、大

豆食品が役立つ可能性が期待されています。大豆に含まれる大豆イソフラボンの構造がエストロゲンとよく似ていて、摂取することでエストロゲンと類似の作用を体に及ぼすからです。

閉経後女性にイソフラボンサプリメントを24週間摂取してもらった研究では、筋肉量指標が有意に増大したことが示されています（Aubertin-Leheudreら,2006）。この研究で摂取したイソフラボンは1日70㎎。これは納豆なら1パック、豆腐なら半丁強くらいの量です。我々日本人にとっては、食事でとるのに難しい数字ではありません。大豆食品を1日に一度はとるくらいの心がけで達成できる量でしょう。

閉経後のエストロゲン分泌量の低下は、筋肉に対してのみではなく、更年期障害とも強く関係することはよく知られています。大豆食品の摂取は、更年期障害の軽減に有効とされます。また、エストロゲンには骨形成作用があるため、閉経後は骨密度が大きく低下しますが、大豆イソフラボンの摂取は骨密度増大にも役立ちます（Weiら,2012など）。筋肉にも全身にも、大豆食品は閉経女性の強い味方になるといえそうです。

なお、大豆を原料としたソイプロテインは筋肉づくりの材料としてだけでなく、ダイエット用としてもよく利用されますが、ここにも大豆イソフラボンが関わっています。大豆イソフラボン摂取による体脂肪の減少や、高コレステロール血漿者の総コレステロール濃度、およびＬＤＬ（悪玉コレステロール）が低下することが報告されています（Ricketts,2005）。

性周期と筋力トレーニング

エストロゲンに筋タンパク合成促進作用があるならば、その分泌量の増減が筋トレ効果に影響を及ぼす可能性があります。性周期によりエストロゲン分泌量は増減するので、性周期のなかで筋トレ効果の出やすい時期と出にくい時期があるのかもしれません。

短期間での筋肥大効果が確認されている高頻度の加圧トレーニングを用いて、性周期と筋トレの筋肥大効果の検証を行った研究があります。エストロゲン分泌量の高まる黄体期における6日間の加圧トレーニングでは、同期間の卵胞期と比べて有意に大きな筋肥大効果が認められました

（Sakamakiら,2012）。ただし、黄体期は貯水量の増大する時期でもあり、その影響が結果に含まれている可能性があります。

性周期に合わせて筋トレメニューに強弱をつけるのであれば、黄体期に強度や量を上げてよりハードに実施し、卵胞期は強度や量を抑えて実施するという方法が提案できるかもしれません。

ただし、性周期による体調の変動もあります。一般に黄体期は体調不良を起こすとされます。個人差もあることが考えられますから、そのあたりも考慮してプログラムを作成するとよいでしょう。

女性向けの筋力トレーニングとは

現状では、生理学的なエビデンスに基づいた女性固有の特別な筋トレ法というのは見いだされていません。女性においても基本的には、「男性と同様の方法」で実施するのが適切と考えられます。

筋力の部位ごとの男女差はありますので、その点は考慮したほうがよいでしょう。スクワットなどの筋肉量の男女差が少ない下半身の種目では、「女性は筋力が弱いから」と決めつけずに、しっかりと負荷をかけて行いましょう。

女性向けのお尻専門のジムがあるなど、女性では男性よりも、特定の部位に限定した筋トレが好まれる傾向が強いように思います。見た目に大きく影響する部位を鍛えたいというモチベーションは、とても大事なことです。ただし、ここだけ鍛えておけば全身の見映えがよくなる、健康維持・増進に役立つ部位というのはありません。気になる部位〝のみ〟でなく、気になる部位を〝中心に〟、全身の筋肉を鍛えることに目を向けてほしいですね。

性周期に合わせて筋トレに強弱をつけるならば、黄体期はよりハードに実施し、卵胞期には強度や量を抑えて実施する方法が提案できる

Getty Images

第2章

Enjoy

トレーニング実践編

第2章は実践編。
ここでは、
よく知られている
筋トレ種目の効果的な方法や
隠れた優良種目、
さらには誰もが取り組みやすい
自重トレーニングを
ご紹介する。

「挙げる」ベンチプレス、「効かせる」ベンチプレス

誰しも１００kgを目指したくなるベンチ

ベンチプレスは高重量を挙げたい種目の代表です。筋トレを始めて強くなってくると、ベンチプレス１００kgを目指す！　これは誰もが通る道ではないでしょうか。

僕も大学２年生のときに初めて１００kgを挙げたときは、それはもううれしくて、バーベルの前で「写ルンです」（懐かしいですね）で記念写真を撮りました。そしてその後は筋肉がついていくと同時に、ベンチプレスがどんどん〝うまく〟なります。最終的には、ワイドグリップ（ベンチプレス競技のルール上限手幅の81㎝）のお尻上げブリッジで、１４０kg×８回でセットを組むようになりました。

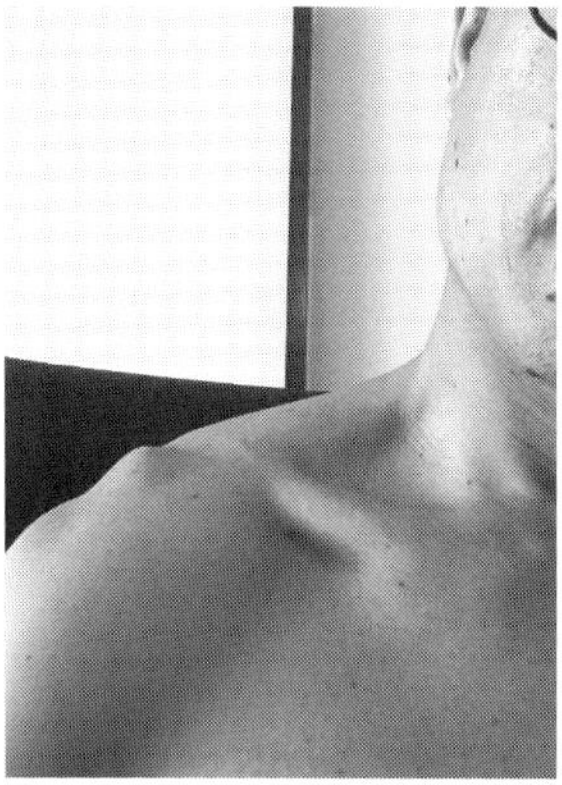

図12
肩鎖関節の小さなツノ

140kgでワイドグリップの尻上げベンチプレス…のような筋トレを続けることで、筆者の肩鎖関節は小さなツノのように飛び出てしまっている。これはもう治ることはない

これは正直あまりよい話ではありません。反面教師な話だと思っています。うまくなるほど挙上重量としては強くなりますが、使用重量の割には筋肉への刺激は強くなく、関節への負担ばかり増えてしまうからです。しかも不運な

図13　ベンチプレスの超基本「肩甲骨の寄せ」

肩を引き、肩甲骨を寄せて構え、その構えのままバーを押し上げる

ことに、関節の痛みは本格的に悪くなるまで症状が出てくれません。

筋トレは外傷（急性のケガ）こそ少ないのですが、後から障害（慢性の故障）が出てきます。痛くなってからでは後の祭り。僕の場合は肩・肘・腰・首…いろいろなところがボロボロです。肩鎖関節の骨棘は「肩から小さなツノが生えている」くらいに骨が飛び出ています（図12）。

筋肉に強い刺激をしっかり加えられるフォームを守った上で、使用重量や回数を増やしていくことを目指していただきたいと思います。稼働範囲が狭く、筋肉に効きにくいフォームで無理やり120kgを5〜6発挙げるよりも（バウンドさせたり、胸まで下ろさなかったりするのは論外）、大きな稼働範囲で丁寧に、80kgを12回挙げるほうがずっとカッコいいですよ。

ベンチプレスで挙上重量を増やすコツ

重量を挙げられるベンチプレスのやり方から見ていきましょう。①と②は、しっかり効かせるという意味でも必要なコツとなります。

①肩甲骨の寄せ

1つ目は肩甲骨の寄せです。肩を後ろに引いた位置で固定して腕を押し出していくことで、しっかりと大胸筋をストレッチしたポジションで動作できます。「腕や肩で挙げてしまって大胸筋に効かない」という人は、たいていこの「肩甲骨の寄せ」ができていません（67ページ図13）。

肩を引いたまま腕を出す動きは、通常スポーツでは行わない、ベンチプレス特有の特殊な動きです（※8）。大胸筋をしっかり使って挙げるためにも、このコツは最初に身につけるべきことといえます。

②やや外に向かって押す

ベンチプレスではまっすぐ上にバーを押しているように思えます。しかし、実はそれでは力学的効率が悪く、高重量を挙げられません。手幅によりますが、ベンチプレス競技ルール上限の81㎝幅でバーを握る場合は、「まっすぐ上よりもやや外向きに押す」ほうが強くなります。

ベンチプレス競技の選手で測定した研究では、真上に押す力の30％ほどの力で「外向きに押している」様子が観察されています（角度にすると約17度外向き）（図14／Duffeyら，2011）。ベンチプレスの選手は効率よく高重量を挙げられるフォームを身につけているので、この向きはバーを挙げる上で効率がよいと考えられます。

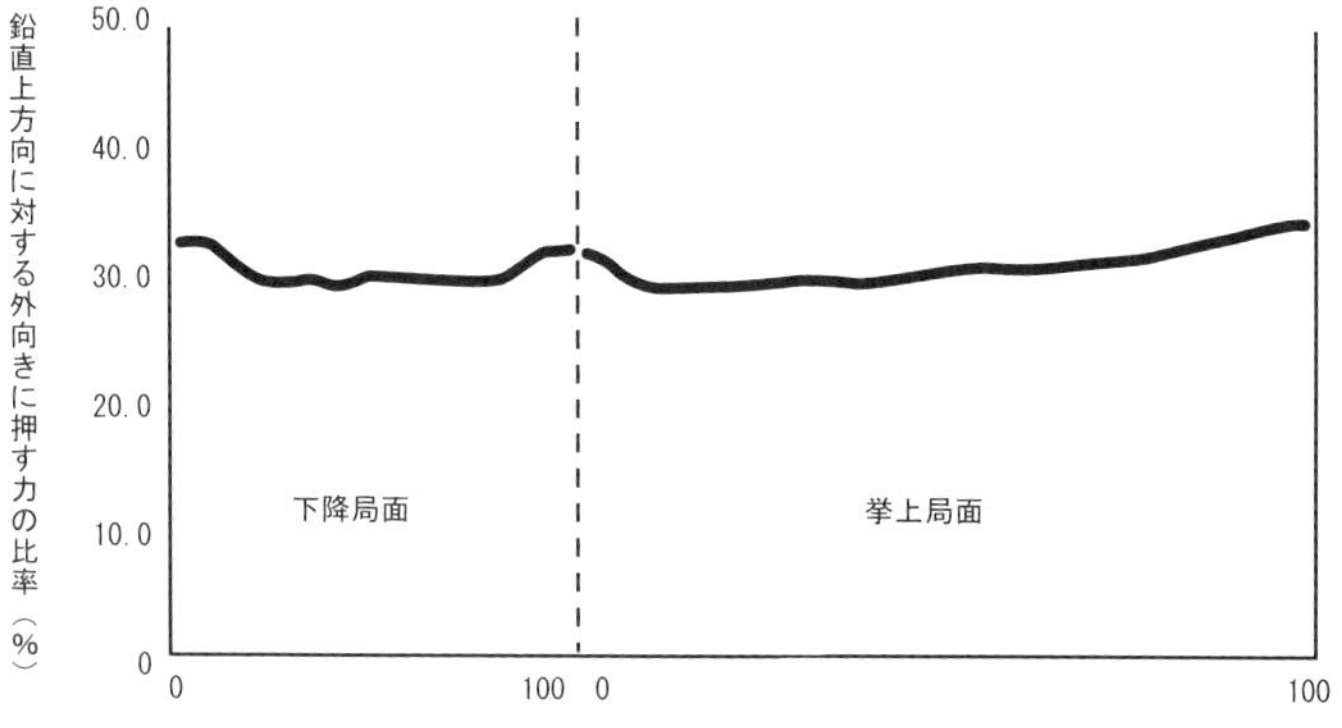

図14　ベンチプレスでバーを外向きに押す力（Duffeyら，2011より改変）

※8…上手になれば、必ずしも肩を引いたまま押す必要はありません。肩を前に出しながらでも、大胸筋をしっかり使えるようになれば、それも1つのバリエーションにできます。

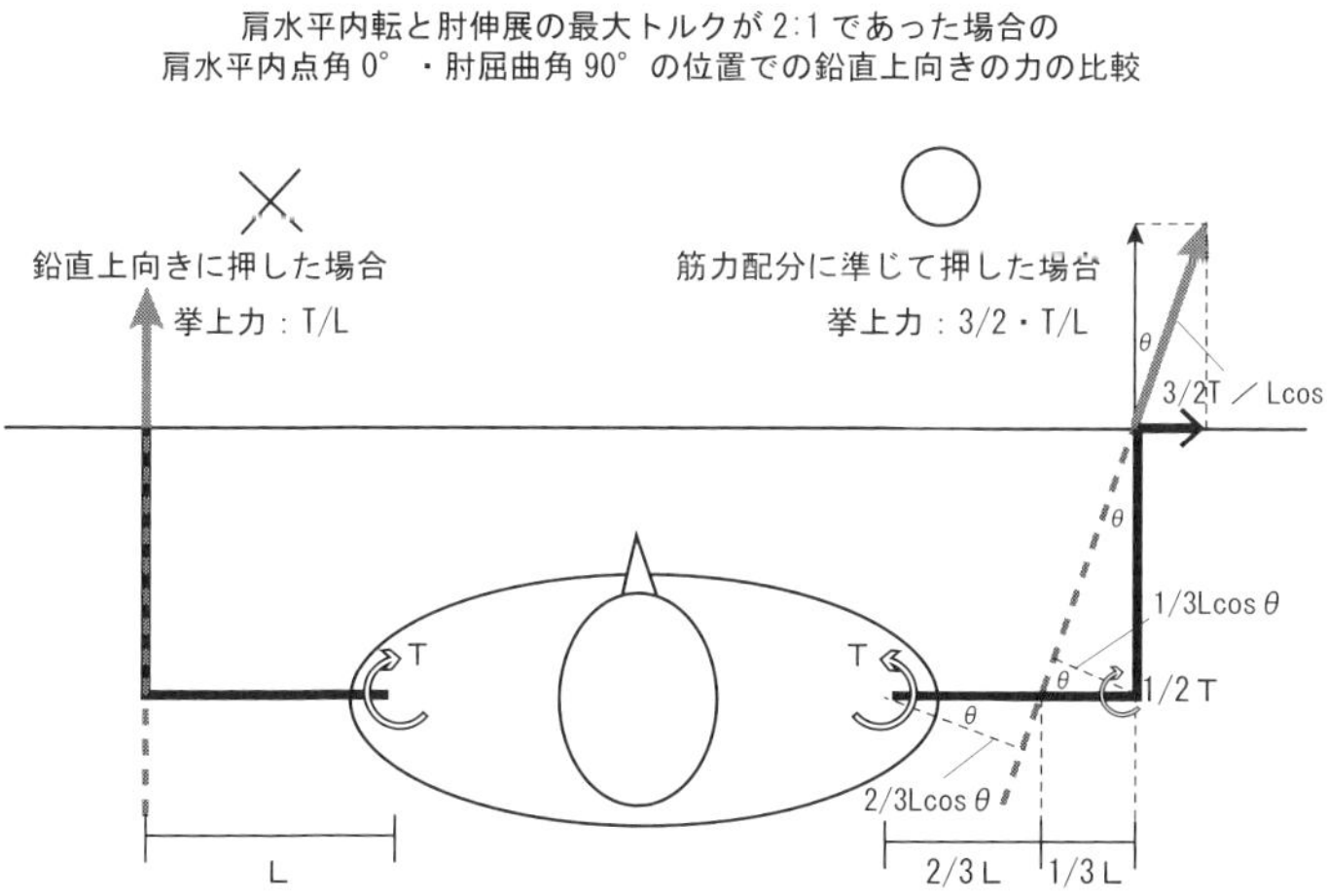

図15　やや外向きにバーを押すと挙上力が増大する

この図は、上腕水平時に肘が90度になる手幅の場合の計算。この条件の計算では、外向きに33%の力で押す方向(図右)で挙上力が最大となり、まっすぐ上に押す場合(図左)の1.5倍となる。同様に計算すると、手幅が広い(狭い)ほど外向きに押す角度が大きく(小さく)なる。極端に狭い手幅では逆に、内向きに押すこととなる

やや外向きに押すほうが強い理由は、力学的に説明がつきます。かなり簡易なモデルですが、力の強さと挙げる強さとの関係を考えてみます(図15)。ここでは計算値が簡単になる上腕が床と水平のポジションのときを考えてみます(上腕の向きが変わると式が複雑になります)。

計算が苦手な人は、図中の数値は読み飛ばしてもらって結構です。結論からいうと、肩の回転力(肩トルク／主に大胸筋)と肘の回転力(肘トルク／上腕三頭筋)で力を分け合って、それぞれを存分に使える向きに押すと、バーを真上に強く押すことができます。仮に肩と肘の筋力(トルク)比を2対1と仮定して計算すると、上腕が水平となる位置では、まっすぐ上へ押す場合に比べて、やや外向きに押してトルクを分け合う場合は、バーを挙げる力が1・5倍になります。まっすぐ上へ押すと肩トルクのみしか発揮されず、肘トルクに力が分散されないからです。

外に押す力を発揮するほど肘トルクを発揮するようになり、ちょうど肩トルクと肘トルクの強さで力を配分できるところで挙上する力が最大となります。これが、図14の鉛直方向の30％水平外向きの力発揮になっているといえそうです。

ベンチプレス競技の選手の場合、このようにやや外向きに押しているのですが、あまり上手でない人は、まっすぐに近い方向に押している可能性があります。上手でない人ほど少し外向きを意識することで、挙上重量がアップする伸びしろがありそうです。

③ワイドグリップ&ブリッジ

グリップをワイドにとり、お尻を上げたり、上げなくても背中のアーチを大きくとってブリッジをすることで、挙上重量はぐんと伸びます。ワイドグリップでは「バーを上下動する範囲を小さく」できますが、ブリッジと組み合わせることで、より動作範囲を減らせます（上げる量が少なく、下ろしの浅いベンチになる）。

ベンチプレスでは上のポジションほど発揮トルクが小さくなるので、下ろしが浅いほど高重量を挙げられます。ただし上腕を水平より深く下ろすと、ワイドにするほど力学効率が悪く、挙上力が下がってしまいます（詳細の説明は省略します）。ワイド&ブリッジでは、ボトムでの下ろし位置を上腕が水平くらいまでに抑えられるフォームにすることが、高重量を挙げるために重要となります。

また、ブリッジをするとやや下方向に押すこととなり、広背筋も協働筋として使えるという点も、強さの一要素といえます（重量は上がるが効果は下がる）。

ワイド&ブリッジで挙上重量は伸ばせますが、高重量を扱う割に筋肥大の効果は上がりません。なぜなら「胸まで下ろすことでフルレンジに見せかけたパーシャルレップ」だからです。

フルレンジの半分の動作範囲で実施する10回は、力学的仕事量にして正味5回分です。仕事量が減る分、代謝的刺激が少なくなります（動作距離半分に対して使用重量は2倍までは増えません）。

10〜12RMくらいのトレーニング条件が力学的刺激と代謝的刺激をまんべんなく加えられて、筋肥大に効果的かつ標準的な手法（中重量・中回数）とされますが、パーシャルレップの10RMは実質5RMのトレーニングになっているわけです。高重量・低回数も1つのアレンジとして有効ですが、筋肥大に理想的な標準的手法ではありません。

また、筋肉は大きく伸ばされているポジションで負荷がかかることによって、より強い筋痛が生じることがわかっています（Nosakaら,2000）。これは筋の微細損傷が起こりやすいためと考えられており、筋肥大刺激の重要な一要素となります。完全に下ろし切れるダンベルプレスで筋痛が激しく起こるのは、このためです。ワイド&ブリッジでは深く下ろせないため、この刺激が不十分になります。

また前述の通り、下ろしの浅い位置では、使用重量が大きくても発揮トルクは抑えられます。使用重量の割には、筋肉にかかる力は大きくなりません。

効かせるベンチのコツ：ナローグリップをベタ寝で

前項の「ベンチプレスで挙上重量を増やすためのコツ」のうち、①②は筋肉に効かせるためのコツにもつながります。一方、③は筋肉に効かせる上で逆効果です。要領よくラクに挙げるうまさのコツだからです。よって、パワーリフターではなく、筋肥大や筋力アップを目的としている一般トレーニーやアスリートの場合、③は極力避けるべきフォームということになります。

背中はブリッジせずにフラットにして、脚は空中で組んでもよいでしょう。グリップは広くとらずに狭くします。背中をフラットにして手幅を狭めれば、上下動の範囲がぐんと広がります。肩・肘の関節動作範囲も大きくなり、大胸筋と上腕三頭筋をよりストレッチしたポジションまで負荷をかけられます。

ダンベルプレスで下ろしたときくらいの手幅なら、まっすぐ押せば大胸筋・上腕三頭筋をそれぞれしっかり鍛えられます。上腕が水平のときに、グリップが上腕の外から3分の1くらいにある手幅です。

「ワイドは大胸筋、ナローは上腕三頭筋」とは限らない

トレーニングの教本には、腕立て伏せやベンチプレスは手幅をワイドにするほど大胸筋、ナローにするほど上腕三頭筋に効く、と書かれています。ダンベルプレスの場合はそうなりますが、ベンチプレスや腕立て伏せでは必ずしもそうはなりません。押す方向がまっすぐ上（腕立て伏せは真下）とは限らないからです。

どの手幅でも、大胸筋と上腕三頭筋をそれぞれ存分に使うことはできます。限界の回数を必死に反復するときは、

おのずとそれに近くなると考えられます。図15に示したように、大胸筋と上腕三頭筋をそれぞれ存分に使う押し方が強いからです。肩幅強程度のかなりのナローグリップでも、今度は「やや内側」にバーを押せば、大胸筋と上腕三頭筋の両方を存分に使うことができます。

試しに、肩の横くらいに手を置いて腕立て伏せで構え、そこからやや内向きに地面を押してみてください。大胸筋もしっかり使えてラクに挙げることができます。ただし下ろすときは、やや内側に押すというのが感覚として難しいかもしれません。

実際に筋電図をつけてワイドとナローで比べてみると、意外なほど大胸筋と上腕三頭筋の貢献度合いが変わりません。図16は僕の授業で学生に行ってもらったものです。大胸筋と上腕三頭筋の筋放電の割合は、どちらもほとんど変わりません。自然に両方を存分に使える方向に押しているものと思われます。大胸筋、上腕三頭筋を鍛え分けるのであれば、手幅を変えることに加えて「あえてまっすぐ押す」ことを意識する必要があるでしょう。また、摩擦力には限界があるので、かなりのワイド、かなりのナローにすると鍛え分けられそうです。

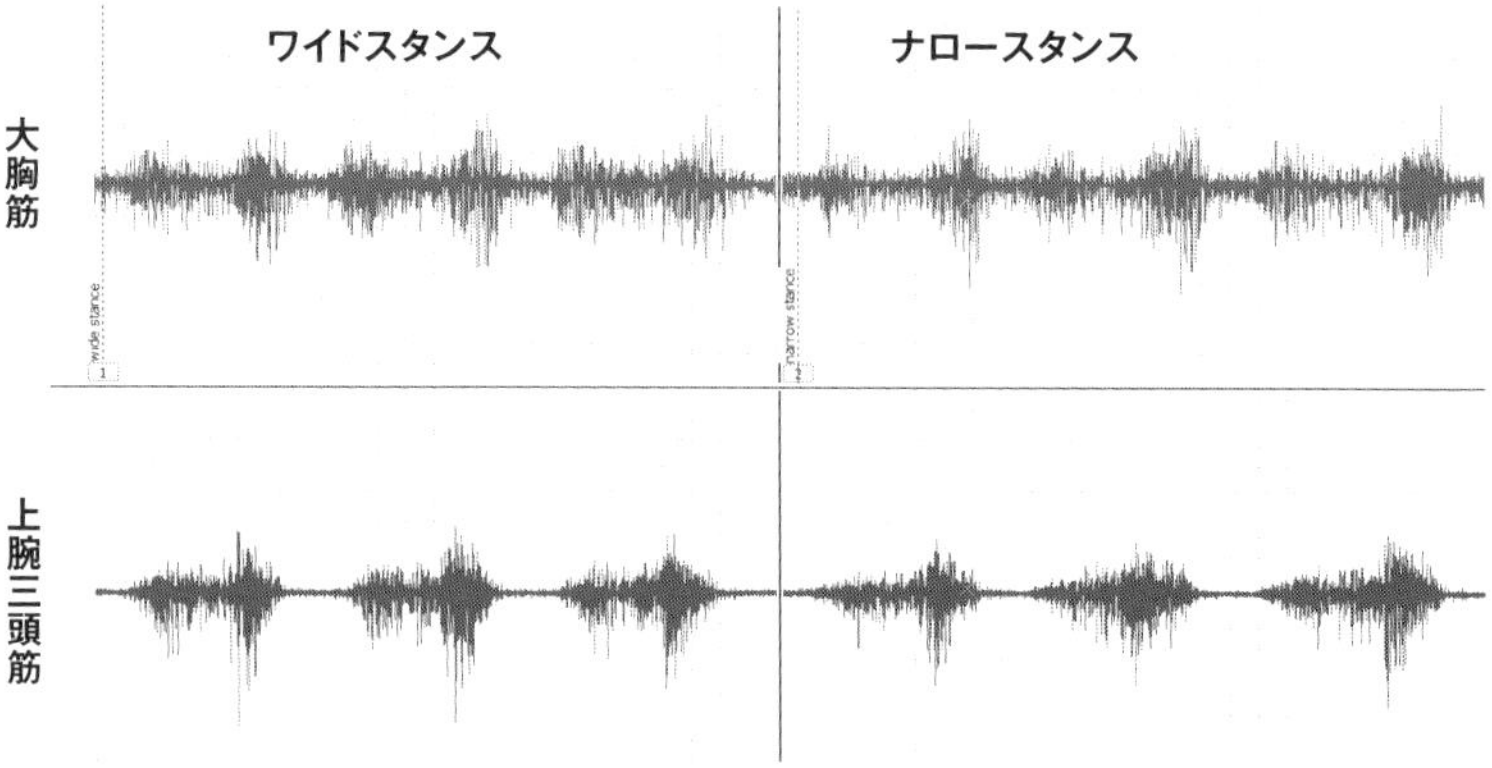

図16 ワイドとナロースタンスの腕立て伏せの筋電図比較

ワイドスタンスとナロースタンスの腕立て伏せでは、大胸筋と上腕三頭筋の筋活動の貢献は意外なほど変わらない。ナローはうつぶせで肩のすぐ横に手を置いた手幅、ワイドはベンチプレスくらいの手幅（81cm）で行った（両肩のラインの延長上において水平面上の動きだけに）

オススメしたい肩幅強の手幅のフルレンジナローベンチ（通称〝パイネベンチ〟）

手幅を狭めるとバーの上下動の範囲が大きくなるのですが、あまり狭くしすぎると、ジャッキアップのような形になって肘があまり下がりません。肩関節の稼働範囲が小さくなり、大胸筋の刺激が十分ではなくなります（上腕三頭筋の種目としては◎）。向きとしても、手首が痛くなってしまいます。また、大胸筋と上腕三頭筋の両方に効かせるために押すべき内向きの角度も大きくなり、両方に効かせる動きの難易度が上がります。

僕のオススメは、肩幅強くらいの手幅で肘をしっかり下ろして行うフォームです（下写真参照）。押す意識としてはまっすぐ上よりもやや内向きに押すようにします。存分に肘を引けて大きく曲がりますので、大胸筋や上腕三頭筋をフルレンジで動かすことができます。やや内向きに押すことで、大胸筋と上腕三頭筋どちらにも存分に負荷をかけられます。

使用重量が下がるので、関節の負担を減らすこともできます。通常のベンチプレスと明らかに違い、軽めで行っても「弱い」と思われることはないでしょう。重さ信仰の呪縛を断ち切りやすいのもメリットです。

Youtubeにある、日本プロ野球界でも活躍したアルフレド・デスパイネ選手のベンチプレスの動画とほぼ同じフォームです（「デスパイネ来日会見　即ウエイト」で検索してみてください：通称〝パイネベンチ〟と僕が勝手に名づけました）。僕の場合はもう少し肘を開いて、喉に近いほうに下ろしています。また、下ろす動きをもう少しゆっくり丁寧に行っています。

ベンチプレスはナローグリップでも、実は大胸筋への負荷を十分にかけられる。大きな稼働範囲で負荷をかけられる点、使用重量が下がるが、その分、関節などへの負担をむやみに増やさずに済む点が大きなメリット。ぜひ取り入れていただきたい（通称：パイネベンチ）

腕のトレーニングQ&A

Q 腕を太くするには「上腕二頭筋よりも上腕三頭筋を重点的に鍛えるべきだ」と言われました。上腕二頭筋の種目に、より力を入れていたのですが、腕を太くするには上腕三頭筋のほうが重要ですか？

A 上腕三頭筋は上腕二頭筋よりずっと大きいですが、上腕筋も合わせるとあまり変わりません。

上腕三頭筋は上腕二頭筋の2倍近くのサイズがある（けれど）

これは時々耳にする論調で、おそらく上腕三頭筋が上腕二頭筋よりもずっと大きいから、ということかと思います。実際に解剖データを見てみると、上腕三頭筋は上腕二頭筋の2倍近くの体積があります（Freidrichら,1990：個人差はもちろんあります）。

このことから、腕を太くするには上腕の体積の多くを占める上腕三頭筋を鍛えるほうが、より効果的だというわけです。アームカールも大事だけれど、エルボーエクステンション系の種目をより重視しましょう、という考えですね。

ただ、この論調には抜けているところがあります。上腕にある肘伸展筋は上腕三頭筋だけですが、上腕にある肘屈曲筋は上腕二頭筋と上腕筋の2つがあるからです（図17：小さい筋肉は除く）。上腕二頭筋の奥にある上腕筋は、上腕二頭筋の7割ほどの体積をもつ筋肉で、2つ合わせた体積は上腕三頭筋とあまり変わりません。

そのため、上腕三頭筋が上腕のサイズアップに重要なのはもちろんですが、その貢献度は上腕二頭筋・上腕筋と変わらないことになります。カールもエクステンションも、

腕を太くする上ではどちらも「同じくらい重要」といえるでしょう。

しかしながら、カールばかりでエクステンションはあまりやらない、という方もいらっしゃいます。その場合に、「上腕三頭筋が大事だよ」と言うのは正解だと思います。

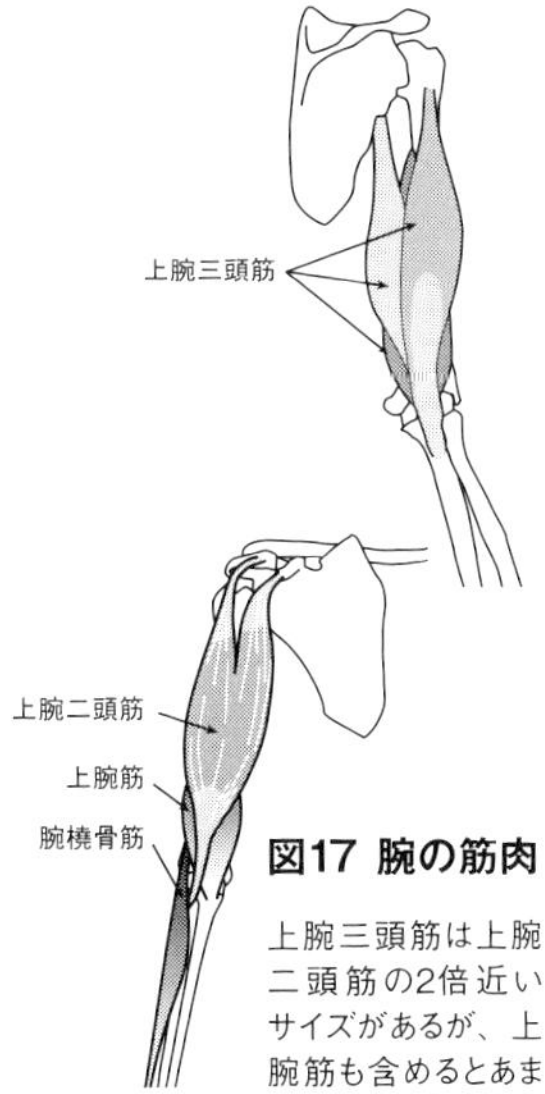

図17 腕の筋肉

上腕三頭筋は上腕二頭筋の2倍近いサイズがあるが、上腕筋も含めるとあまり大きさは変わらない。前腕の腕橈骨筋を含めると、むしろ上腕三頭筋のほうが少し小さくなる

腕橈骨筋も入れると肘屈曲筋のほうが大きい

さらに、前腕にも腕橈骨筋《わんとうこつきん》という肘屈曲筋があります（図17）。腕橈骨筋は肘屈曲のみに作用する単関節筋です。前腕にあるので腕の太さには含まれませんが、こちらも含めると肘屈曲筋（上腕二頭筋＋上腕筋＋腕橈骨筋）のほうが肘伸展筋（上腕三頭筋）よりも大きくなります。カールのほうがターゲットになる筋肉の総量は大きいのです。

最初の論法が覆されてしまいましたね。まあ、細かいことを言わずにどっちもしっかりやれ！ といったところでしょうか（笑）。とはいえ、みんながボディビルダーのように、くまなく鍛えたいというわけではありませんので、部位ごとの優先度を知るためにも、このあたりの知識は必要かと思います。

肘伸展のほうが肘屈曲よりも3割ほど強い

筋肉のサイズは、肘屈曲筋のほうが肘伸展筋よりもやや大きいのですが、力は肘伸展筋のほうが少し強くなります。アスリートを対象としたデータを見ると、30％ほど肘伸展筋力が強いという数字が出ています。伸展筋は羽状筋《うじょうきん》といって、速度よりも力を重視する構造をしていることなどがその理由です。

ですから、例えばスーパーセット（2種目を交互に連続で行うセット法）で肘の屈曲と伸展を行う場合は、1つのバーベルやダンベルではなく2種類の重量を用意しておく必要があります。

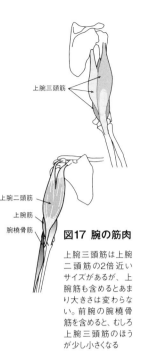

僕はストレッチ種目が好きなので、ライイングダンベルカールとフレンチプレスのスーパーセットをよく行います（図18）。２種類の重さのダンベルを用意するのですが、面倒くさいときは１組のダンベルを使って、フレンチプレス（通常は１つのダンベルですが、この場合は２つ使ってツーハンズで行う）を、ややハイレップにしたりノンロック法にしたりと、回数や方法で対応するときもあります。そのようなやり方もアレンジとしてよいのではないかと思います。

ビンのフタは左手で開けるとよいかも

完全な余談ですが、肘伸展は肘屈曲より３割ほど力が強いので、固いビンのフタを開けるときには、これを活用するとよいかもしれません。ビンを開けるときは、右手を上にして肘を曲げて「引く」よりも、左手を上にして肘を伸ばして「押す」ほうが、たいていの人は強く回せます（図19）。

フライパン曲げも同じですよね。太ももに当てて上から押すか、胸の前で左右から押して、曲げていきます。反対側のふちに手をかけて、引きながら曲げる人はまずいません。そのほうが、力が強いからでしょう。ここには、肘関節の伸展・屈曲だけでなく、大胸筋や広背筋による肩関節からの押す動作・引く動作も関わっています。

どちらの握力が強いかや、筋力の比率の個人差もあるので、一概にはいえませんが、一度試してみてください。筋トレをしてマッチョな体なら、「このフタ、固いから開けて！（強そうだし）」と頼まれたら、余裕で開けられたほうが頼もしいですよね。

ただし、なかなか開かないときには無理せずフタを温めてください。それでケガをしたら大変です。筋肉よりも頭を使いましょう。

図18　肘の屈曲と伸展のスーパーセット

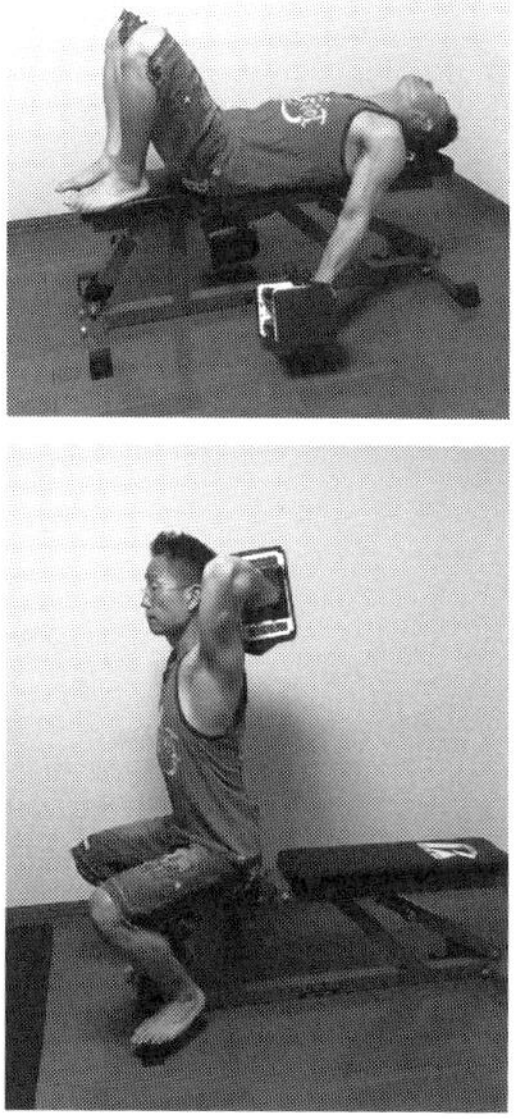

肘の伸展種目は屈曲種目よりも強いことが多いので、別々の重さでスーパーセットを行うのが一般的。同じダンベルやバーベルを使って伸展種目をハイレップにしたり、ノンロックやスローで行ったりする対処法も、アレンジとしてアリ

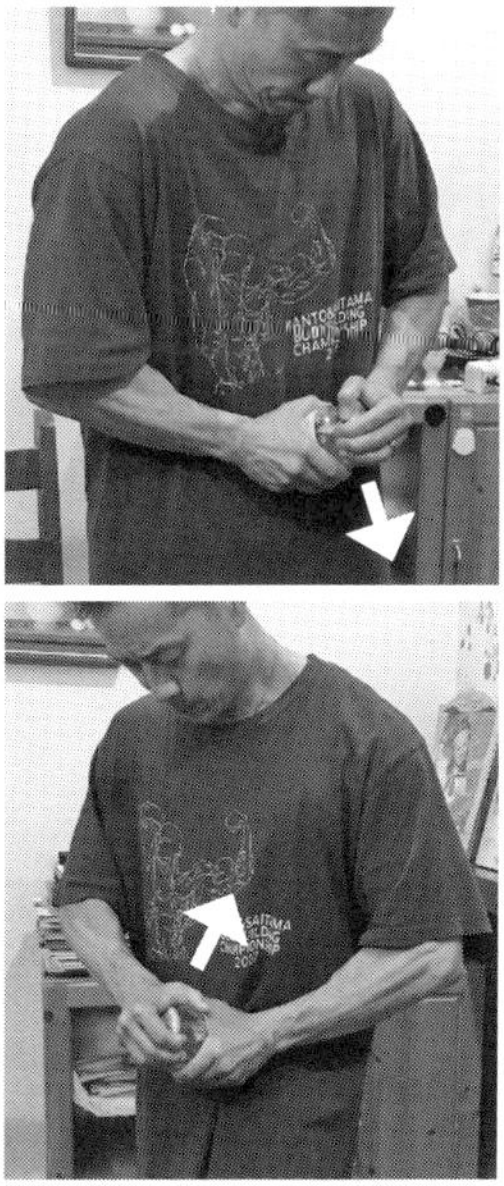

図19 伸展（押す）動作は屈曲（引く）動作よりも強い

たいていの人が、伸展で押す動作は屈曲で引く動作よりも強い。ビンのフタを開けるときは「左手を上にして」押す動作で開けると、より強い力でフタを回せる。フライパン曲げ（下写真）を押す動作で行うのと同じ

Q

ベンチプレスやロウイングで腕の筋肉は鍛えられているから、腕単独のトレーニングはいらない、と言う方がいます。腕単独の種目も行ったほうがよいでしょうか？

A

腕単独の種目を実施する必要性が低い場合もあります。

腕単独の種目なしで極太腕の人がいる

「肘の伸展筋・屈曲筋は、ベンチプレスやロウイングといった大胸筋や広背筋をメインターゲットにした複合種目でも鍛えられている。だからアームカールやエルボーエクステンションなどの、腕単独の種目は行わなくてもよい」。

そんな意見を聞くことはあります。

実際に、腕の種目を行わないのに、とんでもなく太い上腕をした人はいらっしゃいます。2001年の東京ボディビル選手権王者の長橋克明選手は、ものすごい上腕をしていましたが、アームカールなどの腕の種目は行っていないとおっしゃっていました。

腕の種目を追加すると回復が追いつかない可能性がある

体は賢いので、プレスやロウイングでは肩関節と肘関節がうまく力を分け合って、およそ両方が存分に使われるように動作します。例えばベンチプレスの場合には、手幅に関係なく大胸筋と上腕三頭筋は同等の筋活動をしています（谷本，2020：極端に広げたり狭めたりした場合の結果は異なる可能性があります）。

つまり、プレスやロウイングで腕の筋肉はそれなりに十分鍛えられているといえます。そこにエルボーエクステンションやアームカールを追加すると、腕の筋肉に対する負担が大きくて回復が追いつかなくなり、オーバートレーニングになる可能性はあり得ます。場合によっては、腕の種目を追加しても効果が変わらないか、もしくは下がってしまうことがあるかもしれません。

このあたりは「どのくらいプレスやロウイングを行っているのか（頻度・量・強度）」、また「プレスやロウイングでどのくらい腕に効いているのか（個人差があります）」などによって変わってくるでしょう。エビデンスは？　と調べたくもなるのですが、結果は条件次第ですので、検証論文があったとしても参考情報にとどまります（だからエビデンスに振り回されるのは危険。どの研究も、あくまでその条件下での結果ですので）。

プレスやロウイング（両方もしくはどちらか）で十二分に腕に刺激が入っているという方は、腕単独の種目は少なめに抑えるか、場合によっては行わなくてもよいかもしれません。「腕はプレスやロウイングでも相応に使われている」ことを念頭に、腕の種目の使用重量や回数が落ちていないか、腕の疲労感はどうか、など様子を見ながらプログラムを組むとよいと思います。

自分は、腕単独の種目はしっかり行う派です

個人的には、腕を太くする最大の効果を得たいなら、腕単独の種目も行ったほうがよいと考えています。その主な理由は、プレスやロウイングで腕の筋肉を完全にオールアウトさせることは難しいからです。

複数の筋肉を使う種目は、どこかの筋肉の疲労が制限になって反復限界を迎えます。体は賢いので、それぞれの部位が強調し合って、およそ同時にオールアウトすると考えられますが、完全に同時にとはいきにくいでしょう。例えば、ベンチプレスで大胸筋と上腕三頭筋の「両方とも」を完全にオールアウトさせるのは困難です。

プレスやロウイングで腕への刺激が胸や背中に劣る場合は、腕単独の種目は腕の筋肉の発達を最大限にする上で必須と考えています。

逆に、プレスやロウイングで腕ばかりに効いたり、疲労が残ったりする場合もあります（初級者にありがちです。

特にロウイング）。その場合は、プレスやロウイングに腕単独の種目を追加するのではなく、フライやプルダウンなどの胸や背中単独の種目を追加したほうがよいかもしれません。

また、腕が先にオールアウトするので、フライやプルオーバーで大胸筋や広背筋を事前に疲労させてからプレスやロウイングに移行する「プレイグゾーション法（事前疲労法）」を活用するという手もあります。これによって大胸筋、広背筋を追い込み切れますので、ここでの理屈からいえば、腕単独の種目も行うということになります。

目的の優先順位による

ボディメイク的に、腕の太さはそれほど求めていないという場合もあるでしょう。みんながみんな、死に物狂いで1㎜でも腕を太くしたいという価値観ではありませんからね。

メリハリのあるキレイな体をつくりたい女性の場合、「大胸筋、広背筋、三角筋はそれなりにつけたいけれど、腕は適度に抑えてあまり太くはしたくない」ということが多いと思います。その場合はプレスやロウイングなどの複合種目だけでよいと思います。

当たり前ですが、「腕を細くする筋トレ種目」なんてものはありません。その目的で腕単独の種目を追加する必要はないでしょう。

効率のよいボディメイクで「そこそこいい体」をつくりたい、競技能力向上目的で筋トレを取り入れているが筋トレばかりに多くの時間と労力は割けない、という場合にも、腕の単独種目は外すという選択が適当となり得ます。

プレス、ロウイングでも腕は相応に鍛えられています。そこにさらなる労力を割く必要があるかどうかで判断してください。

腕単独の種目を取り入れるべきか否かは、状況や目的によって変わる。自分に適した方法を模索してほしい

お尻トレは骨盤の向きで効果が変わる！

ボトムでバットウィンクは×だがトップでは○

フルボトムスクワットは4関節エクステンション

お尻トレの定番の1つにスクワット、特に上体を前傾気味で行うヒップスクワットが挙げられます。スクワットは、大腿四頭筋だけでなく、お尻の大臀筋にも強い負荷をかけられる、下肢全体の優れた種目です。

スクワットは主には股関節、膝関節の伸展運動です。加えて、足関節（足首）の伸展（底屈）も使います。スクワットジャンプなら足関節の仕事量がより大きくなります。このような動きを「3関節エクステンション」といいます。

背すじを伸ばした姿勢をキープして、体幹をほぼ固めて動かさない場合はそれでいいのですが、〝フルボトム〟まで落としていくと少し話が変わります。どうしても腰が丸まって骨盤が後傾する動作が起こってくるからです。いわゆるバットウィンク（※9）といわれる動きです。

丸まった腰を反らせながら上げていく（骨盤後傾→前傾）ので、下肢の3関節に体幹（腰椎あたり）の伸展も加わって「4関節エクステンション」になります。

体幹の動きが、より大きい（腰椎だけでなく背骨全体が伸展する）ジャンプがわかりやすいので、図示します（図20）。大きく背中を丸めてしゃがみ、背中を反らせながら跳びます。3関節エクステンションにもう1つの体幹伸展を足した4関節エクステンションで、跳躍高を高めています（Blache, 2013）。

※9…骨盤の後傾でお尻（バット）がウィンクするまぶたのように動くこと。

スクワットで背すじを伸ばす理由：腰が丸まると股関節動作が小さくなる

フルボトムスクワットではどうしても体幹（腰椎）の動きが加わる、という話をしました。バットウィンクするわけですが、それはNG、もしくは極力小さく、とするのが一般的です（フルボトムでバットウィンクゼロはまず無理ですが）。

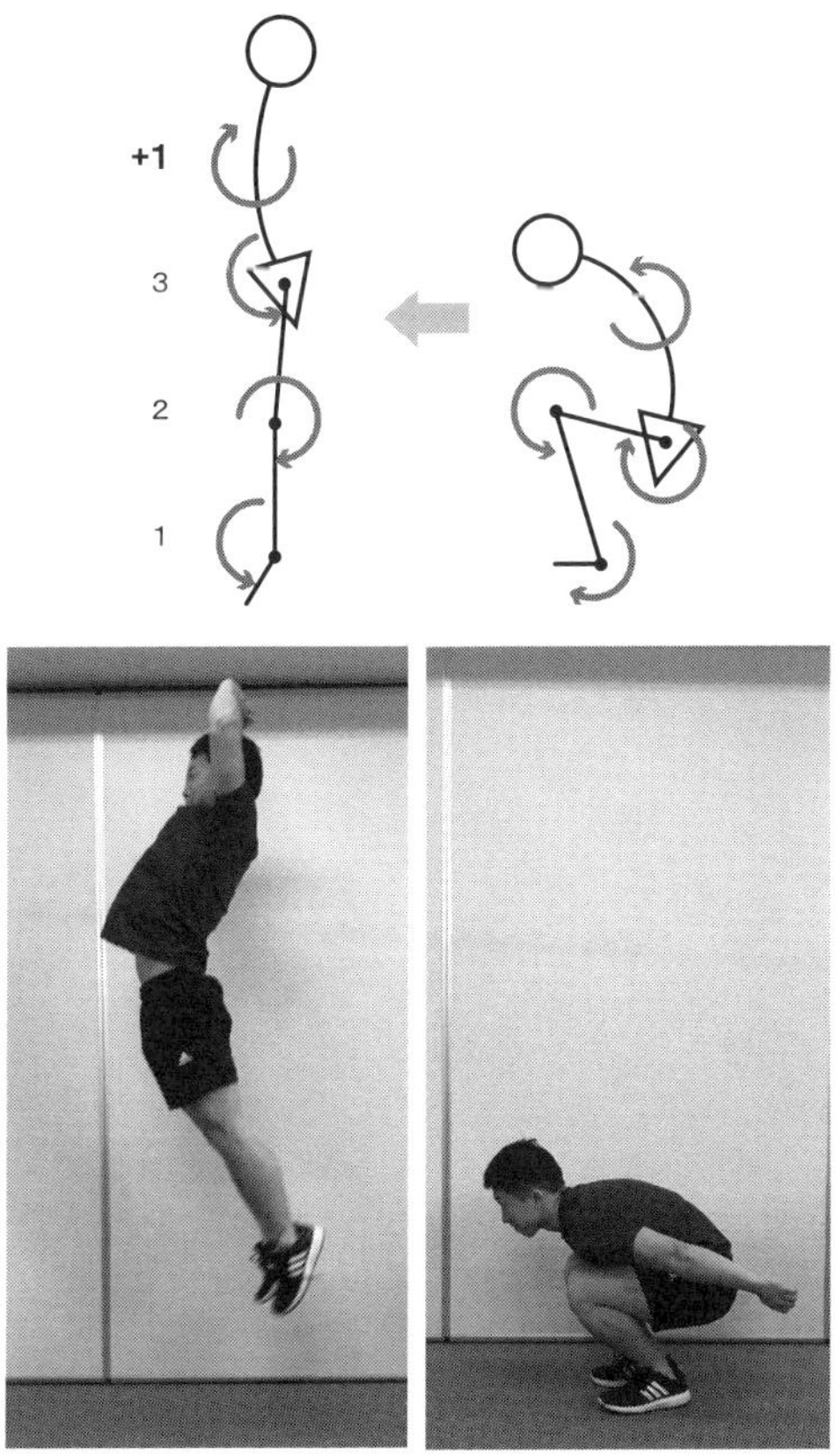

図20　4関節エクステンション例

ジャンプを例とした4関節エクステンションの動き。足関節、膝関節、股関節の伸展に追加して、体幹の伸展も合わせた4関節エクステンションでジャンプしている

これの第一義は腰を痛めないためです。腰椎が丸まった姿勢での荷重は、腰部の傷害リスクを高めるとされます。

傷害予防も大事ですが、実はバットウィンクの大小は脚のトレーニング効果にも関係します。腰が丸まると、その分、股関節動作が小さくなるからです。

図21（82ページ）を見てください。骨盤に対する大腿骨の角度が股関節の角度です。仮に背中が丸まって、骨盤が20度後傾したとすると、大腿骨の向きは同じですから、股関節の屈曲角度は20度小さくなります。

それだけ大臀筋は伸ばされませんし、大臀筋などによる股関節伸展の力学的仕事量も少なくなります。その減った分の仕事は腰椎の伸展が担うことになります。

つまり腰が丸まるほど、ボトムでの股関節の屈曲が小さくなります。深くしゃがんだ割には、股関節動作は大きくならず、大臀筋のストレッチ度合いも力学的仕事量も増えないわけです。

なお、膝関節に関してはボトムに行

くほど屈曲角度が大きくなるので、大腿四頭筋のストレッチ度合い、仕事量は増えます。

お尻により効かせるためには極力バットウィンクさせせない

股関節の屈曲伸展運動を主目的と考えるなら、ボトムで腰を丸めて骨盤を後傾するバットウィンクは、股関節動作の代償行為になります。

ですから、極力背すじを伸ばして、つまり骨盤をできるだけ後傾させずに深くしゃがむこと。そうして“股関節動作”を大きくすることが、大臀筋をターゲットにした場合は有効となります。

なお、バットウィンクも、脊柱起立筋のトレーニングにもなると考えれば、必ずしも悪いことではありません（自重程度なら傷害リスクは小さいですし）。

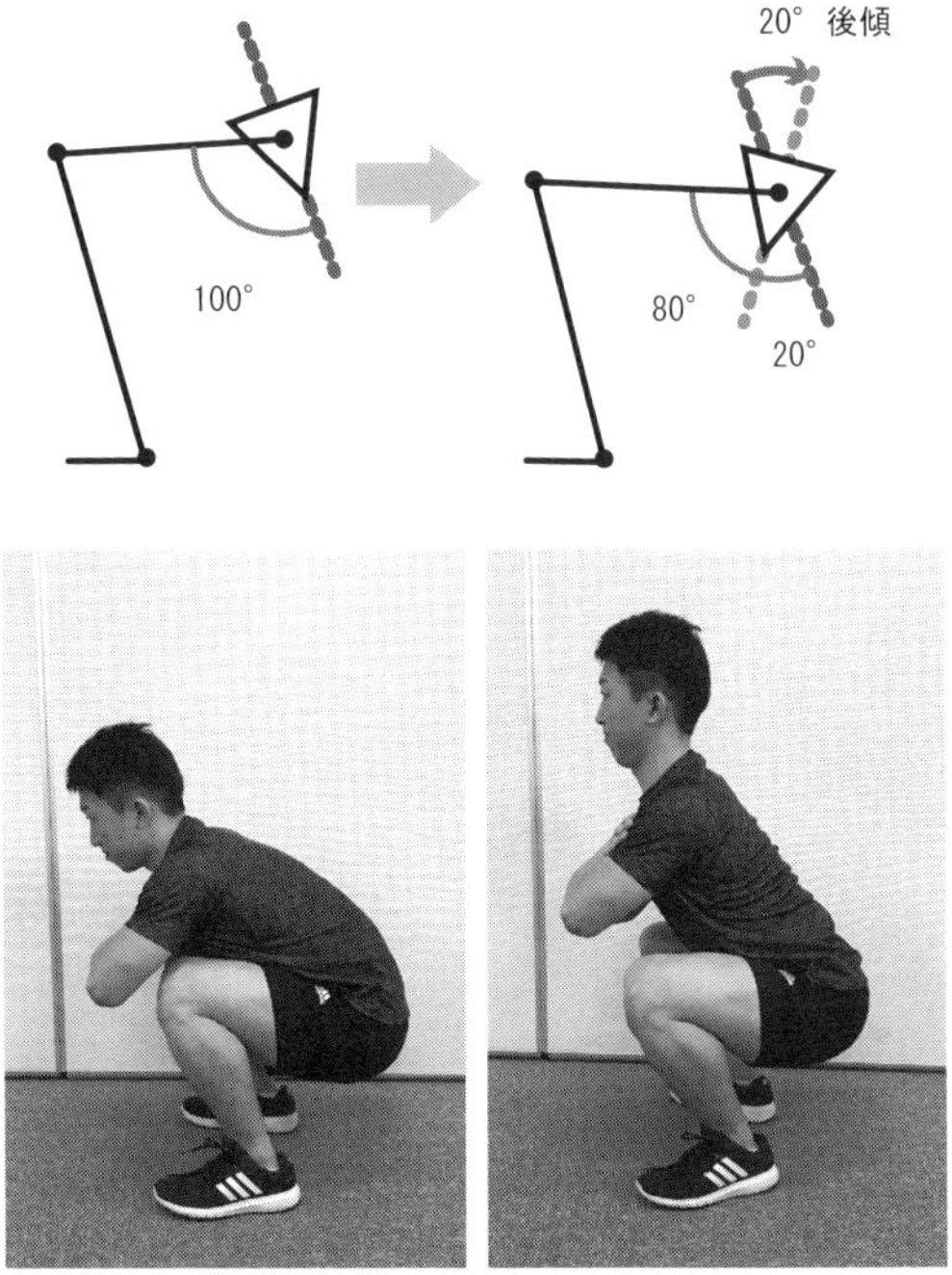

図21　骨盤の角度に対する股関節の屈曲角度

ボトムで骨盤が後傾（腰椎が屈曲）すると、後傾した分だけ股関節動作が小さくなる

骨盤前傾をキープして深くしゃがむ裏技

大臀筋のトレーニングとしては、極力バットウィンクせずに、主に股関節の屈曲でしゃがみたいのですが、股関節屈曲の可動域には限界があります。また、太ももがすごく発達していて体幹も太い人は、太ももがおなかに当たって屈曲可動域が制限されます（おなかがとても出ている人も、ですが）。

そこでちょっと裏技的なコツが、つま先と膝を少しだけ開く(股関節外転・外旋)というやり方です。こうすると股関節の屈曲可動域が少し広がります。感覚的には「股関節の詰まりを逃がす」感じになります(理由は明確ではありませんが、骨格の構造が関係していそうです)。太ももが外に逃げるのでおなかにも当たらなくなります。

一度試してみてください。背すじを伸ばし、骨盤前傾をキープしてしゃがめる深さが大きくなります(図22)。股関節の方向が少し変わりますので、お尻の効く部分が少し変わりますが、より大きく股関節を動かすことができるようになります。

一般的なスクワットは深くしゃがむとバットウィンクしやすい

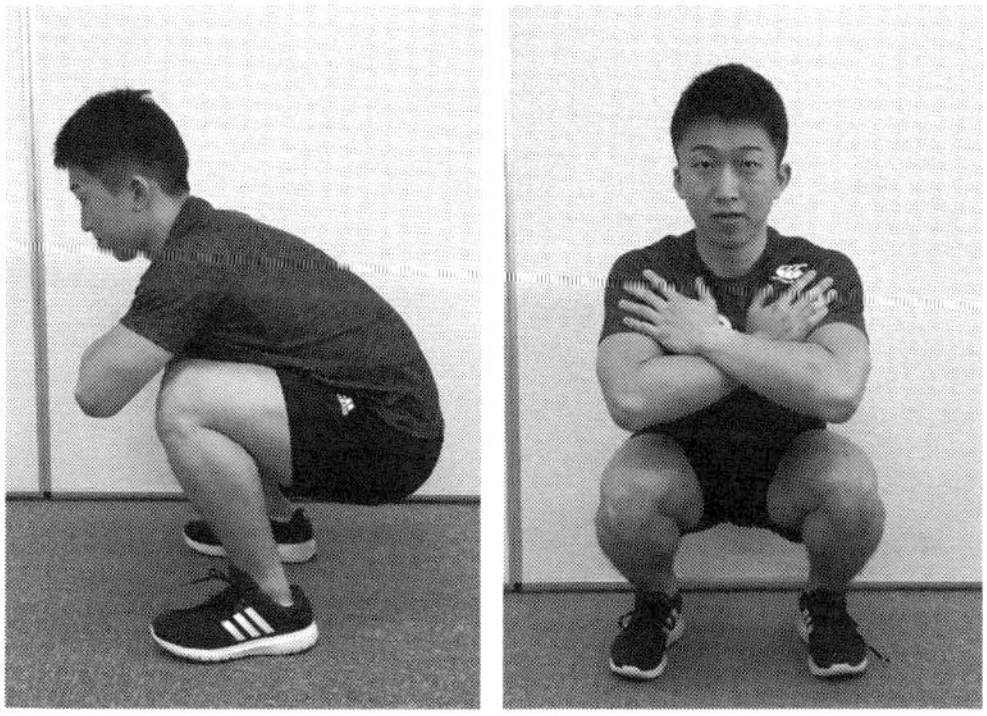

バットウィンクしにくい膝を開く裏技

図22　股関節屈曲可動域を広げる方法

つま先と膝を開くことで股関節屈曲可動域が広がる。これによりバットウィンクを防いで深くしゃがむことができる

片脚スクワットの場合も同様で、足を後ろに引くスケーター式にすれば、後ろの脚の骨盤が引けるので、自然とこの裏技の形になります。バットウィンクせずにボトムまでしゃがみやすい形になるのです(84ページ図23)。足を前に出すピストルスクワットでは、骨盤はそうなりません。むしろ足を前に出すことでバットウィンクしやすくなります。

トップではバットウィンクさせる(?)のもアリ

スクワットで上げ切るトップの手前からお尻を締めていくと、大臀筋にギュッと刺激が入る感じがしますよね。これは、立ち上がり切ってからアイソメトリックに力発揮をしているから、というだけではありません。

「ボトムで骨盤を前傾」することで股関節の動きが大きくなるのと同じ理屈で、「トップでは骨盤を後傾」させることで股関節の動きが大きくなります。

例えば、骨盤を10度後傾させれば、股関節伸展は10度大きくなります（図24）。

ボトムでは極力行わないようにとされるバットウィンクを、トップではむしろ、やや使っていくわけです（あまり大きく行うと腰を痛めるリスクが大きくなります）。

図23 スケーター式片脚スクワット

スケーター式片脚スクワットは後ろの脚側の骨盤が引けて、自然とバットウィンクしにくい姿勢（股関節外旋）になる

Column

「スクワットは太ももが床と平行まで」とされる理由

本項では、フルボトム前提でスクワットの解説をしてきましたが、一般的には、高重量のバーベルを担いだスクワットではフルボトムではなく、フルスクワットが推奨されます。太ももが床と平行よりも、もう少し沈むくらいの方法です。

これは深く沈む動作に伴うバットウィンクで腰を痛めるリスクがあるから、とされています。ただし、自重負荷や軽いバーベルを持つくらいなら、負荷も小さく、特に問題とはならないでしょう。

自重で多少腰が丸まって危険なら、うんこ座りも危険です。本項で紹介したバットウィンクを抑える裏技を使えば、さらにリスクは小さくなります。

筋力が半分になる片脚スクワットは高負荷を担がないので、フルボトムはさほど問題になりません。腰部障害のリスクを高めずにフルボトムまでしゃがめるのは、片脚スクワットの大きなメリットといえます。

高重量のスクワットでは、フルボトムはもちろんリスクは大きくなります。高重量を担ぐ場合には、図22（83ページ）で紹介した裏技を使いつつ、「骨盤の前傾が保てる範囲で落とせるところまで」にしていただくことを、安全面からは推奨します。

なお、フルボトムスクワットには、膝の屈曲角度が極めて大きくなることで負担が増す、という要素もあります。こちらも両脚の自重程度なら問題はありませんが、加重する場合、片脚で行う場合には、痛みを伴うなら無理をしないでください。

立ち上がり切ったところでは負荷(関節トルク)がほぼなくなっているので、トップの手前から骨盤を後傾させながらお尻を締めると、それなりに股関節動作の力学的仕事の増加につながります。こんなテクニックを使ってみるのもアリでしょう。

ボトムは骨盤前傾、トップは骨盤後傾

図説を交えていろいろ説明しましたが、要は「ボトムでは骨盤前傾(バットウィンクさせない)で股関節は大きく屈曲でき、トップでは骨盤後傾(バットウィンクさせる)で大きく伸展できる」ということです。それだけ股関節の稼働範囲と仕事量が増えることになります。

大臀筋をターゲットとした場合のスクワットは「ボトムは極力骨盤前傾、トップはやや骨盤後傾もアリ」がポイントになります。不適切な表現になってしまいますが、夜の営みのような動き(男性の動き)になるわけですね。しゃがむときに引いて立つときに突く形です。

不適切ではありますが、まじめな話、説明としてはとてもわかりやすいです。次に説明するヒップリフトの動きは特に夜の動き(男性が下に位置する場合)と類似します。

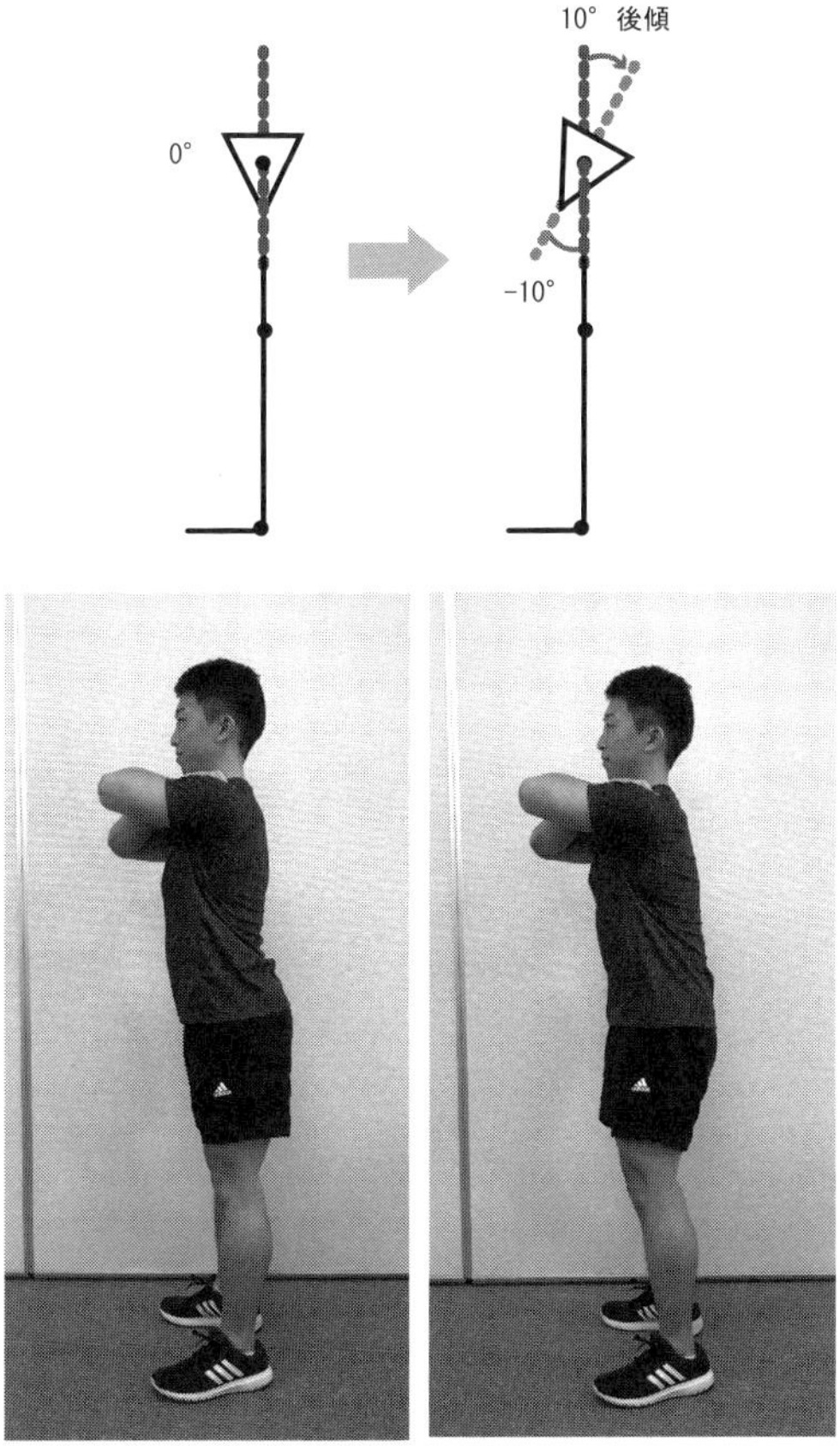

図24 骨盤後傾と股関節角度

トップで骨盤が後傾(腰椎が屈曲)すると(右図)、その分、股関節動作が大きくなる

ヒップリフト・ヒップスラストも同じ ボトムは前傾、トップは後傾

大臀筋ターゲットの種目としてヒップリフトという種目があります。ヒップスラストもほぼ同じ動きです。これも大臀筋の稼働範囲を大きくするためのポイントは同じ。「ボトムで骨盤前傾、トップで後傾」です。

でも、これが結構できていません！　トップでは腰を高く上げようとして腰を反ってしまいがちです。後傾したい骨盤を前傾させてしまうのです。これでは腰椎の動きが股関節の動きを代償してしまっています（図25上）。

腰椎の伸展も合わせてのトレーニングであると考えるなら、間違いとはいえません。しかしながら、大臀筋をメインターゲットとするなら、腹筋に力を入れて腰は反らさずに上げていくほうが効きます。腰は反らさないだけでなく、むしろやや腰を丸めて（骨盤後傾）、バットウィンクさせながら上げていきます。

下ろすときは、逆に骨盤を前傾してやや腰を反らせたほうが、大臀筋がよりストレッチされますが、これもできていないことがあります。お尻を床につけずにノンロックで

図25　ヒップリフトのトップポジションとボトムポジションの○×

行う場合は、お尻を浮かせておこうという意識から、前傾させたい骨盤が後傾しがちになるのです。ノンロックの場合は特に注意して、ボトムでしっかり骨盤を前傾させて腰を反るようにしてみてください（図25下）。

この2つをきっちりと行うことで、大臀筋への刺激が明らかに変わります。なお、足を床ではなくイスやベンチに置いて行うと、より稼働範囲が広がります。

ハムストリングがターゲットでも同じこと

ヒップリフトは膝伸展を伴わない股関節伸展になりますので、ハムストリングの種目としても有効です。さらに、膝を伸ばして行うほど膝屈曲の力が大きくなるので、大臀筋よりもハムストリングに強い負荷がかかります。ハムストリングは股関節伸展と膝関節屈曲の両方を行う二関節構造をしているからです。

スクワットは下半身全体が鍛えられますが、ハムストリングはあまり鍛えられません。ヒップリフトはマシンやバーベルを使わずに自重でできる、ハムストリングの数少ない種目といえます。僕は、膝伸ばし気味のヒップリフトを、ハムストリングヒップリフトと呼んでいます（図26）。

なお、ハムストリングがターゲットの場合も、股関節伸展動作で鍛えるわけですから、ここまでに解説した、「ボトムで骨盤前傾、トップで後傾」のポイントは全く同じです。また、より大きく動作できるように、イスなどに足を置いて行うとよいでしょう。

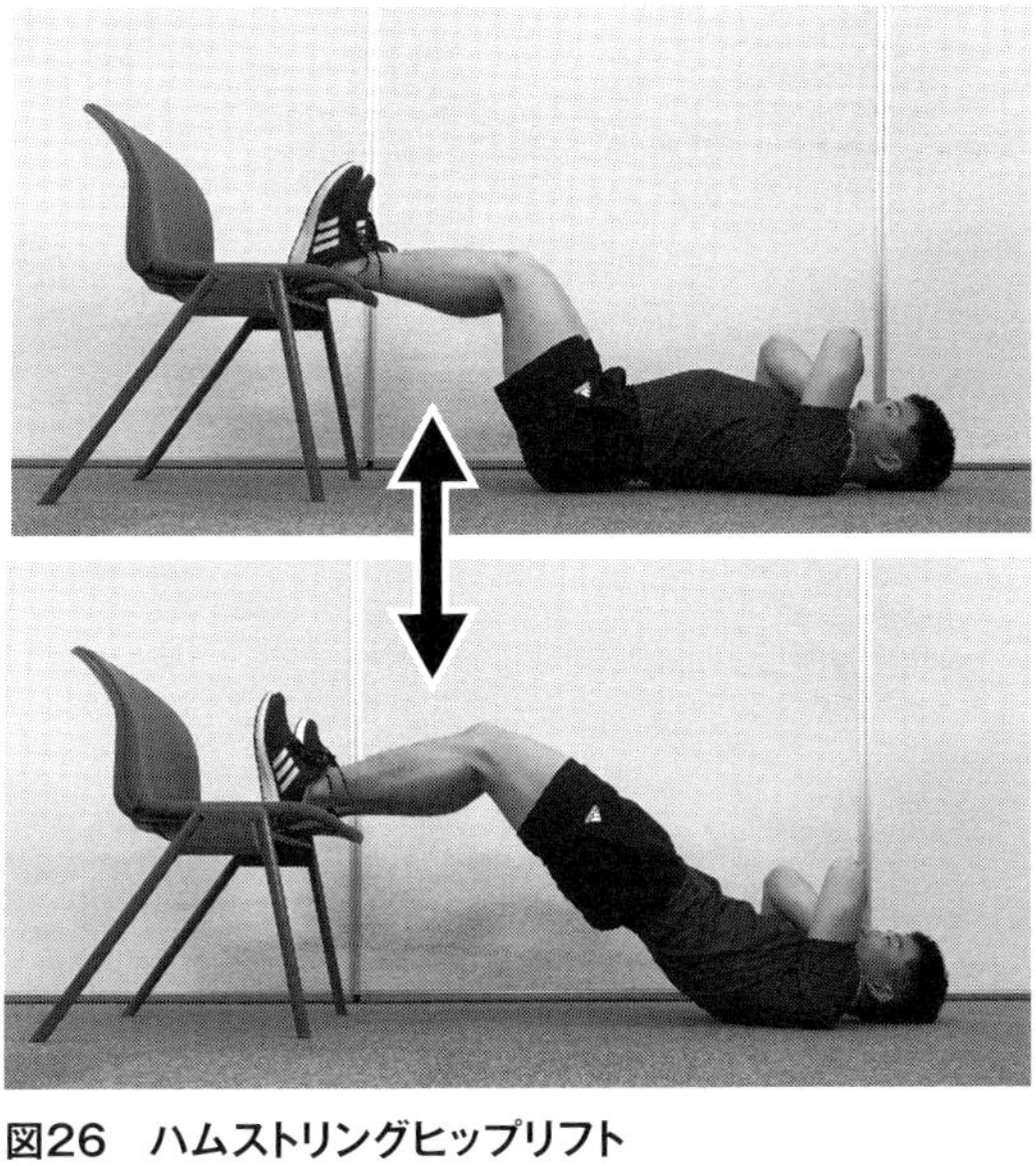

図26　ハムストリングヒップリフト

膝を伸ばすほど、大臀筋よりもハムストリングの負荷が増える。ボトムでは骨盤前傾（腰を反らす）、トップでは骨盤後傾（腰を丸める）

スクワットで腹筋が鍛えられる?

〝腹筋神話〟にモノ申す!
脊柱起立筋・内外腹斜筋のほうが競技には重要

Q

大胸筋や広背筋も大事だと思いますが、やはりアスリートの競技力のカギを握るのは、「強い腹筋」ではないかと思っています。「この選手はすごい腹筋だ。だからこんな動きができる」と感じるアスリートはいますか?

A

競技にも生活機能にも、腹筋は「特別に重要な部位ではありません」

競技においては腹斜筋群や背筋群のほうが重要な場面が多い

腹筋がバキバキに仕上がっているとカッコいいですよね。〝見映え〟という点では、とても憧れます。しかし、機能的な面から考えると、スポーツにおいて体幹を前に曲げる力を発揮する腹直筋が活躍する場面は、実はそれほど多くありません。

投げたり、打ったり、たたいたりなど、多くの競技動作で強く大きく動く体幹動作の代表として、ひねる動きが挙げられます。ひねる動きで主に使われる筋肉は、脇腹の内腹斜筋・外腹斜筋と背面の脊柱起立筋です。どちらもボディメイクでは「あまり重点的には鍛えない部位」ですが、

競技においては重要です。このあたりはアスリートボディとボディビル、ボディメイクの違いともいえます。

腹斜筋群は正面から見たウエストを太くするので全く鍛えない、というボディビルダーは結構います。脊柱起立筋はアウトラインにもセパレーションにも影響が大きくないので、見た目の目的では重点的に鍛えている人は少ないでしょう。

また、人の姿勢は通常、立位も動作中も基本的に「前かがみ」です。のけ反る姿勢をとることはあまりありません。ですので、さまざまな動きのなかで姿勢を支えているのは、主には背面の脊柱起立筋になります。実は多くの動きのなかで、姿勢を支えるのに腹直筋はほとんど使われていません。立っているときも、歩いているときも、走っているときも、腹直筋はほぼ使われず、脊柱起立筋で支えているのです（図27：沢井，2004）。

さらに、前傾姿勢で体幹が強い力を発揮しやすいのは、踏ん張って強い力を出せる背中を反らす方向と考えられます。部位としての強さもそれに準じているのでしょう。筋力のデータを見ると、背筋群で体幹を後ろに反らす力は、腹筋群で前に曲げる力の2倍ほどになります。

背筋群の重要性が筋力からもわかります。みんなが大好きでよく鍛えられる腹筋ですが、腹筋群よりも背筋群の重要性にもっと目を向けてほしいと思います。

重要でありながら注目度が低く、重点的に鍛えられることが少ない背筋群ですが、さまざまな場面で大きな力学的仕事をしています。例えばジャンプ動作では、

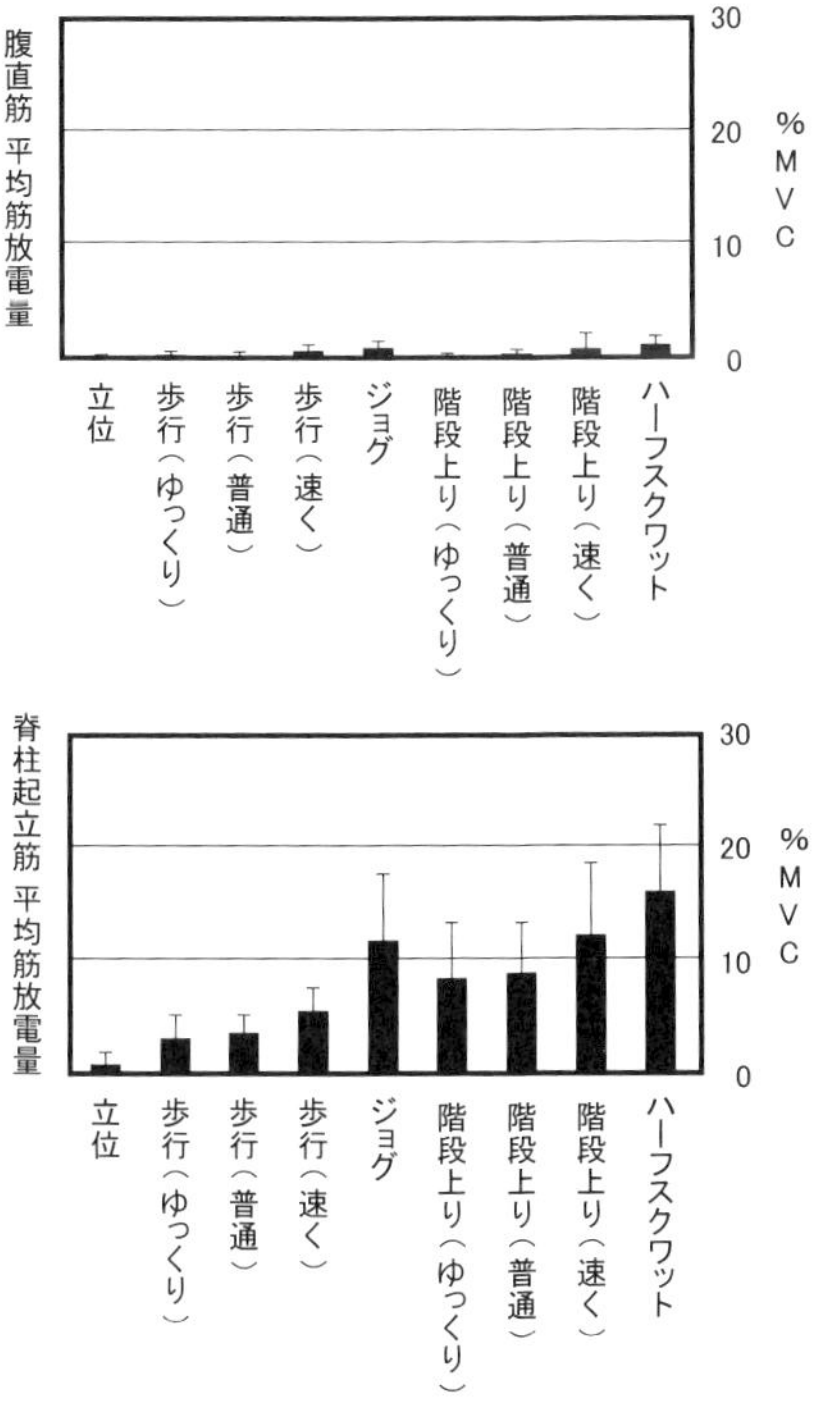

図27　各種動作における腹直筋と脊柱起立筋の筋活動レベル（沢井，2004より改変）

縦軸は静止状態での最大筋力発揮時（MVC）の筋放電量を100%とした%MVCの値を示す。歩行、走行などの日常の移動動作では、体幹を支えるメインは腹筋ではなく背筋であることがわかる

腕の振りを除いた跳び上がるための発揮エネルギー（力×動作範囲：正確には動作方向の力の積分値）の実に2割程度を脊柱起立筋が生み出すことを示す研究があります（Blacheら,2013）。ジャンプは脚だけでするものではありません。丸めた背中を脊柱起立筋で強く大きく反らせる動作も、かなりジャンプに貢献しているのです。

YURAKA/アフロスポーツ

Getty Images

体幹をひねって投げて打つ野球選手の内外腹斜筋は、かなり大きい。寸胴の体形の選手が多いのはそのためだろう。バレーボールなどのジャンプ動作では脊柱起立筋が大きく使われる

腹斜筋、脊柱起立筋が強いだろうと思わせる選手はいる

以上から、競技パフォーマンスを見て、「腹斜筋群がかなり強いのだろう」「脊柱起立筋が相当に発達しているのだろう」と思うことはあります。

例えば、胴体の太いキックボクサーの魔裟斗選手は、「腹斜筋群の発達がパンチやキックに生きていた」のだと思います。ボディビルダーでは見ないレベルの胴体の太さです。投げても打っても超人的な大谷翔平選手も、ウエストまわりは結構太いですよね。腹斜筋群がよく発達しているのでしょう。野球選手はデータで見ても腹斜筋群はかなり大きく発達しています（そして、かなり左右差がある：角田ら，2002）。背中を大きく反らせて高く跳び上がるバレーボールの越川優選手（芸術的にカッコいいジャンプです！）を見ると、「このジャンプ力には脊柱起立筋の強さが効いているのだろうな」と思います。

しかし、選手の動きを見て「腹筋が強いだろうな」と思

うことは、あまりありません（後述コラムの動きは例外ですね）。打撃系格闘技では打たれ強さのために腹直筋がおおいに役立ちますが、動きとしてはやはり特別に重要ではないからです。

打撃格闘技ではミルコ・クロコップ選手の腹筋が印象的でした。ボディが効きそうな感じがしなかったですし（だからタイミングを外すなどして攻撃側は効かせる工夫をするわけですが）、何よりカッコよかったです。

腹筋を過大評価する数々の都市伝説

以上のように、競技動作に特別に重要とはいえない腹筋ですが、スポーツではすごく大事な部位と思われがちです（全く大事でないわけではありませんが）。見た目が目立ちますし、体の中心にあっていかにも機能的な感じがするからでしょうか。最近の体幹ブームもそれを後押ししているように思います。

ひと昔前に「サッカーのクリスチアーノ・ロナウド選手が毎日3000回腹筋をしている」という噂がありました。ロナウド選手はベーシックな10ＲＭの筋トレ（10回程度が反復限界となる負荷で行う筋トレ法）を行っていることでよく知られますので、おそらく都市伝説と思われます。

3000回は、1回平均3秒として9000秒、2時間半(!!)かかります。超長時間・超高回数は非効率で得られる効果も高いとは思えないという話はさておき、「サッカーにそれほど重要でもない」腹直筋のトレーニングに、途方もない時間と労力をかける必要はありません。こうした都市伝説はよく耳にします。腹筋信仰の表れだと思います。

こちらは都市伝説ではなく実話らしいのですが、マラソン五輪金メダリストで元世界記録保持者でもある高橋尚子さんは、現役時代に毎日1000回のシットアップを行っていたと聞いています。引退して、これをやめられたのがうれしいとのことでした。

図27にも示しましたが、走行中に腹直筋は「ほとんど使われていません」。トップ選手のスピードになると変わるとは思いますが、劇的に違うことはないでしょう。マラソンで腹筋はさほど使わないのです。

言いにくいことですが、シットアップ1000回の苦労は、マラソンのパフォーマンスに必要だったとは考えにくいですね（＋効率・効果の面でも超高回数は優れているといは言い難い)。トップ選手は競技能力に関しては間違いなくトップですが、行っている練習が必ずしも優れた方法とは限りません。素質がずば抜けているので、意義の薄いハードなことでも難なくできてしまうというのもあります。

トップ選手の方法は非常に参考になる場合もあれば、全くそうでない場合もあります。「この選手はこんなことをしているんだ」と、あくまでも1つの参考材料として受け止めて、内容を吟味する必要があります。

スクワットで腹筋が鍛えられる?

「スクワットで腹筋が鍛えられる」という話もよく聞きます。スクワットでは高重量を担ぐと体幹を支える力が必要になるからでしょうか。

しかし、スクワットは前傾姿勢ですから、体幹を支えるのは〝反らす方向〟になります。したがって、体幹姿勢の保持にメインで力発揮をしているのは〝背筋群〟です。腹筋はほぼ使いません(図28)。デッドリフトも同じです。

スクワット中に背中を前に曲げる腹筋に力を入れたら、背中を反らせる力で負荷に耐えている背筋に怒られます。

アームカールをしているときに、上腕三頭筋が頑張るようなものです。少し考えれば当たり前のことですが、それだけ「腹筋は大事な部位」という思い込みが強いのでしょう。

10RMスクワット(10回程度が反復限界でのスクワット)の筋電図のデータを計測したので、一例ですが載せておきます(図28:谷本,未公表)。

脊柱起立筋(腰部)の筋放電量の平均値は36%MVC(静止状態での全力発揮時の筋放電を100%とした相対値)に対して、腹直筋は4%MVCしか放電量がありません。脱力に近い状態です。スクワットで体幹も鍛えられますが、それは背筋群に対してのみということがわかります。

ただし、スクワットは背筋のトレーニング「にも」なっていますが、その効果はダイレクトに体幹動作で鍛えるバックエクステンションには及びません。10RMバックエクステンションの筋放電の平均値は57%MVCとなりました。なお、10RM負荷でのシットアップでは、腹直筋の筋放電量の平均値は54%MVCでした。

余談ですが、上体の前後傾の向きが通常のスクワットと反対になるシシースクワットなら、腹筋群は使われることになります。目いっぱいのけ反る自重のシシースクワット

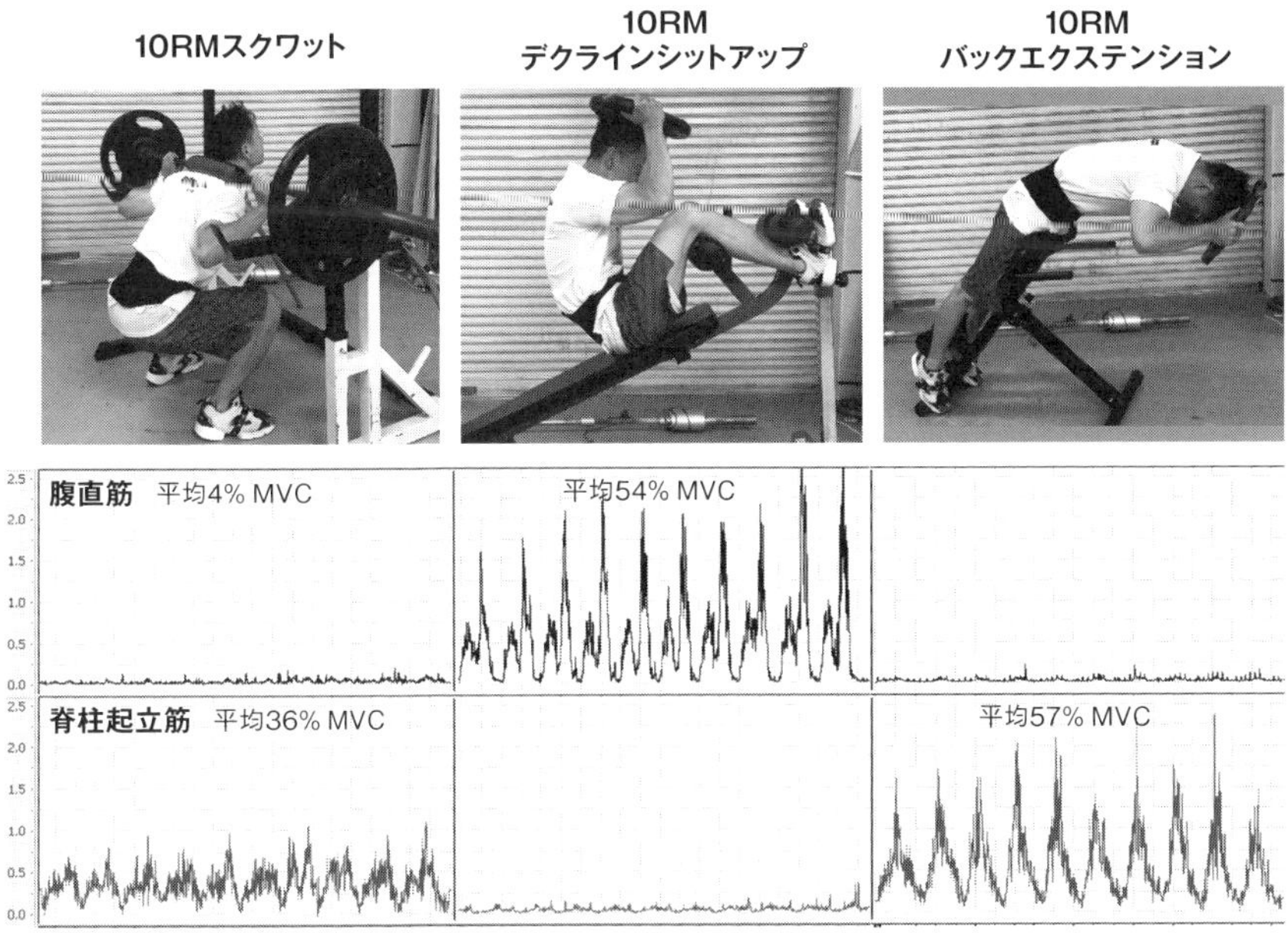

図28　10RMでの各種目の腹直筋と脊柱起立筋の筋活動の様子(谷本, 未公表)

筋放電生波形を絶対値化して波形の外形をかたどるデジタル処理をしたものを示す（整流移動平均：10Hz）。縦軸は静止状態での最大筋力発揮時の筋放電量を1.0とした/MVCの値。スクワットでは腹直筋がほぼ活動していない。脊柱起立筋の活動は相応に大きいが、脊柱起立筋をダイレクトに鍛えるバックエクステンションに比べると小さい

での腹直筋の平均筋放電量は22％MVCでした。実際に目いっぱいのけ反るシシーでは、腹筋が使われていることが感じられると思います。

高齢者向け、腰痛予防には背筋

姿勢を支えるメインは背筋群ですので、生活機能を維持・向上させたい高齢者の筋トレとしては

体幹をのけ反る姿勢をとるシシースクワットでは、腹直筋は相応に使われる。逆にいえば、このような姿勢をとらない通常の筋トレ種目では、腹直筋はそれほど使われないということになる（シシーで大腿四頭筋にしっかり効かせたかったら、このくらい反りたいですね）

断然、背筋運動が優先されるべきです。腰痛の予防に対しても、支える筋力に問題があるとするなら、鍛えるべきはやはり腹筋群よりも背筋群です。

　ただし、家でできる道具なしで行ううつぶせでの背筋運動では、動作範囲が小さくなりすぎます。そのため、ジムでは図28中に示したローマンチェアを使うわけですが、各家庭にローマンチェアはありません（大臀筋、ハムストリングも鍛えられるので、個人的には各家庭にあってほしいのですが）。

　そこで、一般的なイスをローマンチェアの代わりにする方法をオススメしています。

　イスに浅く座って脚を開き、背中を丸め込んで上体を前傾させてから、背中を反らせて上体を起こしていきます。股関節よりも体幹の動きをしっかり行うために、背中を丸めるときは首を前に曲げてへそをのぞき、背中を反らせるときは首を後ろに倒して顔を上げます。

　地味に見えますが、結構効きますよ。強い人は手を前に伸ばす、もしくはプレートなどを胸に抱えて行い、きつい

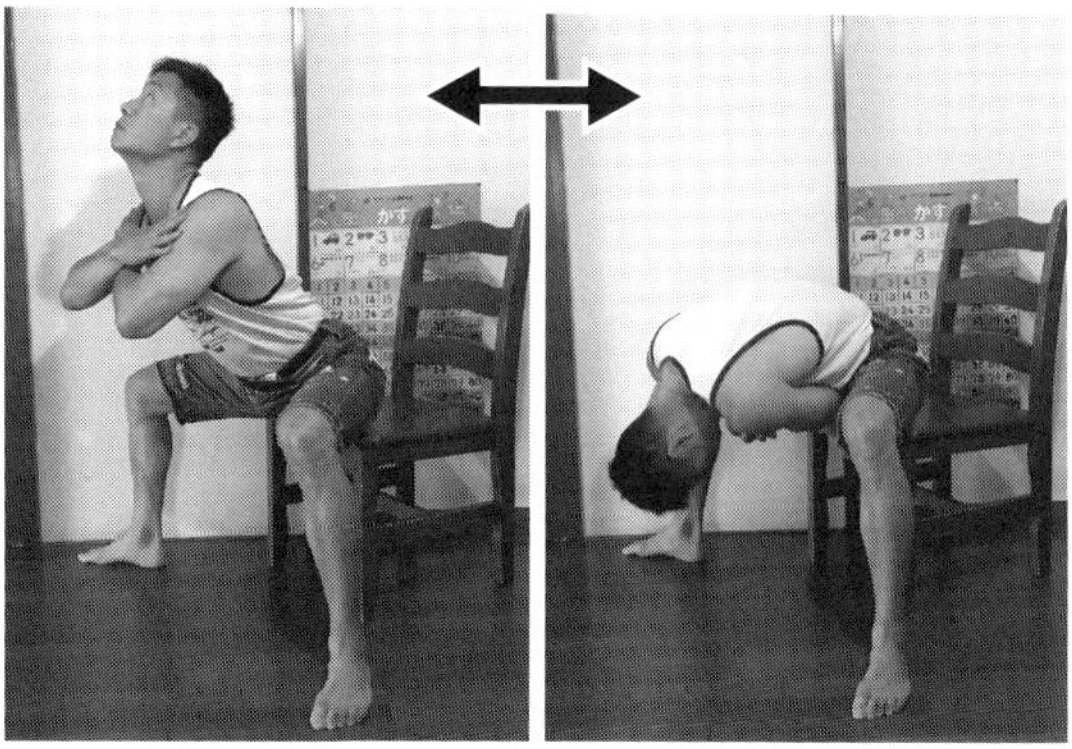

図29　ローマンチェアなしで、自宅で行えるバックエクステンション

高齢者の生活体力向上にオススメの方法だが、丁寧にしっかり行えばかなりの強度のトレーニングになる。読者の皆さんにもオススメできる

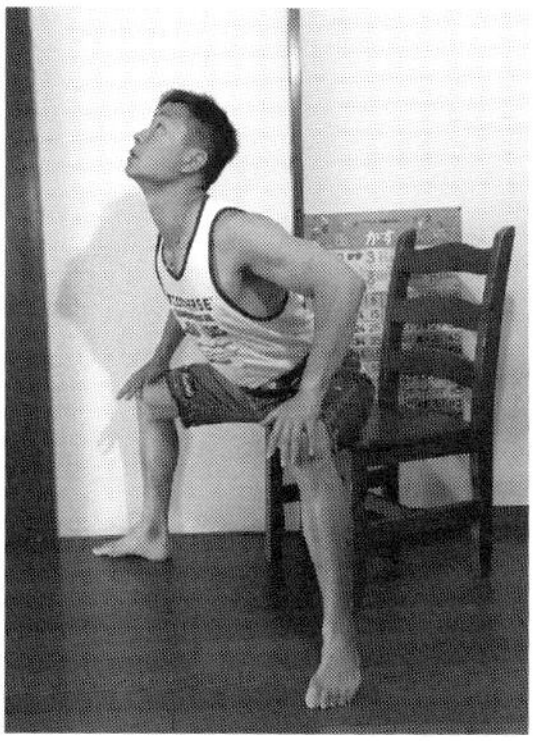

負荷down

負荷up

場合は膝で軽く手を押して補助するとよいでしょう（図29）。
なお、僕は高齢者向けの筋トレでレッグレイズをよく推奨しますが、ここには腹筋というよりも腸腰筋を鍛えたいという意図があります。「レッグレイズで腹筋を鍛えましょう」と言うことがありますが、それは皆さん腹筋が好きだからです。そう言ったほうがやる気をもって取り組んでもらえるだろうという、したたかな計算があるのです（笑）。
脚を前に振り出す腸腰筋は加齢で落ちやすく、これが歩行速度の低下に強く関係する（久野，2000）ので、ここを重点的に鍛えてほしいのです。

【同時に腸腰筋が鍛えられることの意義】

腹直筋ターゲットで行われる筋トレにはいくつか方法がありますが、上体を起こすシットアップや、脚を振り上げるレッグレイズでは、脚を前に振り出す腸腰筋も鍛えられます。腸腰筋はボールを蹴るときや、走るときの振り戻しにも重要な働きをしています。短距離選手では腸腰筋の筋量が多い選手ほど記録がよいという報告もあります。
これらの種目では、競技において重要度の高い腸腰筋を鍛えられる点は意義が高いといえます。図らずも（?）腹筋強化のつもりで行っていたシットアップやレッグレイズで、腸腰筋を強化できていたということはあるでしょう。

Column

腹筋で除夜の鐘を鳴らす“イナバウアー鐘つき”

我々の姿勢は基本的に前かがみのL字姿勢なので、体幹を前に曲げる方向には踏ん張りにくいですし、重力負荷もかかりません。前かがみではなく後ろに反ったイナバウアーのような姿勢を取れば、腹筋群に強い力がかかり、また力を出しやすくなります。

僕の大好きなアーティストで、『翼の折れたエンジェル』で有名な中村あゆみさんが、ラジオで語っていたちょっと面白い話があるので紹介させてください。中村さんが見ていた大晦日の生放送のテレビ番組で、イナバウアーのように後ろにひっくり返るほどのけ反ってから、全身を大きく前に振り戻して鐘をつくお坊さんが出ていたそうです（東京タワーそばの増上寺でしょうか?　大げさにのけ反って“魅せる”パフォーマンス要素もありそうです）。「うわー、このお坊さん、めちゃくちゃ腹筋強いな!　腹筋超使って鐘ついてる!」とうれしそうに、魅力的なハスキーボイスで、お坊さんの腹筋の強さを熱弁されていました。

これは全く中村さんの言う通りです（綱にぶら下がる分は、負荷は減りますが）。この話は僕が大学生くらいのときのことですが、中村さんは筋肉のことがよくわかっているな、と感心してますます好きになったのを覚えています。

筋トレ効果を高める「便利な小道具」活用法

1 作業用ラバー手袋：全くすべらない魔法の手袋

プレス種目でもグリップ力は重要

バーのグリップが効くことは、引くロウイング種目だけでなく押すプレス種目においてもおおいに重要です。バーベルのプレス種目では、バーをまっすぐ真上方向の力で押しているわけではなく、横方向の力も作用していることが多いからです（ロウイング種目も同様です）。

例えば、ベンチプレスでは、手幅が広い場合は斜め外向きに、狭い場合は斜め内向きに力を加えて、バーを押しています（図30）。実測すると、一般的によく行われる81㎝幅にある溝の部分に手幅をとる場合では、体形にもよりますが、鉛直方向の40％程度外向き（角度にすると20度強斜め外向き）に力を加えています。手幅を狭くして肩幅にとると、30％程度内向き（20度弱斜め内向き）に力を加えて押します。これは、大胸筋と上腕三頭筋をともに存分に使って挙げるためと考えられます。

実際に10ＲＭのベンチプレスでは、81㎝手幅でも、肩幅手幅でも、大胸筋と上腕三頭筋の筋活動の貢献度にほぼ差が見られません（谷本，２０２０）。より効率よく強い挙上

力を得るために、自然に行っているのでしょう。

オーバーヘッドプレスやラットプルダウンなど、ほかの種目でも同様に、バーに斜め外向きや内向きの力を加えて押し引きしていると考えられます。ですから、すべりにくいバーのほうが、これらの種目は行いやすいことになります。動きに関与する複数の筋肉を存分に使えることになるからです。パワーリフターがベンチプレスですべり止めの粉をつけるのも、このためでしょう。

もちろん、引く種目で握りが外れないように、という意味でも、すべらずグリップが効くことは重要です。

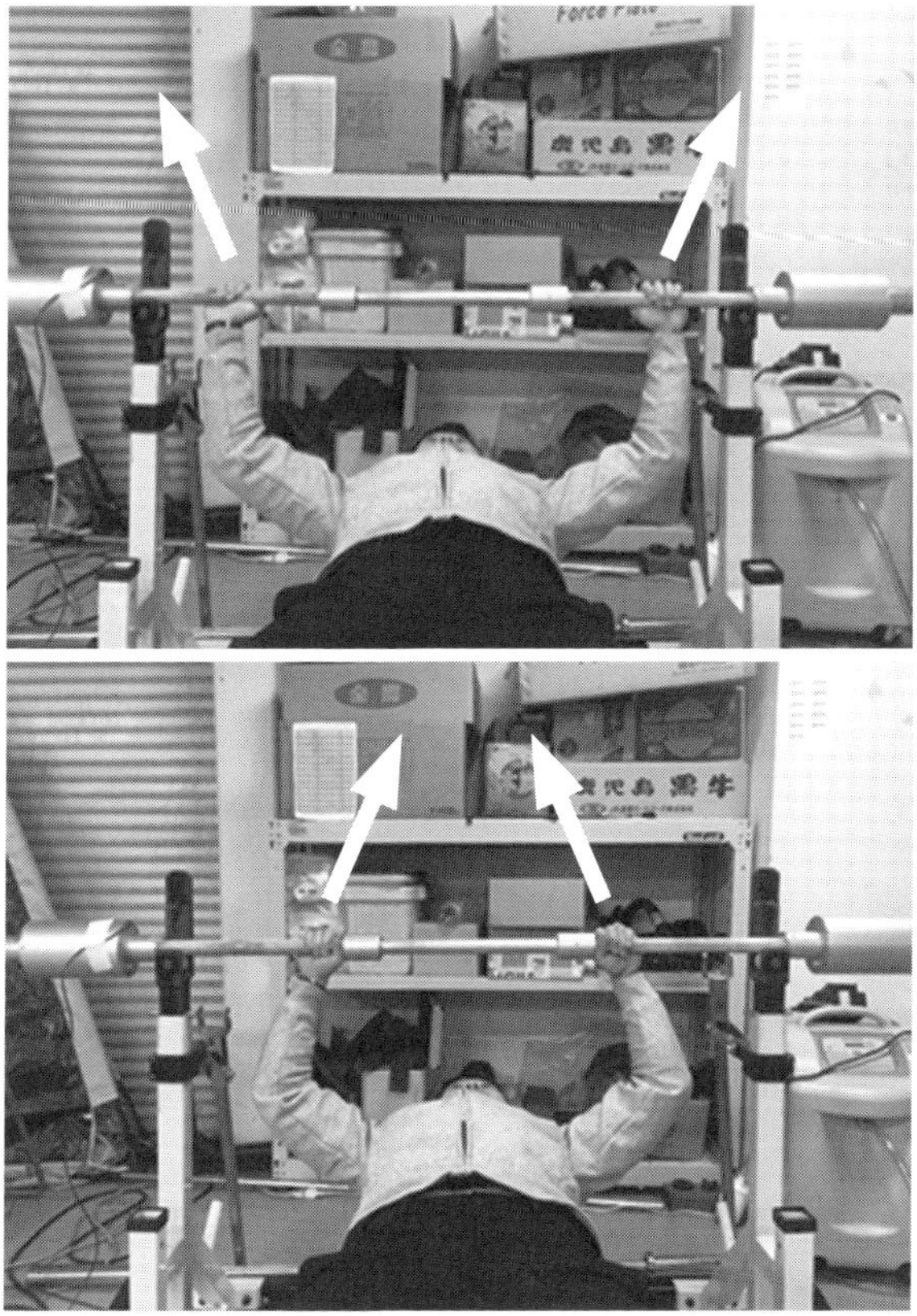

図30　ベンチプレスの手幅と押す方向

ベンチプレスは、真上に向かってバーに押す力を加えているイメージがあるが、力を実測すると、広い手幅では斜め外向きに、狭い手幅では斜め内向きに力を加えている

超優秀な作業用手袋：バーとの摩擦係数は3・0以上

引っ越し作業員や工場の工員が使う、手のひら側にゴムラバーを貼りつけた手袋がありますが、これのグリップ力は超強力です（98ページ図31）。サイズも細かく分かれているので、フィット感も抜群です。トレーニングでの活用に適していると思います。ホームセンターで、数百円で手に入ります。バーベルバーとの間の摩擦係数

図31　作業用ラバー手袋

作業用のラバー手袋は極めてグリップ力が強く、筋トレでの活用にオススメ

の評価として、実験用の床反力計で評価してみたところ、真下に押す力の3・5倍の横向きの力まですべりませんでした(図32)。摩擦係数は、3・5程度ということになります。驚くほどすべりません。

床反力計の材質の詳細は不明ですが、鋼鉄のバーベルバー(バーベルの材質については後述)と触れた感じはよく似ていますので、バーベルを握ったときの摩擦係数はこの値と同程度といえそうです。

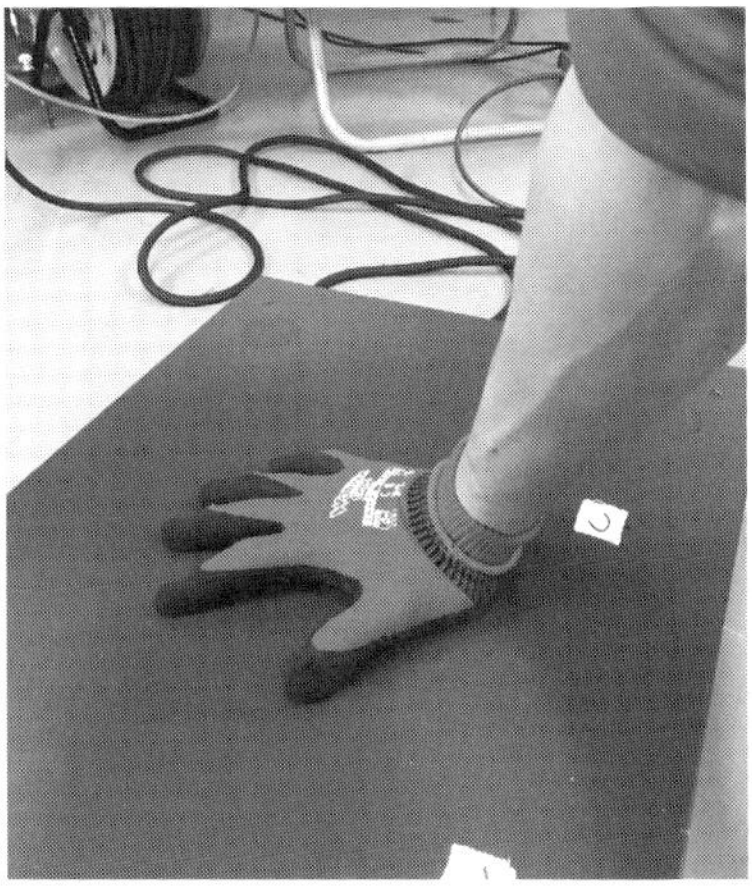

図32　床反力計での摩擦係数測定

金属製の床反力計とラバー手袋との間の摩擦係数を実測すると3・5程度もある

筋トレとは関係ありませんが、ラグビー選手はこれをつければ、ボールをかなり取りやすくなります。ルールに問題がなければ、競技でも使えると思います。

なお、腕立て伏せでは手幅を極端に広くとったり狭くとったりすると、床を横方向に押す力が下向きの力の1倍以上出ることもあります(谷本, 2021)。自重の腕立て伏せの際にもラバーの手袋を利用すると、効果的といえるでしょう。

2 巻きつけゴムラバー（自己融着テープ）：どんなバーもグリップ抜群に

数百円でグリップ抜群のバーに変わる

指によくかかるグリップの効く状態に、バーを変えてしまうこともできます。水道管などの補修用の巻きつける「自己融着テープ」というゴムラバーを使います（図33）。これもホームセンターで、数百円で手に入ります。手袋は煩わしいという場合も、これなら問題ありません。家にバーベルやダンベルをそろえているホームトレーニーの方に断然オススメです。

ゆっくりと引っ張って伸ばしながらバーに巻きつけていきます。時間はほとんどかかりません。伸ばしながら巻きつけると、バーに密着して取れなくなります。のりは使わないのでベタつくこともありません。とても快適な握り心地に仕上がります。

わが家のホームジムも、数百円で格段に使えるジムに変わりました。我が家のバーベルバーとパワーラックのチンニングバーはクロームメッキ製です。クロームメッキは、ピカピカの銀色で見た目がよく、錆びに強いというメリットがありますが、グリップ力はよくありません。よくすべります。正直にいうと使いにくいバーでしたが、ラバーを巻いたおかげで問題が一撃で解決しました。ホームジムの方にはぜひ使っていただきたいアイテムです。

図33　自己融着テープ

ゴムを巻きつける自己融着テープで、バーのグリップ力が格段に増す。ゴムを伸ばしながら巻きつけるだけで、簡単にバーに接着できる

見た目のクローム、グリップのベアスチール

クロームメッキは錆びにくくメンテナンスがしやすいこと、見た目がきれいであることから、ジムでも見かけますが、すべりやすいのは、やはり難点です（その程度は製品にもよると思います）。すべり止めのためにザラザラの溝を彫ってある部分（ローレットといいます）のほうが逆にすべりやすい（！）場合もあります。

パワーリフティング競技では、すべりにくいベアスチールといわれるバーがよく用いられます。表面のコーティング加工がされていない鋼鉄がむき出しのバーで、やや黒っぽい色をしています。摩擦が大きく、グリップがよく効くので、上げやすさがかなり違います。特にローレット部分はよく指がかかります。バーベルはベアスチールしか使わない、クロームメッキはやりにくいから一切使用しない、という人もいます。

ただし、鋼鉄むき出しのバーは錆びやすいので、ジム側としてはクロームメッキを選択するのも仕方がないのかもしれません。グリップが効くことの重要性を経営側が理解できているかどうかはわかりませんが。

ジムのバーにゴムラバーを勝手に巻きつけるわけにはいきませんので、すべりやすいバーの場合は、先に紹介したラバー手袋を利用するとよいでしょう。ホームジムなら数百円で問題解決できるので、ゴムラバーの巻きつけをオススメします。

3 補助パッド：超フルレンジで下ろし切る

ジムに置いてある補助パッド

筋肉はより伸長した状態で動作をすると、筋肉痛の程度が強く起こります（Nosakaら, 2020）。これは筋肥大の1つの重要な要素となるので、より深く下ろして筋肉を大きく伸長させることは、筋トレ効果を上げる有効な手段となります。筋肉の伸長度合いの大きなストレッチ種目は、通常の動作範囲の種目よりも筋肥大効果が高いという報告も

あります（Maeら，2020）。

ジムにはマシンのサイズが合わない場合などに使うための補助パッド（図34）がありますが、これを使うと、マシンの設定のフルレンジよりもより深く下ろすことができます。存分に活用してください。補助パッドがない場合には厚手のバスタオルを巻くなどして、自分で用意することもできます。

補助パッドで超フルレンジにする方法

よく使われる方法は、チェストプレスのマシンで背中に置く方法だと思います（図35上）。背中にパッドを置けば、体が前に出る分だけより深く下ろすことができます。

ショルダープレスのマシンで深く下ろし切れない場合は、お尻の下にパッドを置くとよいでしょう。胸をパッドに当

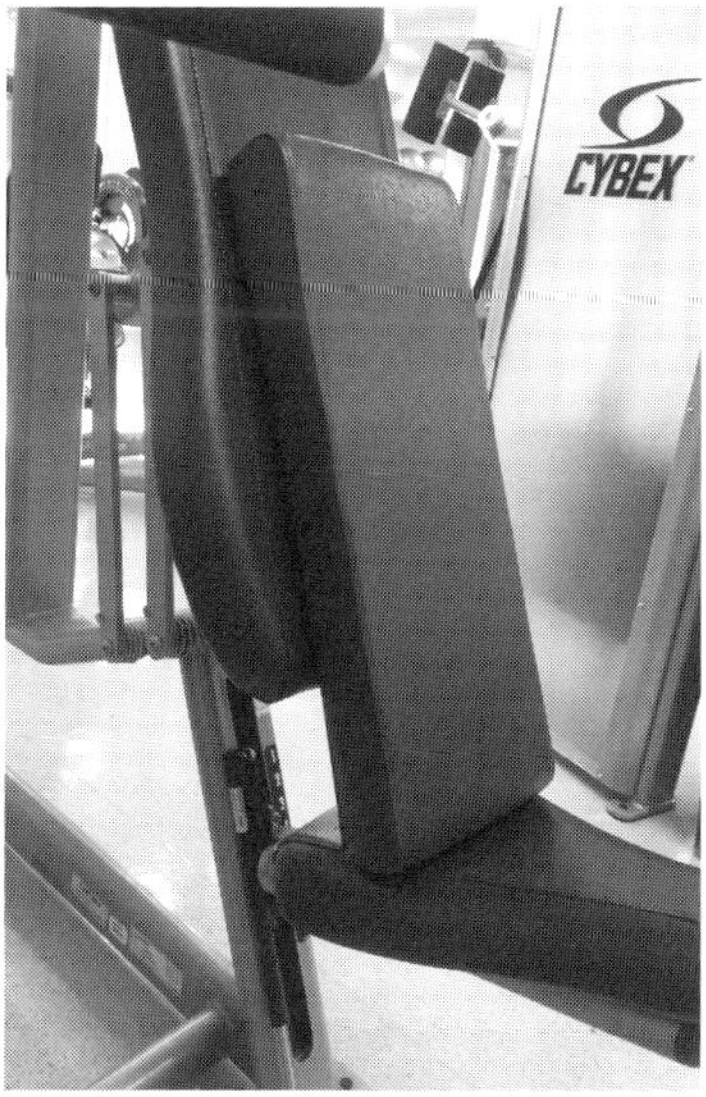

図34　補助パッド　多くのジムには補助用のパッドが置かれている

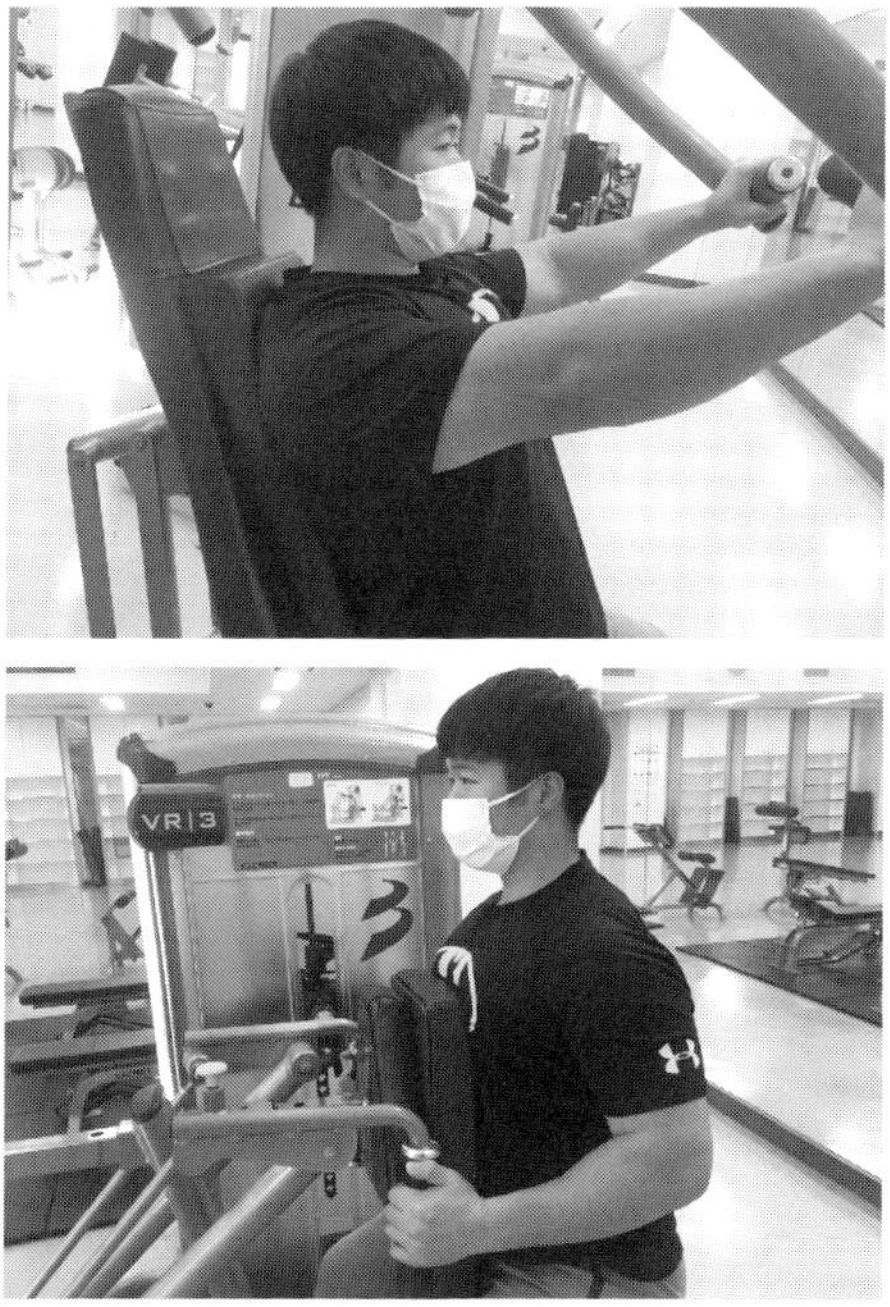

図35　補助パッド活用法

補助パッドを1枚かませることで、より大きな稼働範囲で動作することができる（上写真はチェストプレスマシン、下写真はロウイングマシン）

てて行うロウイングマシンで胸に補助パッドを当てると（101ページ図35下）、広背筋がより伸び切るまで背中を丸めて、腕を大きく出すことができます。

補助パッドがない場合や、パッドだとセッティングが合わない場合には、厚手のバスタオルを丸めるなど、何かしら間に挟めるものを使うとよいと思います。ニーエクステンションのマシンでより深く曲げ切るために、厚手のバスタオルを丸めて左右の足首の前に当てて行う方法もオススメです。いろいろな種目で、超フルレンジで行える工夫をしてみてください。

いずれもマシンの作りがフルボトムで大きくストレッチできる構造であれば、補助パッドは不要です。しかし、体形はさまざまでうまく合わない場合もありますし、超フルボトムを想定して設計されていない場合もあります。

4 セッティング用ステップ：フォーストレップやネガティブに活用

マシンにあるセッティング用ステップ

筋トレ種目には、ベンチプレスやスクワットなどのトップポジションからスタートするものと、アームカールやレッグエクステンションなどのボトムポジションからスタートするものとがあります。また、チェストプレスのマシンなどでは、トップポジションスタートに合わせて、ステップを足で押してトップポジションの姿勢まで重りを上げられるものがあります。

これをスタートポジションのセッティングのみでなく、筋トレに有効に活用できます（図36）。

【ステップ活用法】

①セルフフォーストレップ

上がらなくなってからの補助を、このステップを使ってセルフで行うことができます。ただし、セルフの補助は自分に甘えがち。限界まで自力で挙げるようにし、補助も甘えずできるだけ自力で上げるように強い意志をもって行います。

②補助ネガティブトレーニング

自力では上げられない高重量をステップの補助を使って上げ、補助なしでじっくり下ろすことで強いネガティブ（下ろす動作：挙げる動作をポジティブといいます）負荷をかけます。

下ろす動作は上げるよりも3割程度筋力が強いので、このような方法で行わないと下ろす動作に十分な負荷をかけられません。ネガティブ動作で負荷を追加する方法で筋トレ効果が上がるという報告があります（Doanら,2002）。

③加重ネガティブトレーニング

上げる動作を補助して強い負荷で下ろす方法だけでなく、自力で上げて下ろすときにステップをつま先で引いて加重する方法もあります。上げる動作を補助すると補助に甘えてしまいがちですが、その問題を解決できます。

②③を組み合わせて行うこともできます。序盤は③で行い、自力で上がらなくなってから②に切り替える方法です。

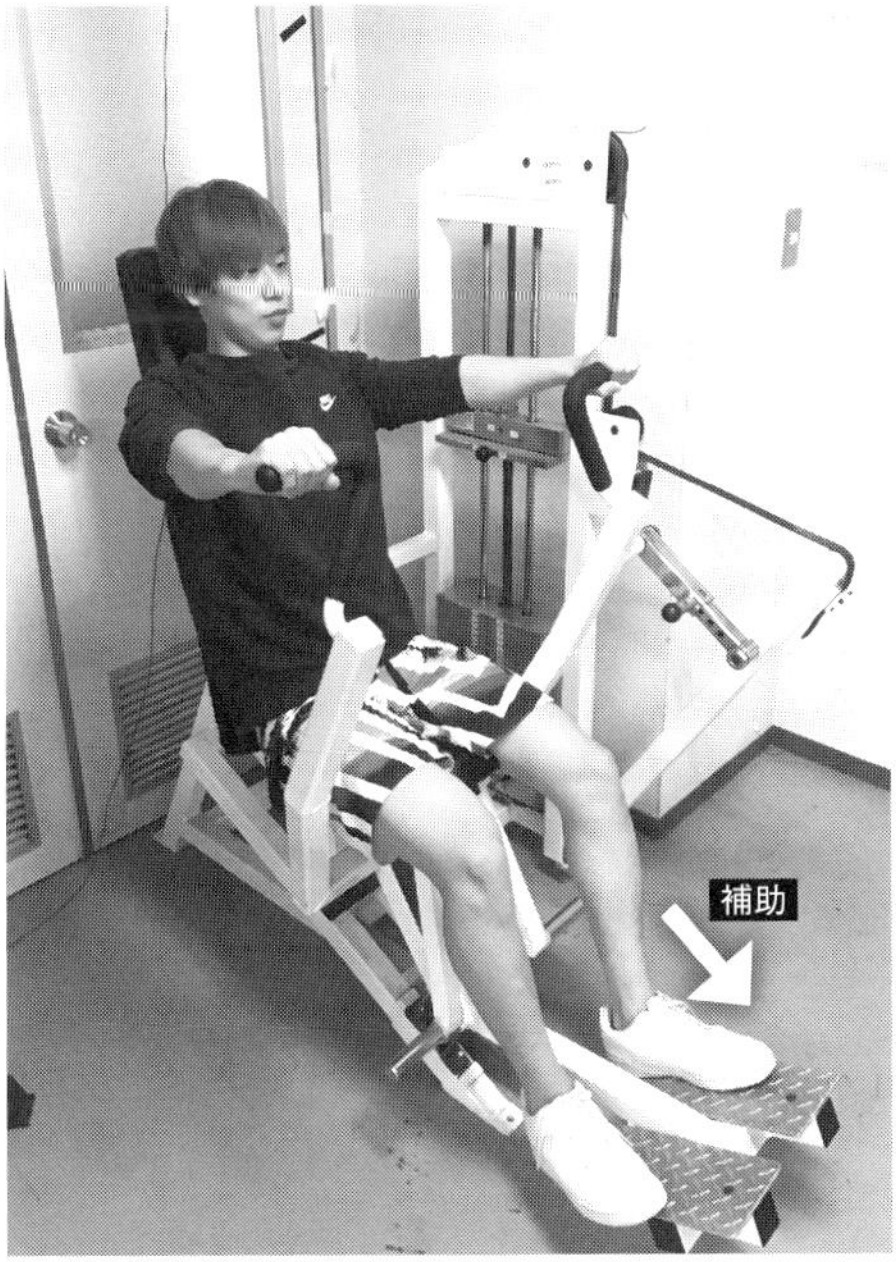

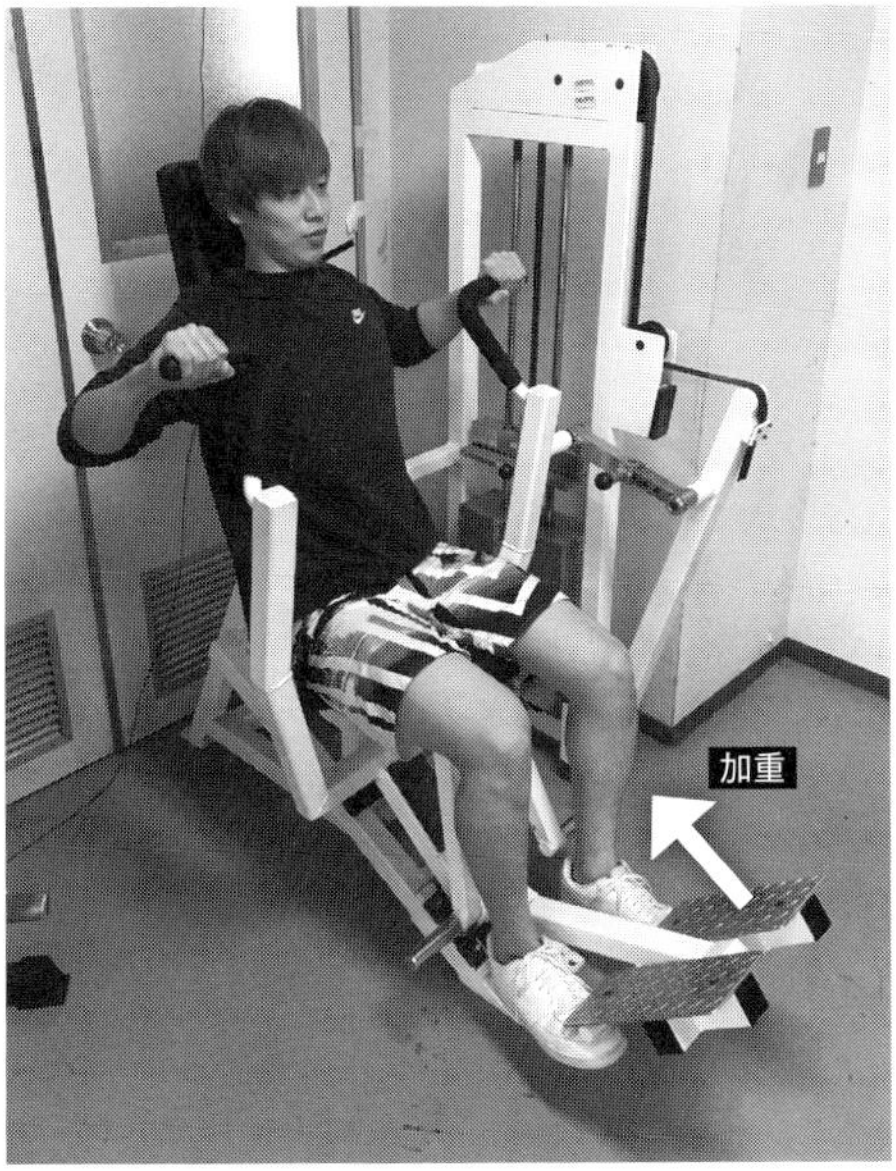

図36　セッティング用ステップの活用

ステップを足で押せば挙げる補助に、ステップをつま先で引けば逆に負荷を追加することができる

自重トレでも丁寧に行い工夫すれば、十分に効かせられる

自重トレの一番の難点は、「ラクに回数を稼ぐ方法」が浸透していること？

一般的には、自重トレよりもバーベルやマシンを使った筋トレのほうが、効果が高いとされています。

その主な理由として、自重では体重以上の大きな負荷をかけられないこと、負荷の調整がしにくいことなどが挙げられます。

いろいろな動作に負荷をかけられない点も大きなデメリットです。例えばロウイング系の種目などは、自重で行うのは困難です。

これらのデメリットはよく知られているところですが、それ以上に大きな問題を感じることがあります。腹筋100回、スクワット300回など、できるだけ高回数を行うために「ラクに回数ができる方法」が好まれて行われる場合が多いことです。

例えば、ヒンズースクワットでは、

・腕の振りを使う。
・エキセントリックを効かせずにストンとしゃがむ（〝下ろす〟ではなく〝落とす〟）。
・落下の勢いをお尻や太もも裏の肉のバウンドで利用する。
・トップポジションで膝をロックさせて毎回完全に休む。

といった「さまざまなテクニックを駆使して、できるだけ要領よく、ラクに1回1回をこなす」方法で行います。

これは動作の効率としてはとてもよいのですが、「筋肥大・筋力増強の刺激を効果的に与えたい」筋トレの目的か

ら見るととても効率が悪くなります。「何回もできる要領のよい動きで行うことで、筋肉への刺激の少ない要領の悪いトレーニング」になってしまっているのです（図37）。

回数は手段であり目的ではない

ヒンズースクワットを1000回行う方法も、トレーニングの1つの方法として間違いではありませんが（エネルギー消費が多く痩せる、全身持久力がつく効果も多少ある、筋肥大刺激のバリエーションの1つとして有効など）、それよりも、より要領よく筋肉に強い刺激を与え、少ない回数で追い込める方法のほうが、筋トレとしては適しています。回数は手段であり目的ではないはずです。回数自身が目的になっていないでしょうか？

休み休み動作して高回数ができるシットアップや、すり挙げ式の腕立て伏せなどもそうです。「腹筋を毎日300回やっているぜ！」といった話を聞くことがありますが、筋肉を発達させる目的で行っているならば、重視すべきポイントがずれています。

また、これらの種目のように明らかに回数をこなせるやり方をしている場合に限らず、動作を多少ごまかしてでも回数を求めてしまう様子はよく見かけます。

皆さんの筋トレの目的は、回数をこなすことではなく、筋肉を大きく発達させて強くすることのはずです。より強い刺激を与えて効率よく追い込める方法（つまり、できる回数は少なくなる）で回数を重ねることを考えましょう。

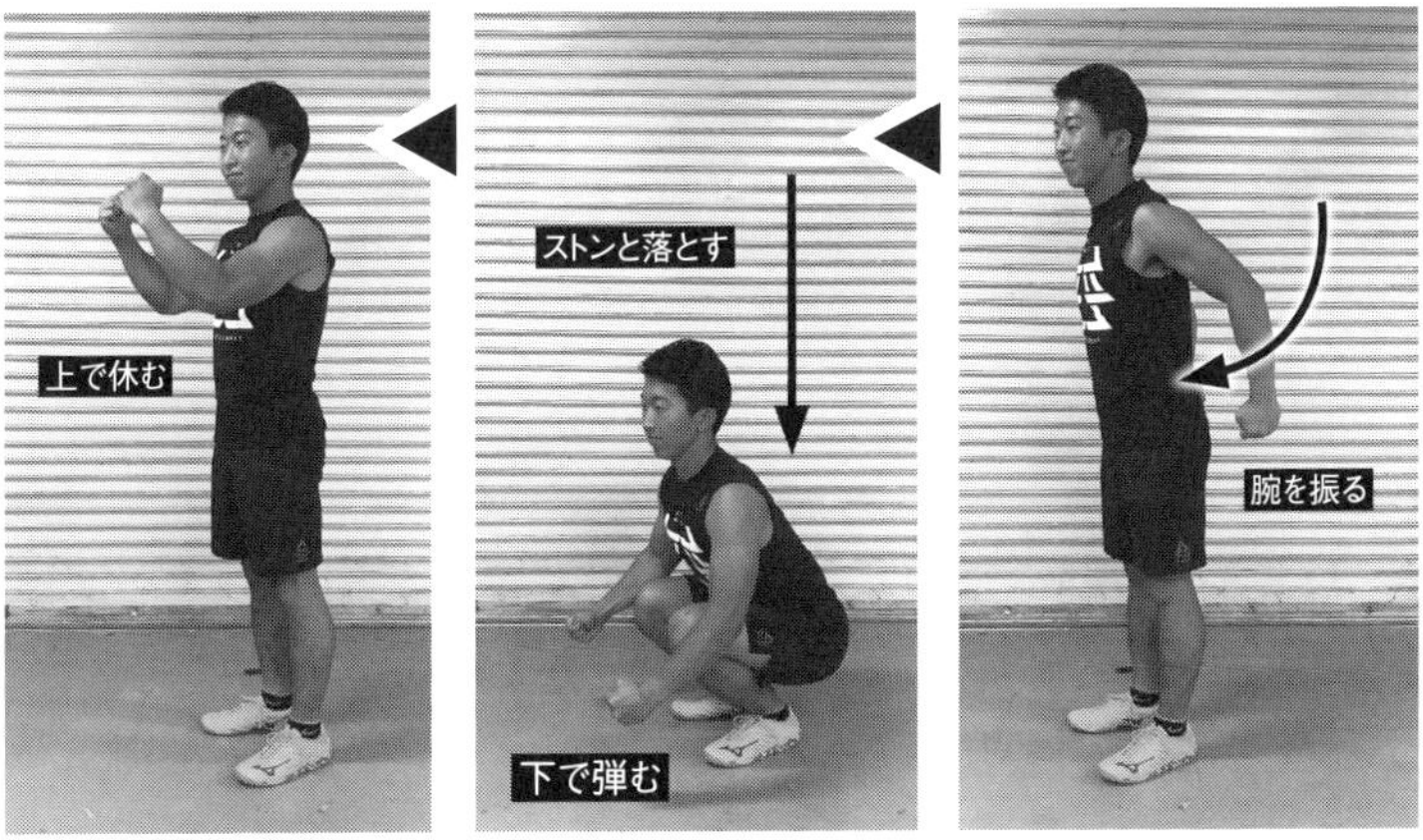

図37 ヒンズースクワット

さまざまなテクニックを駆使して1回1回をラクに行うヒンズースクワット。目的が効果ではなく回数になってしまっている典型例だ本項では、自重トレの基本種目の腕立て伏せとスクワットを、基本のフォームから工夫のテクニックまで含めて考えていきます。

［基本種目1］腕立て伏せ
基本フォーム：胸が触れるまで深く下ろせ

下ろしが浅い、腰を反って上体だけ上下する、ボトムで反動を使う、などで動きをごまかしがちです。しっかりと「胸が床に触れるまで」深く下ろすことが重要です。ベンチプレスでバーを胸につくまで下ろさない人はいません。目いっぱいの可動域で動作しましょう（図38）。

腰を反らして動きをごまかさず、体はまっすぐキープします。上体だけでなく全身をしっかり上下動させます。

ちなみに、この姿勢をキープしてのプッシュアップでは、体幹トレのフロントプランクが同時にできています。きちんとプッシュアップができていればプランクを行う必要はないともいえます。

ボトムで反動をつけないようにして、丁寧に動作します。動作速度は2秒下げ1秒上げくらいで行います。下ろすときはややゆっくりめにして、エキセントリックで負荷をしっかり受け止めることを意識します。

手幅にはバリエーションがありますが、肩幅の1・5倍弱くらいが大きな可動域で大胸筋・上腕三頭筋を十分に使えてちょうどよいと思います。

以上を守れば、筋トレ歴の長いトレーニーでも20回ほどで十分に追い込めます。負荷の足りない人はイスなどの台に足を置いて行うとよいでしょう。

さらにしっかり効かせるためのいくつかのテクニックを

図38　腕立て伏せの基本フォーム

腕立て伏せを胸がつくまでのフルボトムで行っている人は、意外と少ない。また、ベンチプレスも同様だが、手幅が広すぎる人が多い。やや狭くして大きな可動域で行おう

図39　エキセントリックフォーストレップ
反復不能になったら、膝つきで上げて、膝を伸ばして下ろす方法でさらに数回、できなくなるまで繰り返す

紹介します。

テクニック1：エキセントリックフォーストレップ

反復できなくなっても、負荷を少し落とせば上げられます（補助を受けて動作を繰り返すフォーストレップと同じになります）。また、下ろす動作（エキセントリック）ならまだ行えます。

そこで、反復できなくなったところからは膝つきで上げて、下ろすときは膝を伸ばして下ろすフォームで、さらにできなくなるまで反復を繰り返します。

膝つきに移行する前にしっかり追い込めていれば、そこからできる回数は数回程度になるでしょう（図39）。

テクニック2：フルストレッチプッシュアップ

本などを数冊積み上げて台を作り（本に失礼との考えもありますが…すみません）、それを使ってより大きな可動域で動作をします。この方法で大胸筋、三角筋の前部を強くストレッチするポジションまで、胸を下げることができます。

ストレッチポジションに負荷をかけることは、主にエキセントリック局面で引き起こされる筋肉の微細損傷をより強く起こさせる刺激となり、筋肥大の刺激を高めることができます。自重でも翌日に結構な筋肉痛を体感できるでしょう。この方法にテクニック1を合わせて行うのもオススメです。

テクニック3：ノンロックハイスピードハイレップ

筋トレの標準的な方法は10回オールアウトですが、追い込むべき回数は10回が最適とは限りません。

負荷を下げて30～40回行っても、しっかり追い込めば筋肉は同様に肥大するという報告は複数あります（Mitchellら,2012など）。ただし、むやみに高回数にするのは効率が悪いですし、精神的な努力度も上がります。間延びすると集中が続きません。

そこでノンロック法を採用することで回数を極力少なく追い込めるようにします。また、ハイスピードにして時間で区切ることで集中力をキープできるようにします。時間の設定はいい塩梅になる条件を設定していただければよいですが、例えば「30秒目いっぱい速く、10秒レストポーズ、20秒目いっぱい速く」といった方法がよいと思います。

反復回数が多いので代謝的負荷が強く、10RM法よりも筋肉がはるかにパンプします（筋厚変化の観察より：谷本ら，2018）。また、切り返しでの加速のため、かかる力のピーク値は通常の自重負荷の2倍程度にまで上がります（動作分析より：谷本ら，2018）。

このくらいの時間配分でも、最大努力の速さで行うと、終盤は反復不能になってきます。そのときはテクニック1の方法で反復を続けましょう。また、テクニック2のフォームで行うのもアリです。

[基本種目2]スクワット基本フォーム：自重はフルボトム！

スクワットのボトムポジションは「太ももが床と平行になるまで」と、筋トレの教本には書かれています。背すじを伸ばし、腰椎の後弯した姿勢を維持できる（つまり腰が丸まらない）範囲で、一番深くしゃがんだ位置がそのくらいになるからでしょう。それ以上深くしゃがむと、挙上できる重量が極端に下がってしまうというのもあります。

重いバーベルを担ぐ場合は腰への負担の考慮から、そのようなしゃがみの深さが推奨されます。しかし、自重で行う場合、バーベルは担いでいませんので、もっと深くしゃがむことができます。うんこ座りの状態までしゃがみ切ってしまうと、足首にお尻をのせて休めてしまうので、その手前くらいまでしゃがみ込むのが、自重の場合には適切といえるでしょう。

バーベルスクワットでは「腰が丸まらない範囲でできるだけ深く」、自重スクワットは「負荷が抜けない範囲でできるだけ深く」となります（図40）。

ヒンズースクワットは完全にしゃがみ切るので、さらに腰が丸まりますが、ヒンズースクワットで腰を痛めたという話はあまり聞きません。

考えてみれば、通常の筋トレはフルレンジが基本であるのに、スクワットは「フルレンジで行うな」というちょっと珍しい種目です。その主な理由は、腰椎への負担軽減といえますが、バーベル荷重のない自重ではその気遣いはなくてよいということです。

最も強い「6：4フォーム」

フォームは目的に応じていろいろなバリエーションがありますが、基本的には「肩幅程度の足幅で、イスに腰かけるように上体を前傾しながらしゃがんで立つ」動きとなります。膝を前に出さないという表現をよくしますが、上体を前傾すればお尻が後ろに引けて膝も下がります。

これは、ジャンプやイスから立ち上がる動作と同じとなります（それをより大きな可動域で）。自然に一番強い力が出せるフォームです。この動きでは、股関節伸展と膝関節伸展の力配分は5：5～6：4くらいになります。そのくらいが一番強い脚伸展力を発揮できるからです。スクワットは膝伸展のイメージが強いかもしれませんが、膝伸展と同等かやや強いくらいに、股関節伸展を使っているのです。

上体を前傾してお尻を引くほど股関節伸展の、逆に上体を立てて膝を前に出すほど膝伸展の割合が

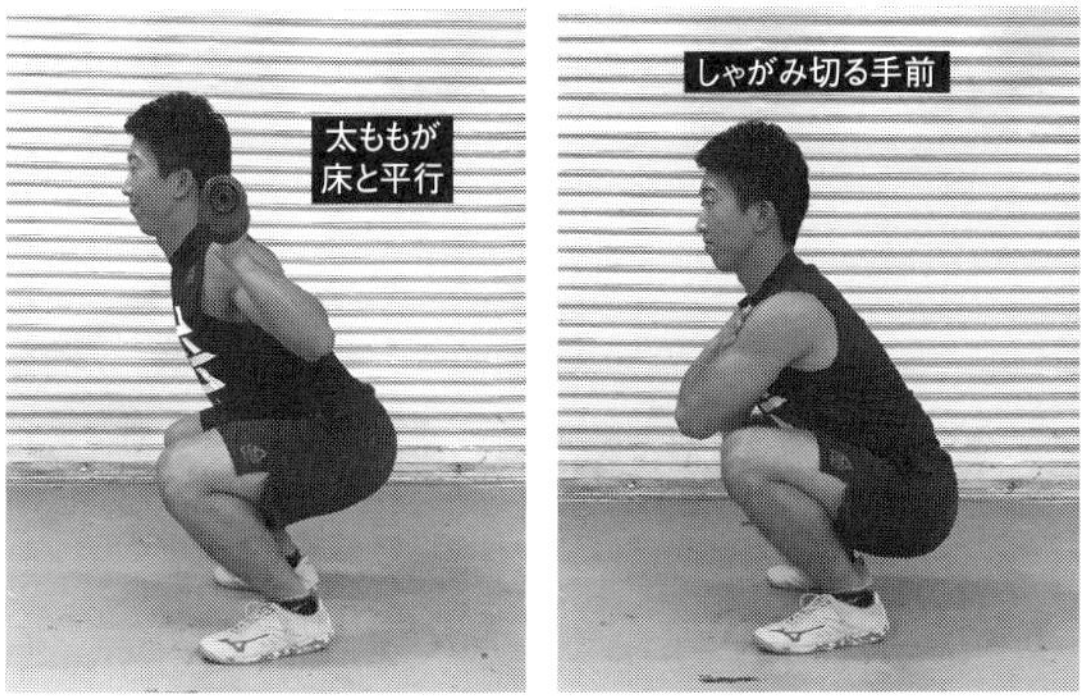

図40　バーベルスクワットと自重スクワットのボトム位置
バーベルスクワット（左写真）では、腰が丸まらない範囲で深くしゃがむ。自重の場合（右写真）は腰にそれほど大きな負担はかからないのでフルボトムまで下ろしてもよい（座ってしまう手前まで）

多くなります。バーベルを担いだ場合は、高重量を挙げるために自然と6：4から5：5くらいの配分（その人の筋力配分にあったフォーム、つまり一番強いフォーム）になるものです。自重の場合は、イスに腰かけて立つようなイメージで行うと、ちょうどよいくらいになります。

動作速度はプッシュアップと同様に、ボトムで反動をつけずに、2秒下げ1秒上げくらいで丁寧に動作する方法を基本とします。

スクワットの場合、筋力に対して「自重では負荷が軽すぎる」という問題があります。自重でも効かせられるテクニックをいくつか紹介しましょう。

テクニック1：ノンロックスローtoクイック法

自重負荷でもノンロックスローの方法で行えば10～20回で効かせることができます。3秒上げ3秒下ろしくらいのゆっくりめの動きで行い、立ち上がり切らずに動作を繰り返します。3秒・3秒は動きがまどろっこしいので、動作中、力を抜かずに上手にできるなら2秒・2秒くらいでもよいと思います（僕はそのくらいでやっています）。

ポイントは、動作中は筋肉の力を一切抜かないこと。コンティニュアステンションというやり方です。筋内圧の上がった状態が維持されるので、筋血流が制限されて過酷な状況に追い込めます。これを反復できなくなるまで繰り返します。15～20回程度で脚がパンパンに張るのがわかると思います。

これだけでももちろん十分ですが、ここからさらに追い込んでみましょう。ノンロックスローでつぶれたところから、できるだけ速い動きであと数回反復できなくなるまで行います。このとき、ヒンズースクワットのように落下から弾む動きでごまかしてはいけません。自重でもこの方法で行えば、十二分に追い込むことができます。

テクニック2：ノンロックハイスピードハイレップ法

腕立て伏せで紹介したのと同じ方法です。膝を伸ばし切らず、ノンストップでできるだけ速く高回数を行います。時間で区切ると頑張りやすいので、例えば「30秒目いっぱい速く＋10秒レストポーズ＋20秒目いっぱい速く」、といった方法で追い込みます。

途中で反復不能になったら1〜2秒の休息を挟みながら、時間内に目いっぱい速くで動作を繰り返しましょう。このとき、脱力してストンとお尻を落とさないように。やや丁寧に筋肉で受け止めながらしゃがむようにします。

テクニック3：ブルガリアンスクワット＋フォーストレップ

自重で足りない負荷を上げる最も簡単な方法は片脚で行うことです。これで負荷を約2倍に上げることができます。このとき、負荷を上げたことに安心して可動域が狭くならないように注意してください(図41)。

なお、片脚で行うブルガリアンスクワットでは、単純に負荷が上がるだけでなく、使われる部位も少し変わります。負荷のかかる方向の違いから、お尻の横上の中臀筋、大臀筋上部に強い負荷がかかります。多くの競技は片脚で力発揮をする場面が多いので、競技力向上にはこの部位を鍛えることに意義があります。

また、後ろ脚も意識して行いましょう。脚を前に振り出す動きを強調することで腸腰筋も鍛えられます。反復できなくなったら膝を押して補助しながら、さらに数回行うとよいでしょう。

補助者なしでフォーストレップ（反復を強制〈＝forced〉する）を行うことができます。

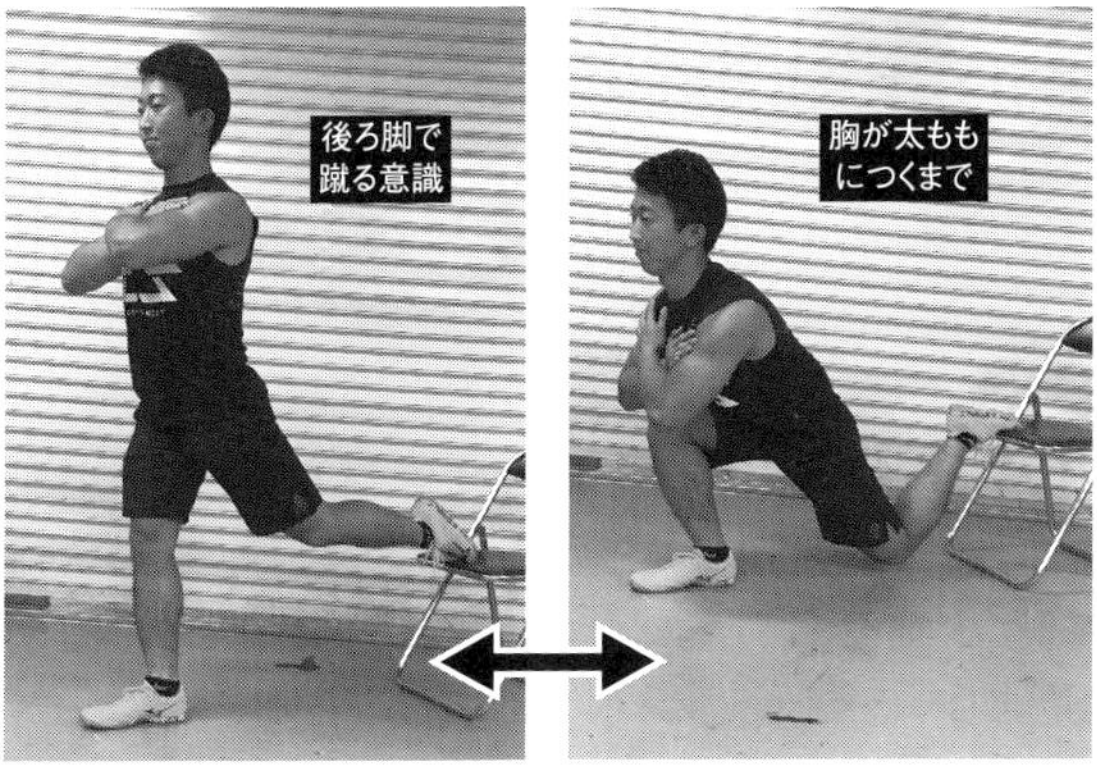

図41　ブルガリアンスクワット

片脚で行うことで、負荷を上げられる。片脚で負荷が上がったことに安心せず、しっかりフルボトムまで下ろしたい。膝を押せばセルフで補助してフォーストレップができる(下写真)

浅いプッシュアップは、浅はかなプッシュアップ

浅いプッシュアップは、浅はかなプッシュアップ

プッシュアップを20回するより50回する人のほうが、聞いた感じではスゴいように思えます。けれども筋トレをまじめにしている人なら、「50回できる、ってどんなやり方?」と思うのではないでしょうか。

肩からつま先までを一直線にし、手幅は動作範囲を大きくするためにあまり広くとらず、肩幅の1・5倍弱程度。胸が床に触れるまで下ろすことを、ややゆっくりとした丁寧な動きで反動を使わずに行えば、体重が軽い人を除いて、50回もできる人はそういません。ゴリゴリのマッチョでも、20～30回で十分にオールアウトできます。

回数を多くこなすことは、目的ではありません。真の目的は、筋肉に強い刺激を与えて発達させることです。

回数はそのための手段。まずは1回1回をより厳しいものにすることを考え、その上で回数を増やすことに取り組みます。

浅いプッシュアップは、浅はかなプッシュアップ。「手段と目的の区別がつかず、目に見える形(回数)にとらわれている」のは、浅はかな思考です。そしてこの話は、皆さんが普段取り組んでいるバーベルやダンベルを使った筋ト

レの「挙上重量」にも当てはまります。

自重トレをマニアックに突き詰めた『みんなで筋肉体操』

自重トレにしても、バーベルを用いたウエイトトレにしても、目的は筋肥大の刺激であり、回数や重量は手段であるということです。そこを理解すると、筋トレの質がグッと変わると思います。

確かに「目標100kg!」「目標50回!」などは、成長度合いのわかりやすい指標です。それを目標とすることには、もちろん意義があります。しかしながら、あくまでもそれは手段であって目的ではありません。

NHKのテレビ番組『みんなで筋肉体操』のメニューづくりは、自重トレを整理して考え直してみるきっかけになりました。そのメニューに、テクニックとしては工夫したものをいろいろと入れ込みましたが、基本的な考えは、筋トレの王道である「いかにして筋肉に負荷をかけ、追い込むか」というベーシックなものです。

このような「キツい」方法を広く受け入れていただけたことは、喜ばしいことです。テレビや書籍は「ラクさ」や「夢のような効果」に走ることが多いのですが、実はそんなことをしなくてもよかったのかもしれませんね。

効果を得るための魔法のような方法はなく、やはりそれなりのことをしなければいけないということは、皆さんがどこかでわかっていたのだと思います。この番組では、それをできるだけ効率よく行う方法を考えました。王道スタイルでしっかり追い込めば、「筋肉は裏切らない」のです。

なお、この番組で紹介するメニューは、筋トレの中・上級者でも活用できるような、ハードな内容にしています。例えば、本項で紹介する腹筋・背筋は毎レップ、ピークコントラクションを使って目いっぱいの高さまで上げるので、筋力の高い人でも、やり方次第で十分に追い込むことができます。

自重トレ紹介：腹筋群・背筋群

前項では自重トレの基本として、腕立て伏せとスクワットの工夫を紹介しました。本項では腹筋・背筋の自重筋トレを紹介します。自重の腹筋・背筋は高回数で行われることの多い種目ですが、方法を工夫してしっかり丁寧に行えば、10回程度でも十分に効かせて追い込むことが可能です。

ここでは代表的な腹筋運動のクランチと、背筋運動のバックエクステンションを紹介します。『みんなで筋肉体操』でも紹介した種目です。動作のポイントを箇条書きで示していきます。

■ピークコントラクション&フルレンジ クランチ(図42)

・動作範囲を広げるため、また、動作の回転中心を誘導するために、腰の下に折りたたんだバスタオルを1～2枚敷く。丸めて置いてもよいが、面積が小さいと接触する部分が痛い。

・みぞおちから上を丸め上げるように、「できるだけ高く」上げる。

・同時にお尻も浮かせる。ここがポイント。体幹上部の前屈動作では腹直筋上部に、骨盤後傾動作では腹直筋下部に主に効くことから、お尻を上げれば上部だけでなく下部にも効く。また、お尻を上げないと、動作途中からインクラインベンチでのクランチのようになり、とてもラクになっ

Column

軽負荷で効かせられるのも「効率のよさ」の1つ

高重量を扱うことで、ケガのリスクも高まります。特に、関節は消耗品。単発のケガはしなかったとしても5年後、あるいは10年後に、関節の石灰化や骨棘形成といった、取り返しのつかない症状を呈することになりかねません。

僕の場合、例えば鎖骨の遠位端が骨棘で激しく飛び出ています(66ページ図12)。とんだ反面教師です。重いものを挙げるのは気持ちがいいので、重さにこだわってしまっていました。全日本学生ボディビル選手権2連覇(2005、06年)の佐々木卓君と筋トレするときは、無理して意地でも同じ重量で行っていたものです。後悔先に立たずとは、まさにこのこと。

短時間で効果を出すことも効率がよいのですが、より軽い負荷でしっかり筋肥大の刺激を加えられることもまた、効率のよさの1つだと思います。重さにこだわりたい人も、別の刺激を加えられるアレンジの1つとして、手幅の狭い背中ベタづけのベンチプレスのような方法を、メニューの一部にでもいいので取り入れてみてください。

てしまう。

・最後にキューッとおなかに力を込めて、可能な限り、上げ切る。このとき、「キュー」と口にするとよい。声を出すことで力を振り絞ることができるため、恥ずかしがらずに声に出してほしい。

・ゆっくり丁寧に下ろすが、下ろし切って休まないように。2秒で上げて2秒で下ろすくらいのテンポ。

・1回1回全力で、しっかり高く上げ切る。毎回「あと○回しかできない」という気持ちで行い、限られた回数のなかで全力を出し切る。

・10~15回程度でオールアウトするのが理想。回数を増やしすぎると、毎回の質が落ちてしまう。

・負荷調整：手の位置で調整できる。頭の後ろで組むと、負荷が上がる。

図42　ピークコントラクション&フルレンジ クランチ

みぞおちから上を丸め上げるように起こし、同時にお尻を浮かせる

手の位置で負荷調整ができる

首が痛む人はタオルを使う

・首が痛む人はタオルで頭部をサポートするとよい。

■ピークコントラクション&フルレンジスーパーマン（図43）

・基本的なテクニックはクランチと同じ。
・動作範囲を広げるために、おなかの下に折りたたんだバスタオルを1～2枚敷く。
・背中を反らせながら、手と足を「できるだけ高く」上げる。
・最後にキューッと背面に力を込めて、可能な限り、上げ切る。このとき「キュー」と言うとよい。声を出すことで力を振り絞ることができる。
・ゆっくり丁寧に下ろすが、下ろし切って休まないように。手足は床につかない。2秒で上げて2秒で下ろすくらいのテンポ。
・1回1回を全力で、しっかり高く上げ切る。毎回「あと○回しかできない」という気持ちで行い、限られた回数のなかで全力を出し切る。
・10～15回程度でオールアウトするのが理想。回数を増やしすぎると、毎回の質が落ちてしまう。
・負荷調整：手の位置で調整できる。脚のほうに下ろせば負荷が下がり、頭の位置や頭上に伸ばせば負荷が上がる。

図43 ピークコントラクション&フルレンジ スーパーマン
背中を反らせながら、手と足をできるだけ高く上げる

家でもできる自重スクワット

スクワットを自重で効かせる2つの解決法：動きの工夫・片脚で行う

80〜85ページでも自重スクワットの工夫について書きました。ここではさらに、別のバリエーションを考えてみましょう。

スクワットで鍛えるのは、体重を支える大きくて強い下半身の筋肉。バーベルなどで、大きな負荷をかけて行う手法が一般的です。しかし工夫次第で、自重でも十分に強い刺激を加えることができます。

自重のメリットは、ジムに行けないときに自宅や出先で行えること。また、部活の練習場所で行う補強にも活用できます。

重い重量を担がないため、腰痛のリスクをぐんと減らせる点もありがたいところです（筆者はこの理由で、自重を活用しています）。

解決法は大きく2つ。

1つは、ノンロック法など動きに工夫を加えること。もう1つは、単純に負荷を2倍にできる片脚で行う種目の活用です。

そしてもう1つ、とても重要なこと。自重だけでなく、バーベルを用いる場合にも共通することですが、フルレンジで行うことです。

スクワットは深くしゃがむほどキツくなります（モーメントアームの増大や筋肉の力と長さの関係などから）。また、筋肉はより伸ばされたポジションで負荷を受けるほど、筋肉痛を生じさせる損傷が起こりやすく（Nosakaら,2000）、それによる筋発達の刺激も受けやすくなります。

図44　バックランジ

バックランジは脚を横に出すことでフルボトムまでしゃがめる

種目1：バックランジをスケーター式にしてフルボトムで

片脚で行うスクワットとして、バックランジ（図44）がオススメです。上体を前傾しやすく、お尻を引きながらしゃがむことで、膝伸展の太ももと股関節伸展の大臀筋にしっかり負荷をかけられます。

ただし、バックランジは後ろに引いた脚の膝が地面に当たるので、深くしゃがめないのが難点。そこで、引く脚を外に開いてフルボトムまでしゃがむようにします。スケータースクワットといわれる方法を、フルボトムで行うわけです。

後ろにつく脚は、ボトムでバランスをとるために、地面に触れる程度にします。「しゃがみ切ったとき以外は地面につけず」に浮かせて、片脚だけでしゃがんで立ちます。

はだしで行う場合は、内くるぶしあたりが少し痛むことがあるので、床にタオルを敷いてください。靴を履いていれば、その問題はありません。

左右交互ではなく、片脚を連続で行います。ランジは左右交互に行われることが多く、それも1つのやり方ですが、オススメしません。左右交互に行うと、休み休みの動きになってしまうからです。これは、腕立て伏せとスクワットを1回ずつ交互に行うのと同じようなこと。そんなやり方はしませんよね？

これをできなくなるまで反復します。さらに、そこから膝を押して補助しながら、もう数回繰り返してもよいでしょう。セルフでフォーストレップを行うわけです。

自重なら片脚ずつ10〜20回＋フォーストレップで3〜5回といったところでしょうか（YouTube【みんなで筋肉体操】スクワット2参照）。

種目2：サイドランジもフルボトム軸脚のつま先は上に向ける

サイドランジ（図45）もオススメです。脚を外に振る股関節外転の負荷が強くなるので、お尻の外側の中臀筋と大臀筋の上部により効く種目になります。サッカーやバスケットボールなど、横方向の切り返しが重要となる競技に適した補強種目といえます。

サイドランジもフルボトムで行います。浅いサイドランジでは、ふかわりょうですよ。（わからない人は「ふかわ

図45　サイドランジ
サイドランジもフルレンジで。軸脚のつま先は上に向ける

りょう」「ネタ」でググってください)。

これも上体を立てて膝を前に突き出さずに、前傾してお尻を引きながらしゃがみます。膝を押して補助するフォーストレップは、この種目でも使えます。

気をつけてほしいのは、軸脚のつま先の向きです。つま先を上に向けながら(股関節外旋)しゃがみます。たいていの筋トレ教本には「つま先は正面に向けるように」とありますが、これでは軸脚の膝の内側側副靱帯への負荷が過大になります。膝の内側が痛いのです。

スクワットだけでは実は十分ではない:ハムストリングには効きにくい

スクワットは下半身全体を鍛えるとてもよい種目ですが、太もも裏のハムストリングへの刺激は大きくありません。スクワットだけでは不十分なところがあるのです。股関節伸展動作によってハムストリングも多少使われるのですが、膝伸展も同時に行うため、膝屈曲筋であるハムストリングの活動は大きくありません。

バーベルを用いたトレーニングを行う場合は、スクワット(大腿四頭筋・大臀筋)に加えてルーマニアンデッドリフト(ハムストリング・大臀筋)を行うことで、下半身全体を鍛えることができます。

自重の場合のハムストリングの種目としては、ノルディックハムとヒップリフトがオススメです。

Column

「女(男)は裏切るけど筋肉は裏切らない」なんてことはありません

『みんなで筋肉体操』の締めのセリフ「筋肉は裏切らない」にちなんで、「女(男)は裏切るけど筋肉は裏切らない」なんて言われることがありますが、それは違うと思います。どちらも自分がしたことに正直に応えてくれますから。人のせいにしてはいけません。

筋トレは個人で行うことであるためか、筋トレに打ち込むことで、ともすると「自分は正しい、相手が悪い」という独善的な考え方に陥りかねません。筋肉と向き合える人は、相手の気持ちとも素直に向き合えるモテる人になってほしいと思います。

タイトルのセリフを「だから俺は筋肉もついてるし、異性にもモテちゃうんだな。筋肉も女(男)も裏切らない!」に変えてほしいですね。

種目3：ノルディックハムはできるだけ腕を使わない

ジムで行うハムストリングの代表種目としてレッグカールがありますが、これを自重で行うのがノルディックハム(図46)です。実施する際にはパートナーが必要なのが難点ですが、部活で行う補強としては取り入れやすい種目といえます。

自重トレは負荷が足りないのが通常ですが、この種目は逆に負荷が大きすぎる種目。ものすごくハムストリングが強い人でなければ、腕の補助なしではできません。めちゃくちゃキツいです。

膝立ちの姿勢から、できるだけ膝を曲げる力だけで耐えながら、ゆっくり前に倒れていきます。耐え切れない分は手をついて着地します。このとき、できるだけ腕の力に頼らずに、膝を曲げる力だけで耐えるようにします。

戻るときは膝屈曲の力だけでは上げられないので、腕で地面を押して補助しながら起き上がります。同様に、できるだけ膝を曲げる力だけで上げるようにします。

なお、この種目は、上げるときは強く腕で押し切って戻り、「下ろす動作だけ」で行うこともあります（エキセントリックオンリー）。ハムストリングが伸ばされる（エキセントリック）局面で肉離れをすることが多いので、その予防のトレーニングという狙いがあるようです。とてもキツいので、この種目を行うことでハムストリングが肉離れしそうに感じてしまいますが…。

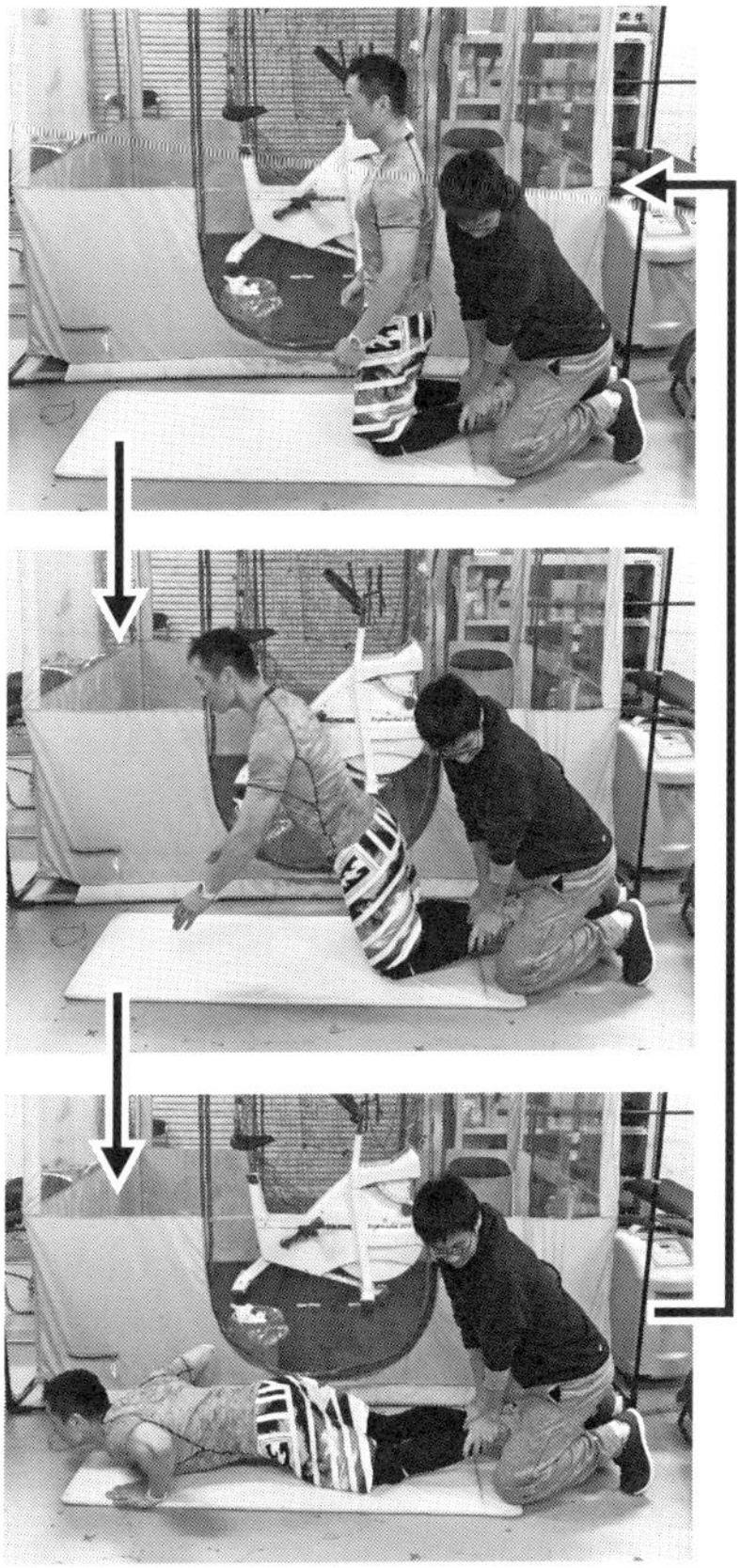

図46　ノルディックハム

スクワットに足りないハムストリングを集中的に鍛えるノルディックハム。できるだけハムの力だけで動作するように

デクラインシットアップは偉大だ

シットアップベンチ愛を語る

腹筋が4段に横割れしている理由と筋膜の関係

腹筋の筋トレを語る前に、まずは腹直筋の8つに割れた特殊な構造について整理しておきましょう。腹直筋は、縦に4段に割れた「多腹筋」が横に2つ並んだ構造をしています(図47)。このおかげでカッコよく割れた形ができるのですが、この特殊な形にはもちろん意味があります。

筋肉が両端で骨と付着する部分を「起始・停止」といいます。体の中心側が「起始」、先端側が「停止」です。腹直筋の場合は、肋骨の下側(停止)と骨盤の前側(起始)をつないでいます。この2ヵ所(起始・停止)を引き寄せ合うことで、背骨が前に曲がります。

図47　腹直筋の一般的な起始・停止部と筋膜を介した連続的な起始・停止

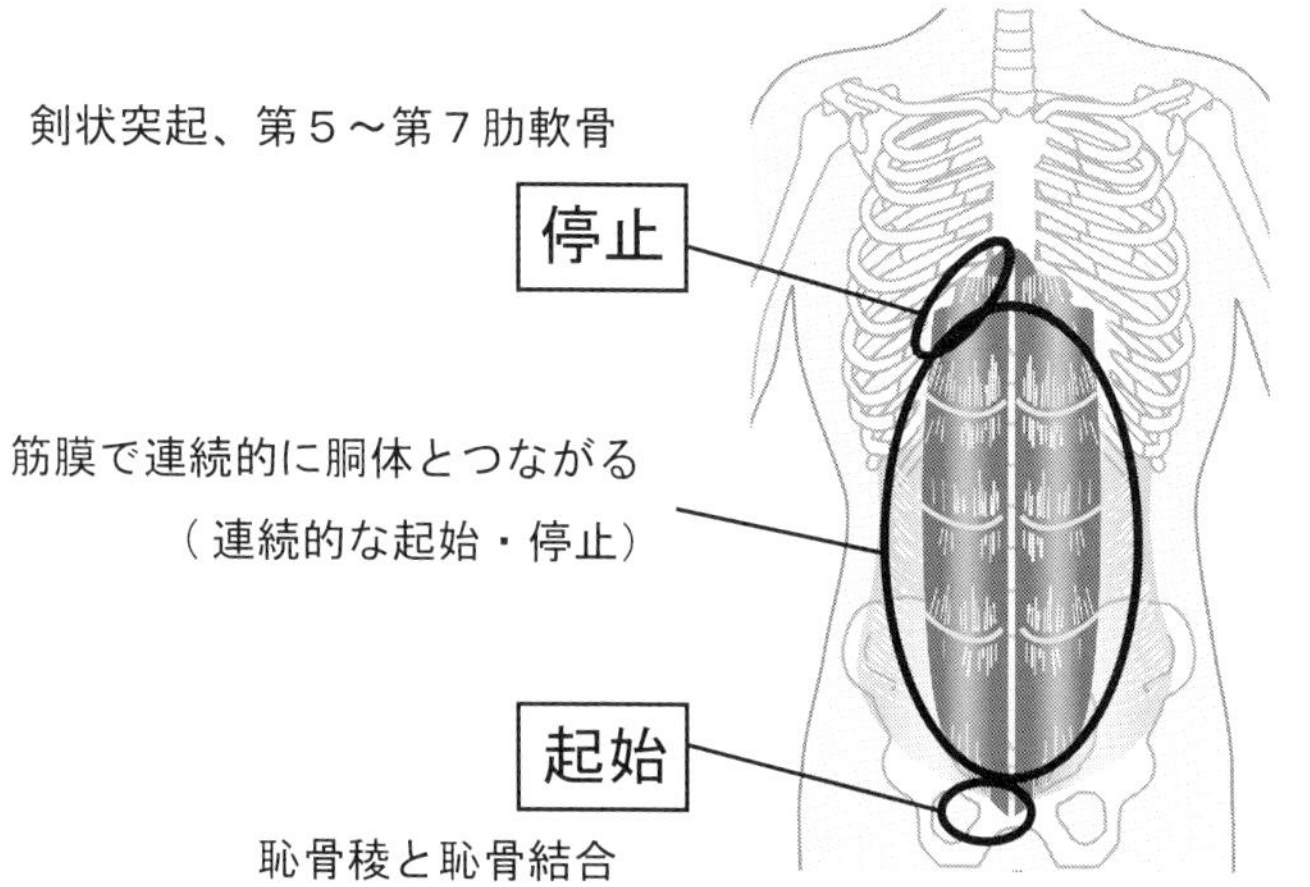

ただ、これだけでは背骨の上のほう、下のほうと動かし分けることができません。それを可能にしているのが、縦に4段に分かれた構造と、筋膜による胴体とのつながりと考えられます。

クランチのような背骨の上のほう(胸椎)を前に曲げる動きでは腹筋の上部が、レッグレイズのような背骨の下のほう(腰椎および一番下の腰椎と一体化する骨盤)を曲げる動きでは腹筋の下部が主に使われます。このことは感覚的にもよく知られていますよね。筋電図を用いた研究でも確かめられています。

図48　腹直筋の短縮部位と背骨の動きとの関係の模式図

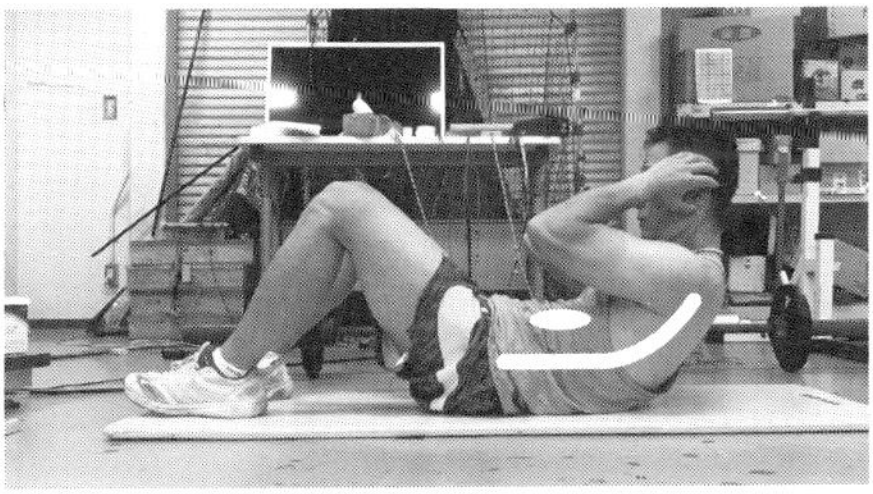

体幹上部屈曲→腹直筋上部短縮

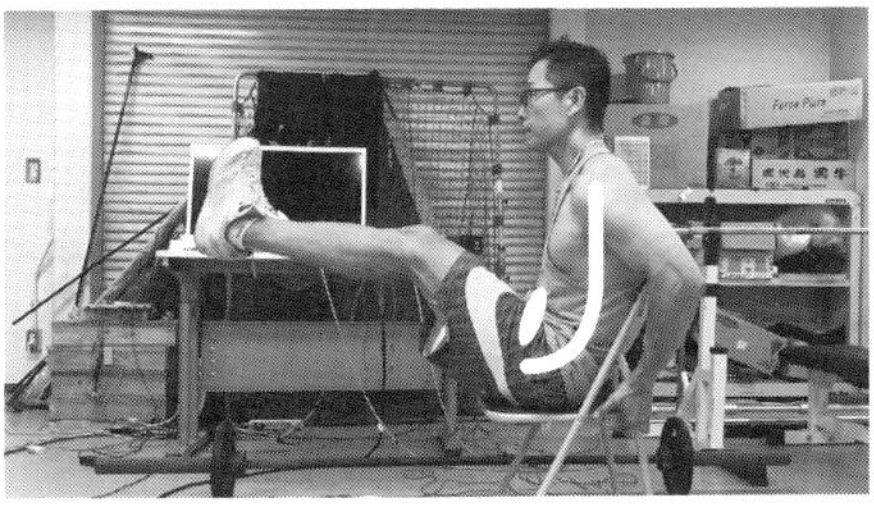

体幹下部屈曲→腹直筋下部短縮

これは、腹直筋は骨に付着する起始・停止だけでなく、筋膜で胴体部分ともつながっているからです。腹直筋の上の段が短縮すれば、筋膜を通して背骨のそのあたりが曲がります。下の段が短縮すれば、同じくそのあたりが屈曲します(図48)。

背面の脊柱起立筋は、背骨との付着部の起始・停止が細かく分かれていて、動かす部位を制御できます。前面の腹直筋は、背骨との間に臓器があるのでそれができません。そこで縦に4段に分けて、筋膜を介して動かす部位を変える構造で対応しているのでしょう。

なお、左右に2段に割れているのは、横に曲げる側屈方向の動きに関わると考えられます。

上部はクランチ・下部はレッグレイズが一般的

腹直筋の主に上部を狙ってクランチを、主に下部を狙ってレッグレイズを、と種目を変えて部位を鍛え分ける方法がよく行われます。これも1つの戦略ですが、体幹を上か

図49　腹筋の下部にも効くニーアップクランチ

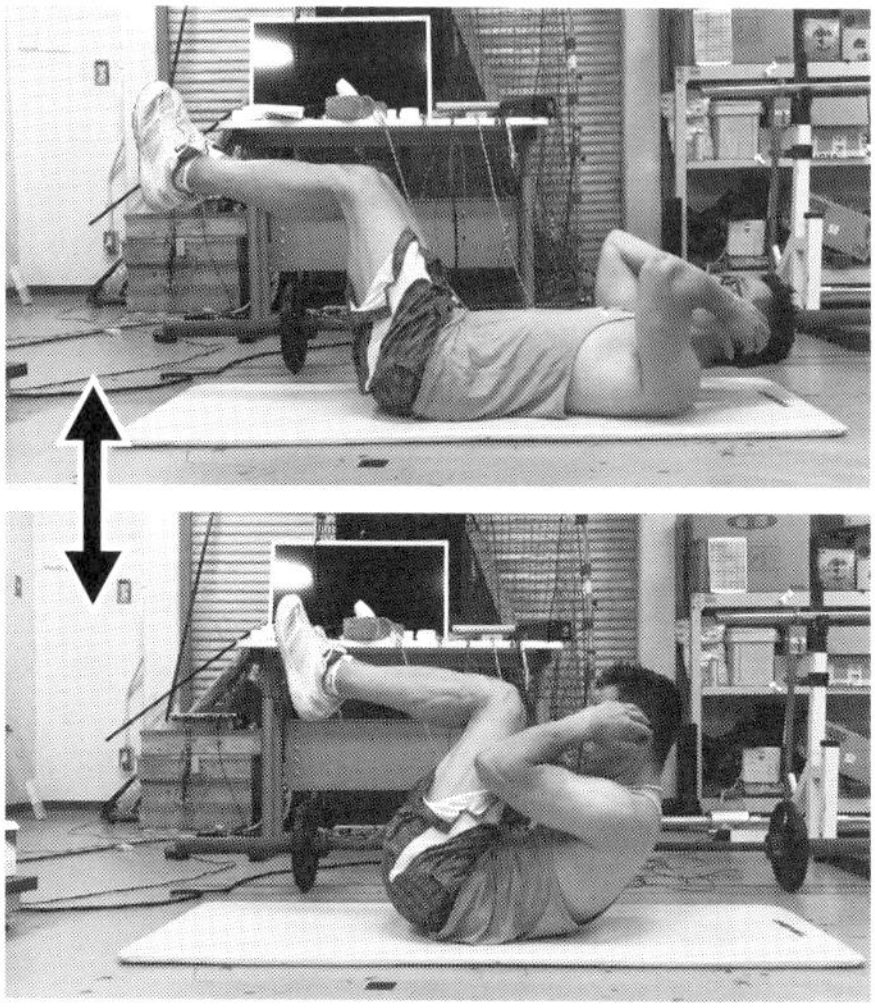

ら下まで屈曲させれば、1種目で腹直筋を上部から下部まで同時に鍛えることも可能です。

時短の意味で、僕は上から下まで一度に鍛えられる方法が好きです。オススメの方法の1つが、ニーアップクランチです（図49）。

通常のクランチは体幹の上部を屈曲させるだけですが、そこに骨盤を丸め上げて腰椎も屈曲させる動きを追加します。クランチの動きで上部に効かせつつ、膝を引き寄せる動きを追加して行うことで、腰が丸まってお尻が上がるので下部にも効きます。上側をできる限り高く丸め上げるだけでなく、膝もしっかり引き寄せるようにします。

膝を引き寄せれば、腰椎は自然に屈曲しますが、「お尻もしっかり上げて骨盤を丸め上げること」を意識すると、より下部側に強い刺激を与えられます。

動きのテンポや動き方はいろいろなアレンジがあります。2秒上げ・2秒下ろしで、頭を下ろし切らずにノンロックで10回程度行ったり、1秒1回くらいでリズミカルに15回を、5秒程度のショートインターバルで2~3セット繰り返したり、といった方法など試してみてください。

フォームの工夫としては、腰の下に厚手のタオルを置いたり、みぞおちより上をベンチ台から出したりして行う方法もよいと思います（図50）。背中が反って、より体幹を伸展したところから動作できて動作範囲が広がります。アブベンチの背もたれの工夫と同じ考えですね。

クランチは気持ちの強さが試される

クランチ系の種目全般にいえることですが、「上げ切る高さ」が発揮している力に依存するので、「強度が自分の努力次第になる」という特性があります。同じ10回でも、やり方次第で強度が変わるのです。

手を抜いてあまり上げ切らなければ何回でもできますし、毎回全力で可能な限り上げ切れば、そんなに回数は行えません。追い込める度合いが「自分の気持ちの強さ次第」というところが、徒手抵抗トレーニングと少し似ています。

行い方としては、できなくなるまで回数を行うというよりも（通常の筋トレ種目はそうしますが）、決めた回数を1回目から毎回全力で上げ切る、という方法がよいでしょう。本気で毎回目いっぱいで行えば、10～15回でも腹筋がつるほどの刺激が加えられます。

ペース配分は禁止です。1回1回を毎回本気で上げ切って、腹筋崩壊太郎させてください。ヤー！

図50
ストレッチポジションの動作範囲を広げる工夫

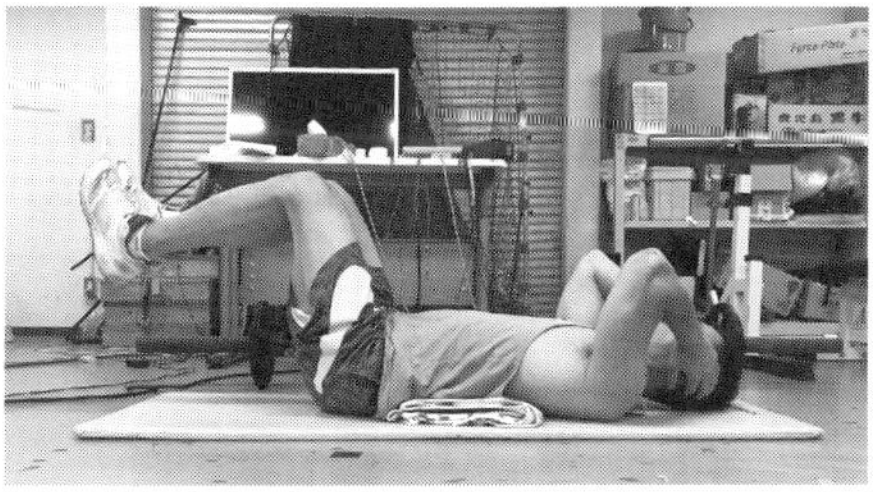

●腰部にタオルを置く

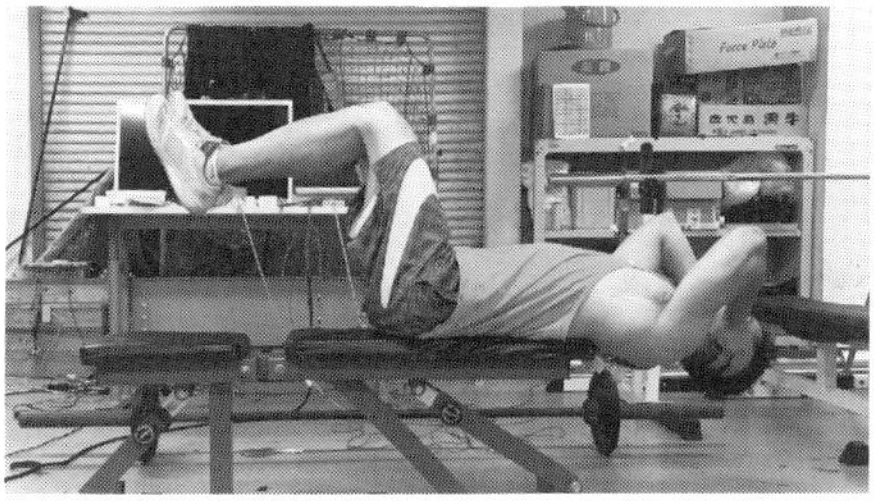

●みぞおちより上をベンチから出す

腹筋運動で敬遠されがちなシットアップだが

腰を痛めやすい、腹直筋に負荷が集中しない、といった理由から敬遠されがちなシットアップですが、工夫すれば腹筋上部から下部まで、また脚を振り出す腸腰筋までをしっかり鍛えられる有能な種目になります。

腰が反った姿勢（腰椎前弯）で腸腰筋が強い力を発揮すると、腰椎への負担が過大になるとされます。これは膝を上げた姿勢で（床では膝を曲げると膝は上がる）行うことで、負担を軽減できます。スタート姿勢での腰の反りを軽減できます。シットアップで脚を伸ばすな、と言われるのはこのためです。

腹直筋に負荷が集中しないのは、床で行う方法では、上

図51　デクラインベンチシットアップ

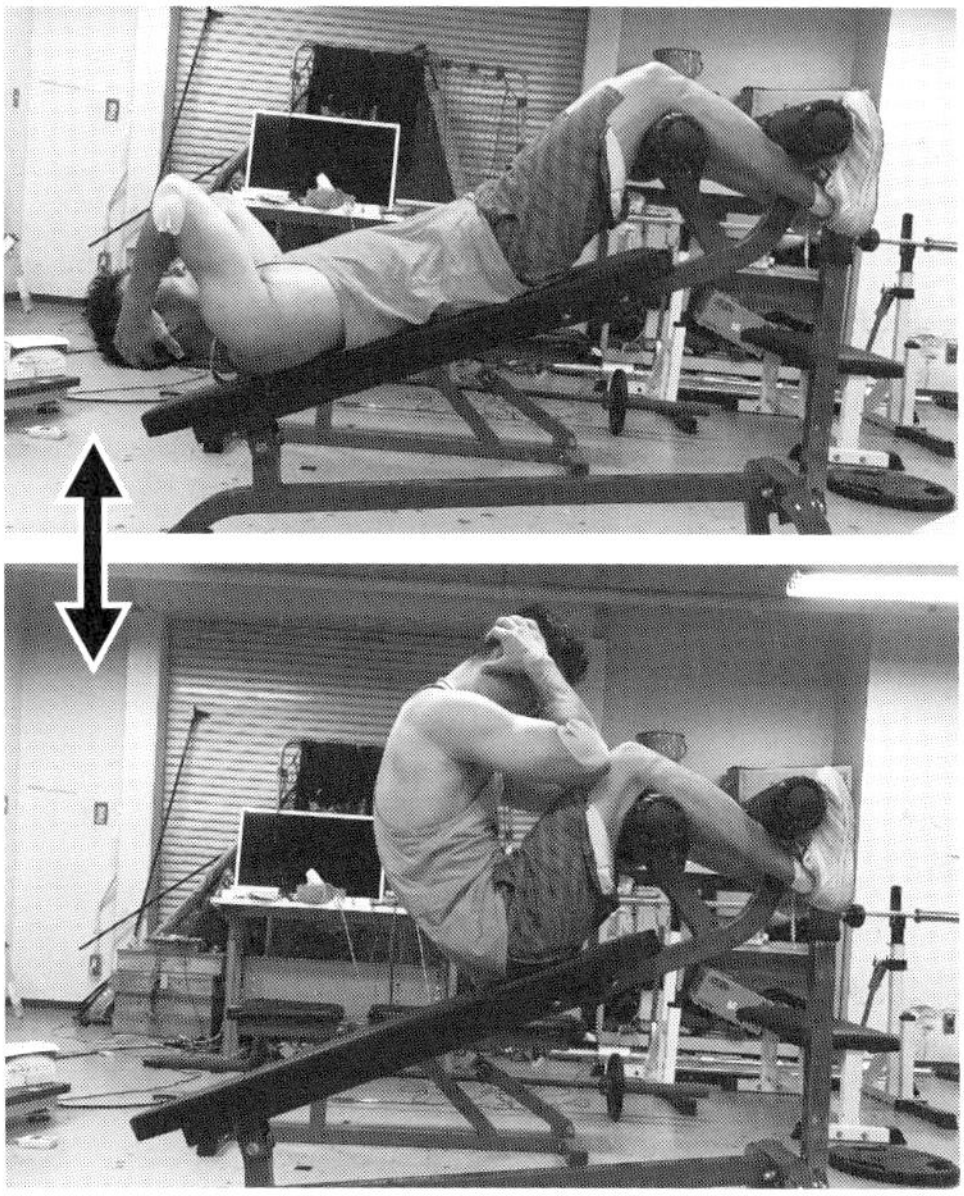

体の体重負荷が腹直筋にかかり続けないからです。序盤は腹直筋上部、途中から下部と腸腰筋に主に負荷がかかり、動作終盤はどの部位も負荷がほぼ抜けます。腹筋にも腸腰筋にも、休み休みの運動になるのです。

また、負荷の大きさ自体も不十分です。これではなかなか腹筋を追い込めません。毎日200回やってるぜ！と〝言いたい〟場合には向いていますけどね…。

デクラインベンチシットアップは偉大だ！

解決法は、デクラインベンチを使うこと(図51)。ちゃんとしたベンチなら、膝は上げた位置のフォームになるようになっています。

やってみるとわかりますが、傾斜をつけて行えば、動作開始から終了まで、腹直筋や腸腰筋に負荷がかかり続けます。傾斜によって負荷が上がるというだけではなく、負荷が抜けないのが大きなメリットといえます。傾斜角が大きいほど、上げ切ったトップで負荷が抜けなくなります。

30〜40度の強い傾斜をつければ、反動で勢いをつけずに10回できる人はそうはいません(実際の角度よりも体感する傾斜は大きく感じます。30度はかなりの傾斜角ですよ)。10〜15回くらいで追い込める高さに傾斜を調整して行うとよいでしょう。

また、シットアップは上げ切る位置が明確ですので、クランチのように運動強度が自分依存になりません。自分に甘えるも何も、上げ切らないことには1回になりませんからね。

こちらは決めた回数を毎回高く上げ切るのではなく、上がらなくなるまで繰り返してください。

そのプレートはなんのため？

デクラインベンチシットアップは十分に負荷が大きいので、プレートを追加する必要があるほど強い人は少ないと思います。プレートを持つとその分、傾斜角を下げることになり、トップでの負荷が抜けやすくなってしまいます。

目いっぱい傾斜を上げても、負荷を追加しなければ足りないほど強い場合はもちろんよいのですが、時々「プレートを持って負荷をかけることが目的」になっている人を見かけることもあります。

手に持ったプレートを振る勢いを使って上げるやり方です。プレートで負荷を足しているように見えて、実際はプレートの勢いを助けにして、腹筋群への負荷を減らして（！）います。これでは何がしたいのかわかりませんね（プレートを持ってやりたい、が答えですが）（図52）。

図52　プレートを使うことが目的になったシットアップ

下ろす局面で強い負荷を与えるという目的（耐えながら下ろす局面のほうが、上げるよりも筋力が強い）で行っている、というのならまだわか

図53　下ろす局面に強い負荷をかけるための
プレートシットアップ

ります。それならプレートを振り回して勢いはつけずに、胸か腹の位置にプレートを持って上げ、頭の位置にプレートを持って下げるとよいでしょう(図53)。

意外と置いていないシットアップベンチ

デクラインシットアップはとても有能な種目ですが、専用のベンチを置いてない施設は意外と多かったりします。かつては市民体育館や高校のトレーニングルームなどにはたいてい置いてあったものですが…。図54のようなバーにかけて傾斜を変えるベンチに見覚えがあるでしょうか?

シットアップが腰を痛めやすいこと、動作の後半から負荷が抜けて筋トレ効果が著しく下がること、などからクランチに取って代わられるようになり、置いてある施設が減っていったように感じます。現在はクランチ系のマシンが主流になりました。

図54　デクライン
シットアップベンチ
以前はどの体育館
にも置いてあった

腰椎への負担は、前述のように膝を上げて股関節を屈曲させた姿勢で行うことでリスクを軽減できます。負荷が抜ける問題は、シットアップベンチで傾斜をつければ解決できますから、どこのジムにも置いてほしいのですけどね。ジム経営関係の方はぜひご検討ください。傾斜をつけたシットアップには、クランチにはないメリットがあります。

なお、クランチ系のマシンで行う方法でも、最後にお辞儀の動き(腰部屈曲と股関節屈曲)で腹直筋下部から腸腰筋にかけて負荷をかけることはできます(図55)。

ただし、そのポジションでは上体の体重が動作を補助する方向にかかってしまうので、負荷がかなり減ってしまいます。傾斜をつけたシットアップの代用にはなりません。

家庭用シットアップベンチの利用

ジムにシットアップベンチがない場合は、家庭用のシットアップベンチを購入するのも1つの選択肢になります。いつでもできますしね。1万円以下と割に安価で、体幹の伸展稼働範囲を広くできる「上に凸のRのついた」ものもあります。下ろしたときに背中を反らせた状態にできるのです。これはいい工夫ですね。

ただし、サイズが不十分で、下ろし切ると頭が床についてしまうものなど、十分なつくりとはいい難い製品も多くあります。足を固定する膝の位置が低く、股関節を伸展した腰を痛めやすいとされる姿勢になってしまうもの（図56下）もあります。

家庭用でお探しの場合は、このあたりに留意の上、お探しいただければと思います。背もたれの長さ、膝の位置を確認してください。

なお、「シットアップで膝を曲げる」のは、膝を上げて股関節を屈曲させるためです。寝転んで膝を曲げると結果的に股関節は屈曲することになります。膝を曲げるかどうかは重要ではありません。

家庭用のシットアップベンチで、股関節があまり屈曲しない製品があるのは、「シットアップで膝を曲げる」ことに意識が向いているからかもしれません（図56参照）。

図55
クランチ系マシンでのシットアップ
クランチマシンでもシットアップのような動きはできるが、上体の重みで負荷が抜けてしまう

図56
シットアップベンチの選び方
家庭用シットアップベンチを選ぶときは、膝を上げて股関節を屈曲させているマシンを選ぼう（上図）。下図は膝が曲がっているだけで股関節が屈曲していないマシン

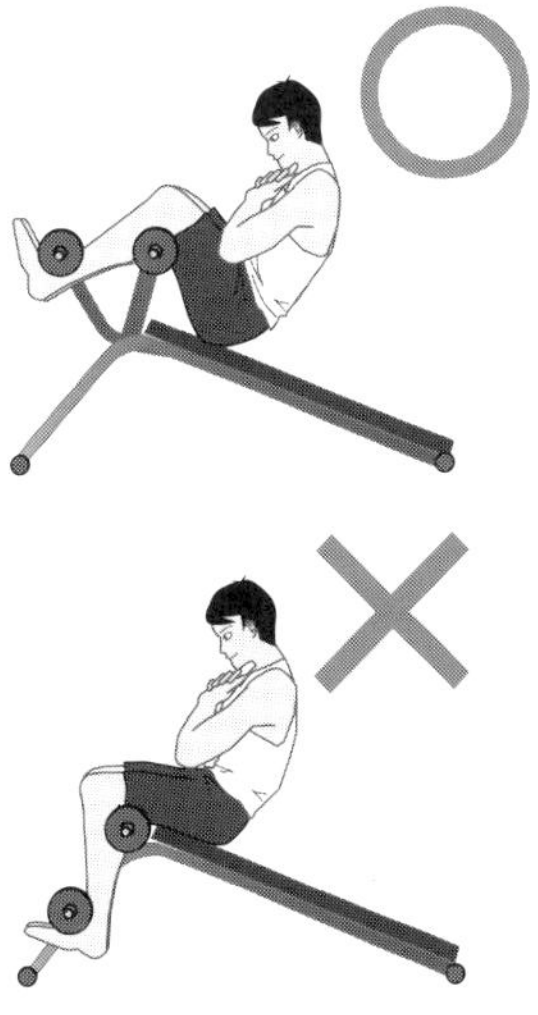

プランクよりも普通に腹筋・背筋で強化

腹直筋の上から下までをいっぺんに鍛える！

前項でも触れましたが、腹筋群は筋膜で体幹とつながっているため、背骨の動かす位置によって主に使われる筋肉の部位が変わります。背骨の上のほうを前に丸めると腹筋の上部、下のほうを前に丸めると（胴体側から見ると骨盤を丸める動き）、腹筋の下部が主に使われます。

クランチで上部狙い、レッグレイズで下部狙い、というのは解剖学的に正しいわけです。これも腹直筋全体を鍛える1つの戦略ですが、2種目行うのはちょっと面倒ですね。体幹を上から下まで屈曲させれば、1種目で腹直筋を上部から下部まで同時に鍛えることも可能です。

前項で、その方法としてニーアップクランチを紹介しました（124ページ）。体幹を上部屈曲するクランチに併せて下部屈曲（骨盤を丸め上げる）も行う方法です。

これはどちらかというと上部に効かせる動きがメインになるので、本項では下部がメインとなり腹直筋全体に効く方法を紹介します。ハンギングで行うレッグレイズを、体幹上部も屈曲させて上げ切るフルレンジレッグレイズという方法です。

ハンギングフルレンジレッグレイズ

ハンギングレッグレイズ（図57）は、フルレンジで上げ切れば上部から下部までいっぺんに鍛えられ、かつ負荷も大きくできる有能な種目です。

図57　ハンギングフルレンジレッグレイズ

ボトムでは股関節を少し屈曲し、その分しっかり腰椎を前弯させる。トップではできる限り足を上げる。バーにつくところまで上げたいが、勢いはつけずに

一般的にはボトムでは足をまっすぐに下ろし切りますが、そうすると負荷が抜けてしまいます。ボトムでは股関節を屈曲して、その分より腰を反らせる（腰椎前弯）とよいでしょう。ボトムでも腹直筋の下部、腸腰筋の負荷があまり抜けず、体幹屈曲伸展の稼働範囲も広がります。トップでは、体幹上部も丸めて足を上げられるところまで上げ切りましょう。

鉄棒に足がつくまでを「反動なし」で10～15回できれば、かなり強いといえます。反動を使うとかなりラクですからね。ストリクトフォームのつもりでも速度が速いと、後半のキツいところを減速しながら慣性で上げてしまうので、ごまかせてしまいます。少しゆっくりめの動きで上げ下げしてください。

それでも15回以上余裕でできる人は、メディシンボールなどを足に挟んで行うとよいでしょう。逆にキツくて上がらない場合は、膝を曲げて行ってください。膝の曲げ具合で負荷を調整できます。

また、股関節屈曲も伴うので腸腰筋にもしっか

りと負荷がかかります。ただし、腸腰筋の負荷は脚の重りだけになるので、腹筋群に比べると小さめです。腸腰筋をメインターゲットにしたい場合は、重たい上半身が負荷となるシットアップ（デクラインベンチが圧倒的にオススメ：122～129ページ参照）が適しています。

背筋群の定番・ローマンチェアの3つの使い分け

腹筋群に続いては、背筋群の種目を見ていきましょう。背筋運動の定番といえば、ローマンチェアを使ったバックエクステンションでしょう。

この動きは腹筋のシットアップの裏返しになりますので、シットアップが腹筋群（体幹屈曲：背中を前に曲げる）と腸腰筋（股関節屈曲：脚を前に振り出す）の種目になるのと同様に、脊柱起立筋（体幹伸展：背中を反らす）と大臀筋・ハムストリング（股関節伸展：脚を後ろに振り出す）に刺激が加わることになります。

したがって、①脊柱起立筋に主に負荷をかけたいか、②大臀筋・ハムストリングに主に負荷をかけたいか、③全般的に負荷をかけたいか、で少しずつフォームが変わってきます。

一般的に、バックエクステンションは背筋群の種目、という認識が強いかもしれませんが、大臀筋・ハムストリングも使います。やり方によっては、むしろ大臀筋・ハムストリングがメインターゲットにもなります。

使い分け①：脊柱起立筋メイン（図58）

パッドを高めにセットして骨盤の上端あたりに当てて、股関節が動かないようにして行います。そのポジションでできるだけ大きく背中を丸めながら下げ、反らしながら上げます。股関節伸展の大臀筋・ハムストリングにも負荷はかかりますが、動きを伴わない（アイソメトリック）ので筋トレの刺激は小さくなります。

背中を丸めて反らす動きだけで上体を上げ下げすることを意識しましょう。これで脊柱起立筋をメインターゲットにできます。

反動は使わず丁寧に。上げるときは「キュー」と声に出して、ピークコントラクションで高く上げ切ります。脊柱起立筋を短縮させ切るイメージで上げ切ってください。

図58　脊柱起立筋メインのバックエクステンション

パッドを骨盤に当てて体幹を丸めて、反らす動きで上げ下げする

図59　大臀筋・ハムストリングメインのバックエクステンション

背中を反らせたボトムポジションから股関節動作で上げ下げする

図60　背面全体に効かせるバックエクステンション

股関節、体幹の両方の動きを存分に使って上げ下げする

これは以下の2つの方法にも当てはまります。大臀筋・ハムストリングメインの場合は大臀筋・ハムストリングを短縮させ切るイメージで、両方ターゲットの場合は背面全体を短縮させ切るイメージで「キュー」してください。

使い分け②：大臀筋・ハムストリングメイン（133ページ図59）

パッドを低めにセットして大腿部に当てて、股関節の動きをフリーにして行います。逆に背すじはまっすぐ伸ばしてキープし、体幹の曲げ伸ばしをせずに、股関節動作のみで上体を上げ下げします。

ボトムで背中をしっかり反らせて、その分骨盤を強く前傾させることを意識してください。ボトムでは背中を丸める体幹の動きで、股関節動作を代償してしまいがち（使い分け③に近い動きになる）なので注意です。

体幹伸展筋の脊柱起立筋にも負荷はかかりますが、動きを伴わない（アイソメトリック）ので筋トレの刺激は小さくなります。

股関節動作のみで上体を上げ下げすることを意識しましょう。これで大臀筋・ハムストリングをメインターゲットにできます。

使い分け③：脊柱起立筋と大臀筋・ハムストリング両方（133ページ図60）

パッドを大腿部に当てるのは、使い分け②と同じです。使い分け②では関節動作を股関節に限定しましたが、ここでは股関節動作に併せて背中を丸めて反らす体幹動作も同時に行います。

これによって股関節伸展、体幹伸展ともに大きな力学的仕事をすることになります。脊柱起立筋、大臀筋・ハムストリングの両方に刺激が加わる方法です。

ルーマニアンデッドリフトやスティッフレッグドデッドリフトと、負荷のかかり方、動き方ともに似た動きになります（デッドリフトはボトムで負荷大・トップで負荷小、バックエクステンションはトップで負荷大・ボトムで負荷小、という点が異なります）。その人の部位ごとの筋力により、脊柱起立筋か大臀筋・ハムストリングのどちらか弱いほうが限界まで追い込まれることになります。

なお、ルーマニアンデッドリフトもスティッフレッグドデッドリフトも、上記の使い分け3パターンと同じことができます。一般的にはできるだけ大きな稼働範囲で動作する③のやり方で行われますが、①や②のやり方もできますので試してみてください。

バックエクステンションでの荷重のかけ方

シットアップやクランチにも当てはまる話ですが、背骨まわりに負荷のかかる種目は、負荷が過大にならないように配慮する必要性が高くなります。神経根の出口部分のある椎間板周辺はとてもデリケートな部位だからです。

そのため、プレートなどで荷重をかけずに行うことが一般的です。デクラインベンチシットアップやデクラインベンチクランチは負荷を追加しなくても、重力の方向から自重でも十分に強い負荷がかかります。ローマンチェアのバックエクステンションも同様に、姿勢の向きとして体重負荷が股関節・腰背部から水平方向に遠くなるため、負荷の強くかかる姿勢で行える角度に設計されています。

ですから、まずは自重で反動を使わず丁寧に、しっかり大きな稼働範囲で行ってみてください。ピークコントラクションもしっかり使って、より高く上げること。下ろす動作をじっくりと行って、しっかりと落下のエネルギーを筋肉で受け止めることを重視しましょう。そうすれば自体重でも十分に強い刺激を筋肉に与えられます。

それでも負荷が足りない場合は、プレートなどを使って加重してください。間違っても、「より重い重量を持とう」ということを、目的にしないでください。プレートで振り回す勢いをつければ、むしろ自重よりもラクに回数をこなせます。ケガのリスクばかり上がって本末転倒ですね。

脊柱起立筋を中心に背面全体を鍛える種目

ローマンチェアを使ったバックエクステンションは、体幹伸展筋の脊柱起立筋、股関節伸展筋の大臀筋・ハムストリングを鍛えられるとてもよい種目です。しかし、当たり前ですがローマンチェアがなければできません。

代替法としては、ベンチにうつぶせになりパートナーに足を押さえてもらって行う方法があります。この場合も3つの方法は同じになります。体幹動作だけ、股関節動作だ

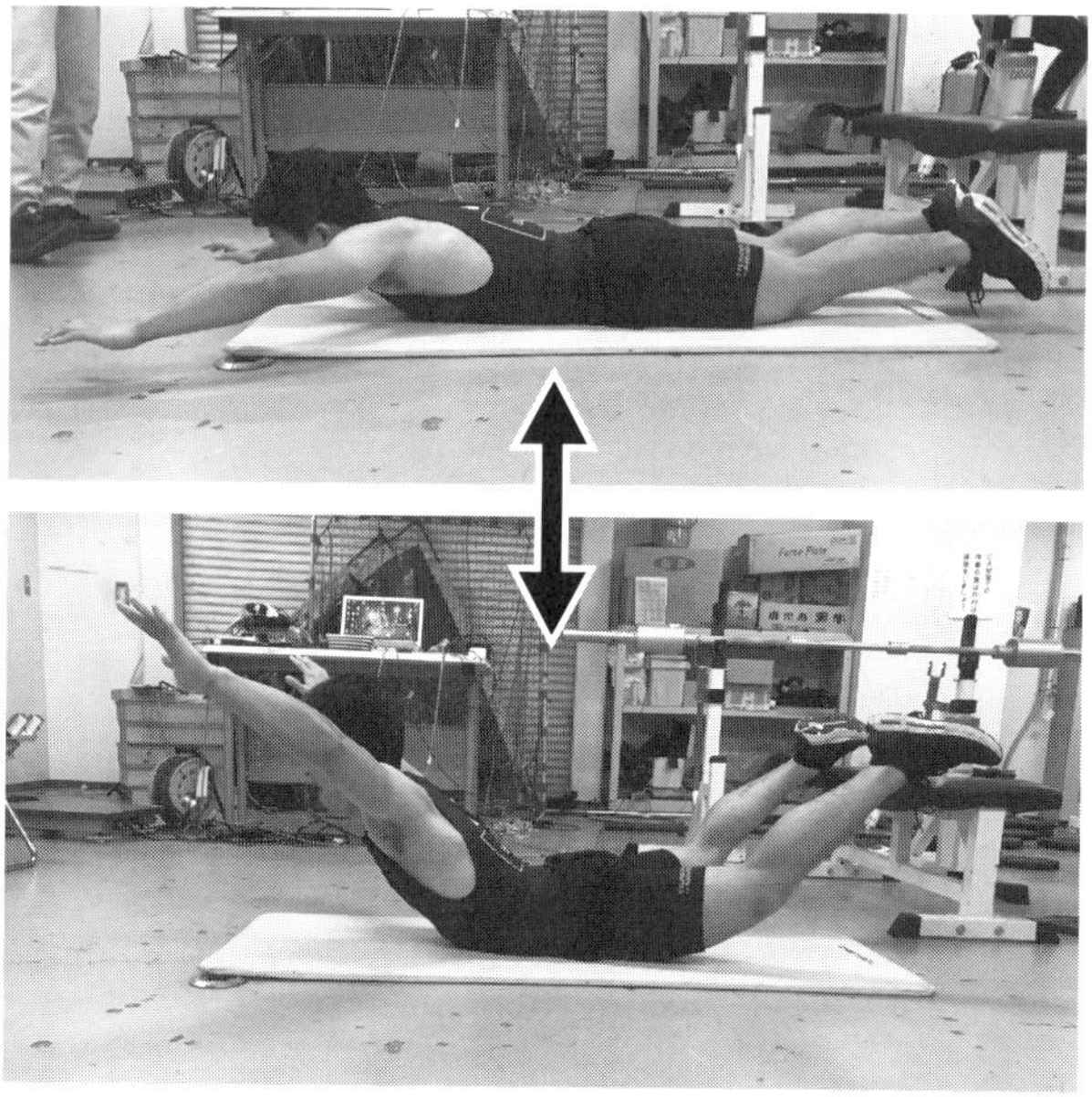

図61　スーパーマンフライ
手を外に開いて上げることで肩甲骨が寄り、背中も反りやすくなる

け、両方と、3パターンを意識して行うとよいでしょう。

この方法はある程度ローマンチェアのバックエクステンションの代替になります。ただし、行う角度が変わること、高さに制限があることから、ボトムの負荷が小さくなり、動作範囲も少し小さくなる点で、やはりローマンチェアにはかないません（というか、そこがローマンチェアの優れたところです）。

また、パートナーもローマンチェアやベンチもない場合は、スーパーマンフライ、ペンギンフライがオススメです。動作範囲が小さくなるのが難点ですが、広背筋や僧帽筋なども含めて背面全体を鍛えられるのがメリットです。

■スーパーマンフライ（図61）

うつぶせで両手を前に広げてバックエクステンションを行います。足も上げて大臀筋・ハムストリングにも効かせます。

手はまっすぐ前にではなく、外に開いて肘から上げるようにします。これによって肩甲骨が内側に寄る（内転）ので、僧帽筋の中・下部によく効きます。広背筋の動作範囲も広がります。また、肩甲骨内転は胸椎の伸展と連動するので、背中がより反りやすくなります。

■ペンギンフライ（図62）

スーパーマンフライの手を、足のほうに下ろして行います。足も同じくしっかり上げます。

ポイントは腕の上げ方。手を高く上げるのですが、腕を外にひねって手のひらを外に向けながら上げます。肩関節の外旋という動きですが、この動きも肩甲骨を強く内側に寄りやすくします（内転）。

２種目とも、完全に下ろし切らずに丁寧な動きで10〜15回、「完全に上げ切る」方法がオススメです。15秒間リズミカルに、を5秒間の休憩をはさんで3セット繰り返すというやり方もかなり効きます。いろいろアレンジして試してみてください。

筋肉が短縮し切るときに強い負荷がかかる種目なので、ピークコントラクションに向いています。筋肉に力を込めて上げ切ったところで一瞬止めましょう。このとき「キュー」と声に出すと、ピークコントラクションがしやすくなります。さらに高く上がり切れるでしょう。速い動きのときは「キュッ」と言ってください。

図62 ペンギンフライ
手のひらを外に向けて上げることで肩甲骨が寄り、背中も反りやすくなる

公園に行こう！鉄棒を使おう！

家での自重トレでは鍛えにくいロウイング種目

家では行いにくいロウイング種

例えば、腕立て伏せは胸がつくまで(※10)しっかり下ろし、腰を落としてごまかさずに行えば、20回、30回できる人はそういません。ベンチプレスを体重の1・5倍でセットを組む人のレベルでも、肘を伸ばし切らずにハイスピードで行う方法なら、30秒あればなんとかオールアウトできます。

自重トレは必ずしも「負荷の軽い初級者向けの方法」とは限らないのです。クランチも毎回上げられる限り高く上げ切り、力を抜かず丁寧に下ろせば、上級者でも10～15回でしっかりオールアウトできます。前回紹介したスクワットなら、片脚でフルボトムまで下ろせば、かなりの負荷になります。

ただし、やり方次第でそれなりの負荷がかけられる自重トレですが、負荷をかけられる方向が限られるため、できる種目が限定されます。背中を鍛えるロウイング系種目、上腕二頭筋など肘屈曲筋を鍛えるアームカールなどは家で、自重で行うのは困難です。

テーブル斜め懸垂、家庭用懸垂バーもあるが

解決法として、テーブルを使った斜め懸垂、家庭用懸垂

※10…やや腰を上げ気味で行うと、胸をつけやすくなる。おなかやみぞおちが先についてしまう場合は、腰を少し上げるとよい。

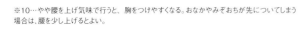

バーを利用した懸垂や斜め懸垂という解決策もあります。

テーブル斜め懸垂は、自重トレの本などでよく紹介される方法で、なかなか賢い手段と感心します。しかし、実施にはかなりの制約があります。テーブルの脚が端にないとテーブルがひっくり返ってしまう可能性が高く、かなり不安定で危険です。反対側に誰かにのってもらえばできますが、それも面倒です。テーブルの下に体が入るような構造である必要もあります。

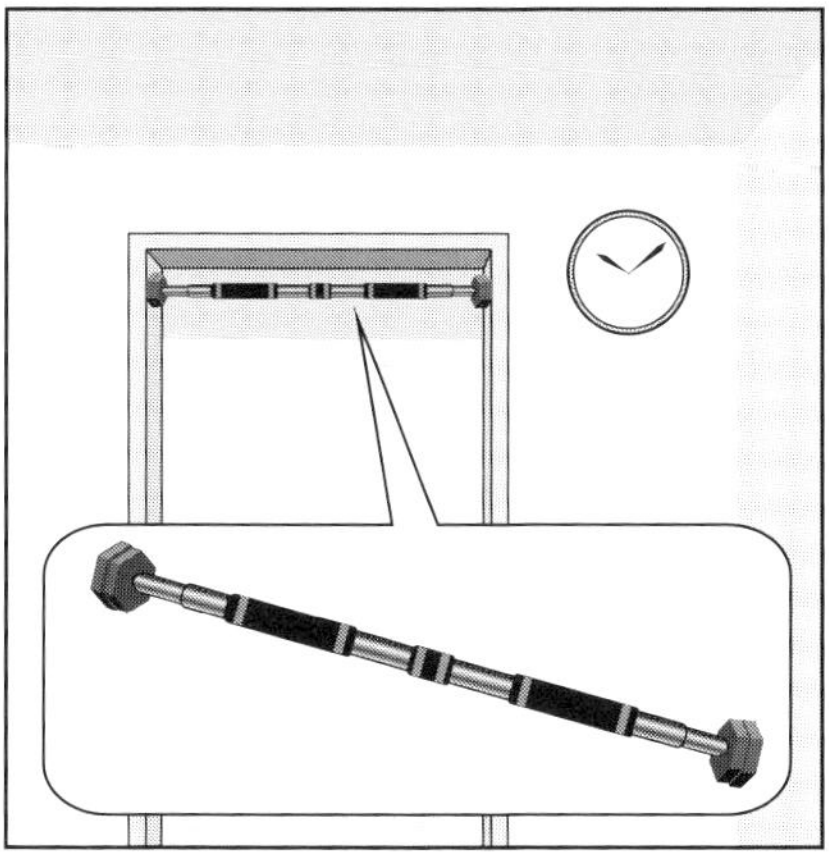
つっぱりポール式の家庭用懸垂バーは、高い荷重強度が保てるように設置できる。「自宅環境であれば」 有用な自宅トレアイテムになる

家庭用懸垂バーは、つっぱりポール式のものが通販でよく売られています。鉄筋コンクリートのマンションなら壁の強度としても設置しやすそうですが、木造の場合はうまく柱が向かい合っているところでなければ、強く止められません。壁紙も痛めてしまいます。斜め懸垂を実施してポールが外れたら、大事故につながりかねません。うまく固定できる条件が整っていれば、試す価値はあると思います。

そうだ、公園に行こう!

では、どうすればよいでしょうか。

ジムに行けば一発解決! ではありますが、ほかの方法として公園に行くことでも解決できます。地方自治体が我々の住民税で筋トレ施設(?)を用意してくれているのですから、利用しない手はありません。

高い鉄棒がある公園は少ないですが、ぶら下がり運動用の高い棒がある公園は結構あります。中高齢者向けの健康体操エリアでよく見かけます。また、いろいろな遊具にぶら下がれる部分は結構あるものです。「あそこで懸垂できるな」と見つけてしまう(&懸垂してしまう)のはトレーニ

図63　懸垂（チンアップ）

懸垂（チンアップ）は顎を上げることを意識しすぎると、上背を丸めて顎を出してごまかすフォームになりがち。背中を反らせて、胸をバーに近づけていくとよい

ーあるあるですよね。僕はブランコの上の棒で懸垂することもあります。

ぶら下がれる棒があれば、懸垂でロウイング種目ができます。肘屈曲筋も鍛えられますので、懸垂はアームカールの代用の効果も含みます。

僕は時々、近所の公園に懸垂をしに行きます。外で行う筋トレも気持ちがいいものです。一気にバーの上まで上体を上げるマッスルアップなんかをやると楽しいです（ジムではちょっと恥ずかしい？　ですが）。子どもも喜びます。

ちなみに、自宅のパワーラックでマッスルアップを試したら、天井高を見誤って、脳天を天井に打ちつけました…。ジムで行われる方は、十分な天井高があるか確認してから行ってくださいね。笑い話ではすみませんので。

チンアップは顎よりも胸をバーに上げていこう

では、具体的な種目と方法を見ていきましょう。懸垂（図63）は、英語ではチンアップ（※11）といいます（チンニングは和製英語）。顎を上げるという意味ですから、つかんでいるバーまで顎を上げることを意図してつけた名前と解釈できます。

顎がバーを越えるまで上げることはフルレンジで行えるという意味で、意義がありますが、そこにこだわると動きがおかしくなる場合があります。

※11…英語では逆手をchin-up、順手をpull-upと呼ぶのが一般的。

１つは、顎を上げることばかりにこだわって、最後に背中（上背部）を丸めて顎を突き出してしまうことです。こうすると顎は高く上がりますが、それは体をより引き上げたからではありません。背中の広背筋は構造上、背中を反らす方向にも作用するので、背中を丸めてしまうと広背筋に効きにくくなります。顎の高さにこだわらずに、しっかり背中を反らせて「胸をバーに向かって上げていく」意識で行うほうがよいでしょう。

もう１つは、顎がバーを越えることにはこだわるのに、下ろすときは肘をあまりしっかり伸ばして下ろさない人が多いこと。下ろし切らないとノンロックで休みなく行えるというメリットもありますが、下ろさなさすぎて、ただの動作範囲の狭いパーシャルレップになっている人をよく見かけます。しっかり上げたら、しっかり下ろすことも意識しましょう。

図64　スターナムチンニング

スターナムチンニングはラットプルダウンではなく、ベントオーバーロウイングの動作をイメージして行ってみよう。上からではなく、前から引くイメージ

背中に効かせやすいスターナム（自重の逆さベントロー）

懸垂でしっかり背中に効かせるのは、初級者には難しいかもしれません。力の入れやすい腕ばかりで引いてしまいがちだからです。そこで背中に効かせやすい方法として、スターナムチンニング（図64）を紹介します。かなり筋力が必要で初級者向けとはいい難い種目ですが、自力で上がらない人は飛びついて上げて、下ろす動作だけでもやってみましょう（後述：エキセントリックチンニング）。

胸を反らせてみぞおちをバーに近づけていきます。こうすると関節の位置と力ベクトルの関係で、背中をよく使う動作になります。通常のチンニングはラットプルダウンを自重で行う動きですが、これはしっかり前傾して行うベントオーバーローイングを自重で行うような動きになります。

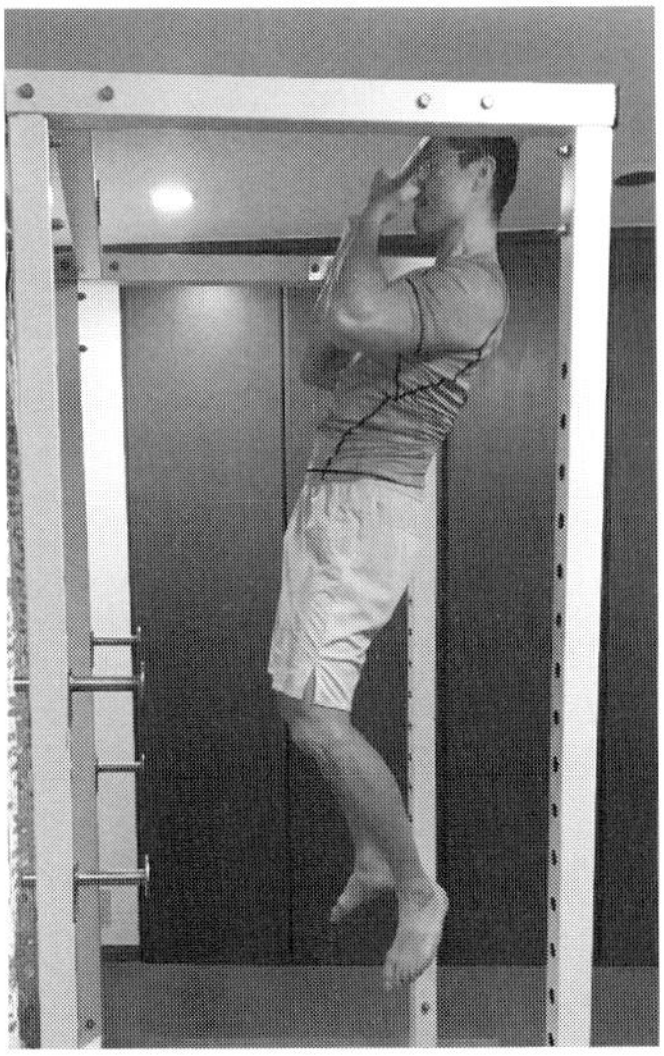

図65　リバースグリップ

リバースグリップは肘屈曲筋に効かせやすい。あえて肘を突き出して上腕二頭筋に効かせる（背中にあまり効かせない）方法はアームカールの代用にできる

バーを上からではなく前から引くような感覚です。みぞおちが実際にバーに触れるところまでしっかり上げ切ってみましょう。

なお、スターナム（胸骨）とは大胸筋の始まりの部分の、胸の中央の骨のことですが、実際にバーに引きつけていくのは胸骨の下端よりもさらに下のみぞおちになります。

あえて二頭筋ターゲットで上げるリバースグリップ

上げ方次第ではありますが、逆手のリバースグリップ（アンダーグリップ、図65）で行うと肘屈曲動作に負荷をかけやすくなります。アームカールに近い動作で体を上げる感じです。前腕をまっすぐに立てて引くと背中で引く動作がメインになりますが、腕を曲げる力をメインで上げると肘が少し前に出ていきます。

両方が目いっぱいだとその間くらいの動きになり、それが一番強いのですが、初級者は背中を使う感覚に慣れていないので、肘がやや前に出るアームカールに近い動きになりがちです。

あえて腕に効かせる目的で、肘を曲げる動きを意識してリバースグリップチンニング行ってみるのも1つのやり方となります。もちろんリバースグリップでも、前腕を立てて背中にフォーカスする方法であれば、目的の違う別のアレンジになります。

三角筋後部・大円筋に効かせるビハインドネック

チンニングは主に広背筋などで肘を引く動作と、上腕二頭筋などで肘を曲げる動作に負荷をかける種目ですが、メインターゲットの広背筋をあえて外す方法もあります。これにより、三角筋の後部や大円筋など肘を下方に引くほかの筋に強い負荷をかけることができます。

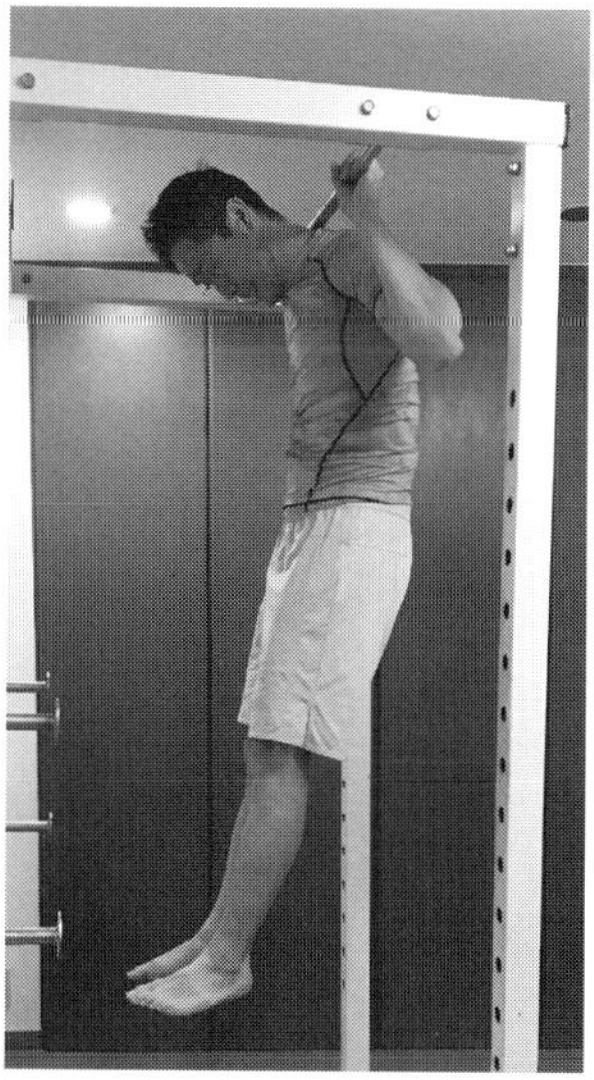

図66　ビハインドネック

背中を丸めて行うビハインドネックは、刺激のかかり方が通常の懸垂と明らかに異なる。三角筋、僧帽筋中・下部に効果的

広背筋には体幹伸展作用もあるので、背中を丸めるビハインドネックのチンニング（図66）では広背筋の活動を抑えられます。その分、三角筋後部や大円筋の活動が高まることになります。また、肩甲骨も自然と寄せながらになるので、僧帽筋の中下部にも効きやすくなります。

エキセントリックチンニング

チンニングには、ここに挙げた4種以外にもバリエーションはありますが、いずれも「フルレンジで正確に」10回、15回を行うのはなかなかに上級です。

Column

徒手抵抗なら強い気持ちが必要

家トレでロウイング種目を行う方法として、自分で負荷をかけるセルフの徒手抵抗という手段もあります。NHKの『みんなで筋肉体操』でも行っている方法です。

ただし、徒手抵抗は負荷の強さは自分次第ですので、しっかり追い込んで厳しく負荷をかけるのは、なかなかに困難です。毎レップ全身全霊で全力を出すくらいの気持ちで行う必要があります。番組でも「全力で」という言葉を運動中に頻繁にかけています。

取り入れる場合は、「自分に甘えない気持ちの強さが試される」という気持ちで取り組んでください。

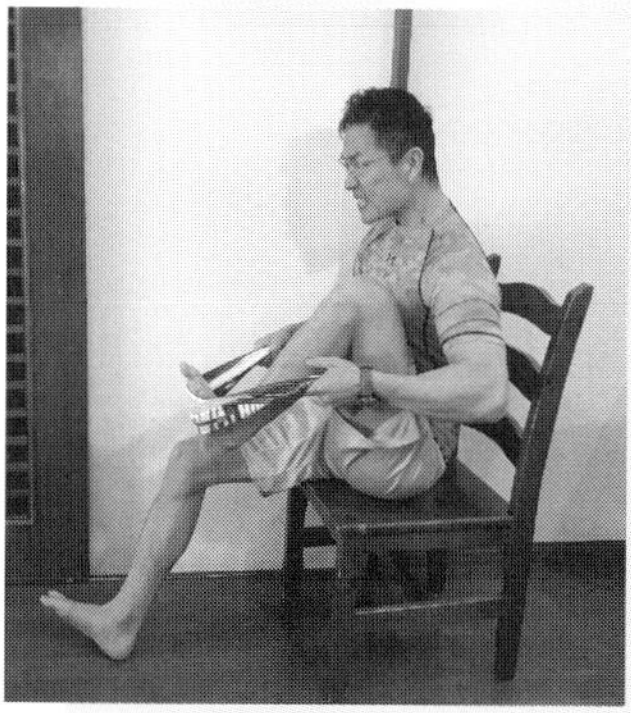

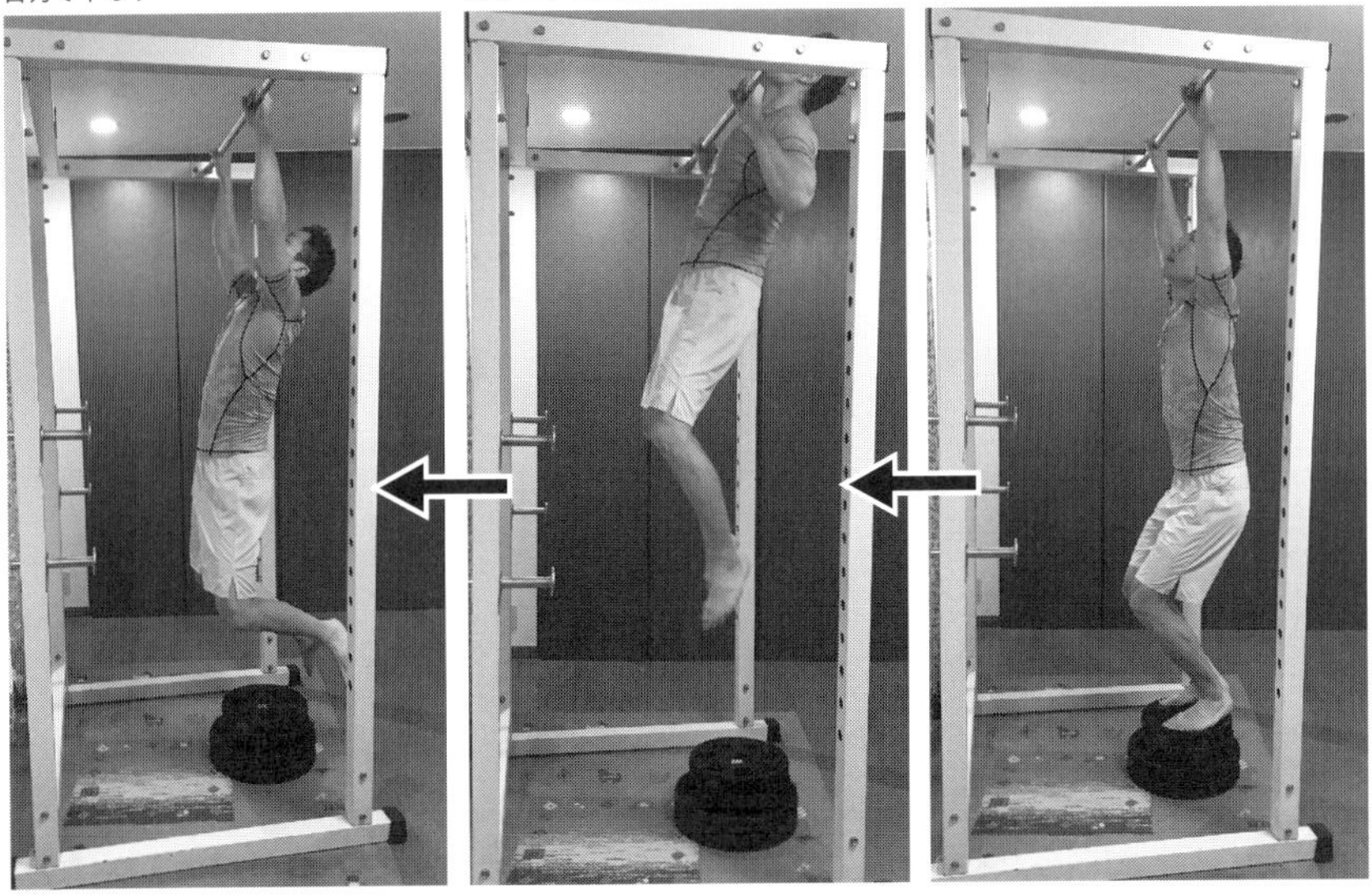

図67　エキセントリックチンニング

下ろす動作だけでも筋トレ効果はある。自力で懸垂ができなければ、下ろす動作のエキセントリックから始めてみよう。強くなってきたら、自力で上げる回数を増やしていく

できない場合の対処法は、1つは低い鉄棒で足をついて行う、斜め懸垂にするという方法。もう1つは飛びついたり台を使ったりして、下ろす動作だけはしっかり自力で行うという方法です（図67）。上げる動作の負荷は飛びつき方や台に置いた脚ののせ具合で調整できます。可能な限り自力で上げる方法もありますし、完全に下ろす動作だけを頑張る方法もあります。1回でも2回でも、できる回数までは自力で上げるという方法もよいでしょう。

下ろす動作での筋の振る舞いをエキセントリックといいますが、落下の衝撃を筋肉で受け止めるエキセントリックも筋肥大を誘発する有効な刺激になります。鉄棒で懸垂ができなければ、下ろす動作だけでもしっかり行うことから始めてみるとよいでしょう。

なお、上げる動作ができなければ、補助者に手伝ってもらうという方法もあります。1人ではできませんが、部活などで行う場合には適用しやすいと思います。

遊びで挑戦「マッスルアップ」

ボディコントロール、パワー発揮能力も含めた、やや上

級のアレンジとして、マッスルアップにチャンレンジしてもよいでしょう。楽しいですし、公園で行うと気持ちいいと思います。

脚を振って反動を使う初動のところで、広背筋などに強い刺激が加わります。普段と異なる刺激を与えられるという点でよいアレンジになります。

マッスルアップそのもののテクニックがありますので、習熟に多少の時間がかかるかもしれませんが、コツをつかめばものすごく難しい種目ということもありません。

チンニングに慣れてきた人は、ぜひ挑戦してください。

Column

鉄棒がなければタオルで「横引き懸垂」!

タオルを使って懸垂に“似た”種目を行うこともできます。タオルを外向きに強く引っ張りながら、懸垂のように腕を上げ下げします。

この動きは腕の上げ下げ以外に重量の上下動がありませんので、外部への力学的仕事量はプラスもマイナスもほぼゼロです。しかし、肩と肘の関節動作は、内力としてそれぞれが逆向きの仕事を同時にしています。ですから、しっかり強い力を出して行えば相応の筋トレになります。

下ろす動作では、肩関節は内転(横から肘を下ろす動き)の力を出しながら内転します。肩を内転させる広背筋や三角筋後部は、コンセントリック収縮でプラスの仕事をします。このときに、肘は伸ばす力を出しながら曲がります。肘を伸ばす上腕三頭筋はエキセントリック収縮でマイナスの仕事をします。このプラスマイナスの仕事量は作用反作用で同一となります。上げる動作ではこの反対になります。

懸垂とは使う筋肉や負荷のかかり方が変わりますが、この「横引き懸垂」も有効なアレンジ種目になります。ちょっと変わった刺激で面白いですよ。同様に、横引きロープーリーや横引きアップライトロウなどもオススメです(タオルなしで手をつないでもできる)。道具なしでできるので、コンテストのバックステージのパンプ種目にもよいかもしれません。

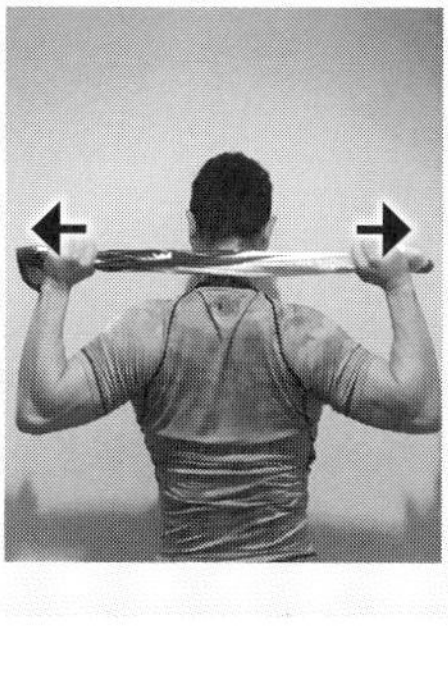

〝映《ば》え〟ることよりも〝効く〟筋トレを

増え続ける筋トレ女子

「筋トレ女子」という言葉をよく聞くようになりました。「筋トレ女子」でググると、実に１７１０万件もヒットします。「文春砲」の４２８万件をはるかに上回るほどですので、これはかなりの数字です。画像検索でも、筋量豊富な〝本格派〟の写真がたくさん出てきます。

僕がメニュー作成しているＮＨＫの『みんなで筋肉体操』も、意外なほど「やっています」と言ってくださるツワモノ女子が多くおられます。筋肉体操は、レベルダウン法を示してはいますが、追い込み方は相当にハードです。

なお、実は本書の共著者である荒川裕志先生にも、筋肉体操のメニュー作成の協力をいただいていています。彼のチェックがあるから安心して世に出せるというのがありますね。ＮＨＫの公式ＨＰに名前も出ています。

かつては、「あまり筋肉をつけすぎないように」と軽めの負荷で非効率な筋トレをあえて行うのが女子筋トレの主流でした（やや軽めでも完全オールアウト

すれば効果的ですが)。そこから考えると、時代も変わったものだと感慨深いものを感じます。

映える筋トレって?

女子に限らず筋トレ人口が増えたのは、とてもうれしいことです。ベーシックな筋トレや有酸素運動にしっかりと取り組まれている方は、たくさんいらっしゃいます。

一方で、ボディメイクという目的からすると、効果が高いとはいい難い(効果がないわけではありません)「不思議な体操」をよく見かけるのもまた事実です。女子の筋トレに限りませんが、女子で特に多いように感じます。

そこには「インスタ映え」するかどうか、ということも関係していそうです。映える筋トレとしては、

・動きがやや複雑で特殊(普通の種目ではない)
・機能的…な感じがする
・体幹をイメージさせるもの

などが好まれるようです。当たり前の筋トレをしっかりと行うほうが、ボディメイク的にはずっと「効く」のですが、それではインスタグラム的には「映えない」のでしょうか?

以前、フジテレビの番組で、あるタレントさんがインスタグラムにあげていると紹介されていた2つの種目を例に見てみましょう(その方や、その方を指導しているトレーナーを名指しで非難しているわけではありません。全体としての風潮に対する問題の指摘と捉えてください)。

ボディメイクのトレーニングの前提

例を見る前に、まずは実施する筋トレの主目的が「ボディメイク」である場合の大前提として、以下を押さえておきましょう。

・ボディメイクは「標的部位の筋肉を大きく発達させること」と、「体脂肪を減少させること」を主目的に行うもの。
・標的の筋肉を大きくするために、いかに効率よく強い筋疲労状態に追い込み切れるか(オールアウト)が重要なポイント。
・それをしやすい方法がボディメイク的には優れた方法、しにくければ優れていない方法といえる。
・女性らしい「しなやかな筋肉」のための特別な筋トレ法というものはない。もとの筋肉量が少なく(※12)、皮下脂肪

※12…太ももやふくらはぎなどは、女性でも筋肉量が男性並みに多い場合はあります。「そう簡単にムキムキになれませんよ」が当てはまらないこともあるわけです。その場合は、下半身の筋トレは行わないという選択肢もあります。むしろ筋肉質な下半身をチャームポイントと思ってさらに筋肉をつける、というのもアリですね(笑)。

の多い女性の場合、筋量が増えて脂肪量が減ると、結果としてメリハリができて「しなやか」な見た目になる。

例1：2つの部位を交互に鍛えるバランスボールプッシュアップ&ロール

大前提を押さえたところで、タレントさんのインスタアップのトレーニングを見ていきましょう。

1つ目は、バランスボールに足をのせて、腕立て伏せを行い、続いて尺取り虫のように体をロールする動きを繰り返す種目(図68)です。ファンクショナルと銘打った方法としてよく見かける種目です。

この種目は、腕立て伏せとロールアップの動きによる腹筋運動を交互に行っています。腕立て伏せを1回やっては腹筋を1回やって、を繰り返しています。

これでは標的の筋肉を筋疲労まで追い込むのが困難になります。それぞれの部位に対しては、1回行うごとに小休止を入れる休み休みの運動になっているからです。

結果として、通常の腕立て伏せや腹筋を行う場合よりも、各筋肉を追い込むのによりたくさんの回数が必要になり、効率が悪くなります。体力の弱い人では、2種目行うことによる全身的な疲労で、標的の筋肉を追い込みにくくなるというのもあるでしょう(※13)。

また、腹筋運動と腕立て伏せがちょうど同じ回数でオールアウトするという偶然はそうは起こりません。どちらかが限界になったところで、どちらかが余力を残して、その筋トレを終了することになります。

仮に腹筋のほうが先にオールアウトした場合、そこ

図68　バランスボールプッシュアップ&ロール

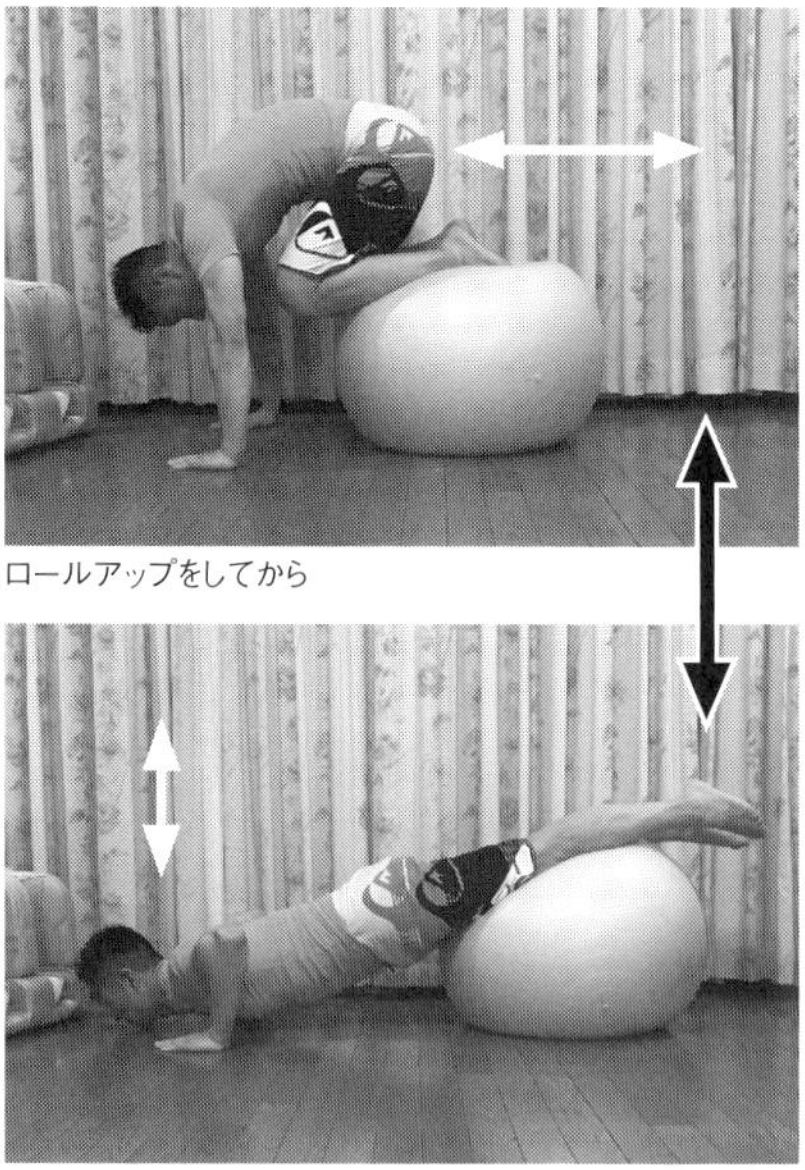

ロールアップをしてから

プッシュアップを行う

※13…全身運動による体力の増強という目的には、それなりの効果は見込めるでしょう。ここではボディメイクに効果的な手法という視点から評価をしています。

でやめずに、そこから腕立て伏せだけをオールアウトまで行えば、それぞれの部位を追い込み切ることができます。逆も同じです。でも、きっとそんなやり方をしているケースはまれでしょう。

腕立て伏せなら腕立て伏せを、腹筋運動なら腹筋運動を、1種目ずつ集中してしっかりと追い込むほうがボディメイクとしては効果を上げやすくなります。当たり前の方法ですが、こちらのほうがボディメイク的には〝効き〟ます。〝映える〟ことよりも大事だと思います。

例2：くるくる回るのがうまくなる体幹の機能性(?)トレーニング

2つ目は、うつぶせの姿勢からお尻だけを床面につけて、そこを中心にくるりと時計回りに回ってうつぶせに戻る種目(図69)です。続いて反時計回りで行い、それを繰り返します。

番組では、「これは体幹が強くないとできないよ」と感心する声がスタジオのタレントさんたちから出ていました。

何かあれば、すぐ「体幹」という風潮はいつまで続くのでしょうか？　この種目は、それほど体幹が関係する運動でもありません。

動きとしては、腕で体を起こして脚の振りで回る運動です。そのときに腹筋群も使っている、といったところでしょうか。もちろん体幹筋群の運動に〝も〟なりますが、標的の筋肉(どこが主な標的かもよくわかりませんが)に強い負荷がかかる運動ではありません。筋肉を追い込んで発達

図69　体幹の機能性(?)トレーニング

うつぶせから

くるっと回って戻る

させる意味合いは薄くなります。

ボディメイクとして体幹の筋群を鍛えたいなら、普通にクランチやシットアップ、バックエクステンションなどの体幹の筋肉を標的とした種目で、しっかりと負荷をかけたほうが効果は上がります。

また、エネルギー消費を増やす有酸素運動的と捉えるなら、5～10分は続けたいところですが、この種目でそこまでの回数を行う人はいないでしょう。エネルギー消費を高めて脂肪燃焼を狙うなら、高いエネルギー消費の運動を長時間行える、ランニングやバイクなどの普通の有酸素運動が勝ります。

では、どのような効果がこの種目で狙えるのか？ 確実にいえるのは、「床にお尻をつけてクルクル回るのがうまくなる」ということです。

ボディコントロールがうまくなる?

ボディメイク目的としては、あまり効果の高い方法とはいい難い、これらの〝映える〟種目ですが、機能性のトレーニングとしてはそれなりの効果があるかもしれません。

「バランスボール上で体を動かすこと」や、「お尻でくるくる回ること」がうまくのなるのは確実です。

これらの動作には、それなりのボディコントロールのスキルが必要です。ですので、このスキル獲得により、スポーツや日常での身のこなしがうまくなるといった要素があるとはいえるでしょう。くるくる回ること以外の動きもうまくなる可能性があるということです（※14）。

スポーツをしている人は、実際に身体操作能力がその競技に限らず上手だったりしますが、それと同じ理屈です。例えば、数字にできる指標で評価したものとして、サッカー選手では閉眼での視覚に頼らないバランステストの点数がよいといった報告があります。

※14…ただし、その効果は大きく期待すべきものではないでしょう。圧倒的に効果があるのは、行った動作そのものがうまくなることです。副次的にほかの動きもうまくなる可能性が多少あるかも、くらいに捉えてください。何かの競技がうまくなりたければ、その競技練習を行うのが基本で、一番効果があります。

機能性なのか？　気のせいなのか？

では、ボディコントロールの機能性の向上として、ここに挙げた映えるトレーニングが特に優れているか？というと、ちょっとよくわかりません。その効果がサッカーやバスケットボールなどの、ほかの運動と比べて特別に高い、とは考えにくいでしょう。

体幹、ファンクショナルといったイメージから途端に機能性につながる印象がありますが（そしてそれを「しなやかな筋肉つくり」と捉える）、「機能性」というよりも「気のせい」の要素が大きいように思われます。

同じボディコントロールの能力を上げるなら、何かしらのスポーツで、「それがうまくなること自体に意義があるもの」で行ったほうがよくありませんか？

多くの人は、野球やゴルフがうまくなることで全身的な身体操作能力が上がるほうが、お尻でくるくる回るのがうまくなるよりも楽しいと思います。野球やゴルフ自体が楽しいですし、それがうまくなるのはうれしいことですよね。

ジムでできることならダンスなどもよいと思います。機能的な身体操作能力の高い体をつくるなら、僕ならヒップホップやブレイクダンスなどをうまく踊れるようになることで身につけたいです。きっと上手にお尻でくるくる回れるようになるより、人生が豊かに楽しくなると思います。

オススメお尻UP種目
ノンストップスプリットスクワット

動きがややダイナミックで、普通のスクワットとは少し違う効果的な種目を1つ紹介したいと思います。

先の2種目ほどのインパクトはありませんが、これなら比較的〝映える〟かな（映え目的でも受け入れやすい？）、と思います。

動きが大きくやや特殊で、ちょっと普通ではない感じはします。やや不安定になる動きなので「機能的」「体幹の安定性」といった印象も少しするでしょう（体幹はほぼ関係ないのですが…）。そして、女子的に鍛えたい部位のお尻にすごく効きます。

なお、女子向けに人気のお尻の筋トレですが、男子だってお尻は上がっているほうがカッコいいもの。脚を根元から後方に振る股関節動作筋として、競技パフォーマンスにも重要です。女子に限らず臀部はしっかり鍛えたいところです。

尻トレとしてヒップスラストやヒップリフトなどが近年人気です。もちろんそれらはとてもよい種目ですが、難点を挙げるとすれば、トレーニング部位が局所に限られることです。

それだけ集中して臀部を鍛え込めるわけですが、時間と労力の効率を上げたいという考え方もあります。そう考えるなら、「お尻を中心に、より多くの筋肉を鍛えられる」種目を選択するとよいでしょう。

以上からオススメしたいのが、ノンストップスプリットスクワットという種目です（図70）。お尻の大臀筋を中心に、太もも前の大腿四頭筋と脚を前に振り出す腸腰筋も鍛えられます。ふくらはぎにも相応の負荷がかかります。

脚を前後に大きく開いて行うほど負荷が上がりますので、自重でも短時間で徹底して追い込み切ることができます。もちろんバーベルを担いで負荷を上げても結構です。

1分あればお尻と太ももがパンパンになります。自重でも十分に追い込めるので、準備の時間がいらないという点も、おおいに時短の要素となります。自重の種目は1秒後に始められますからね。

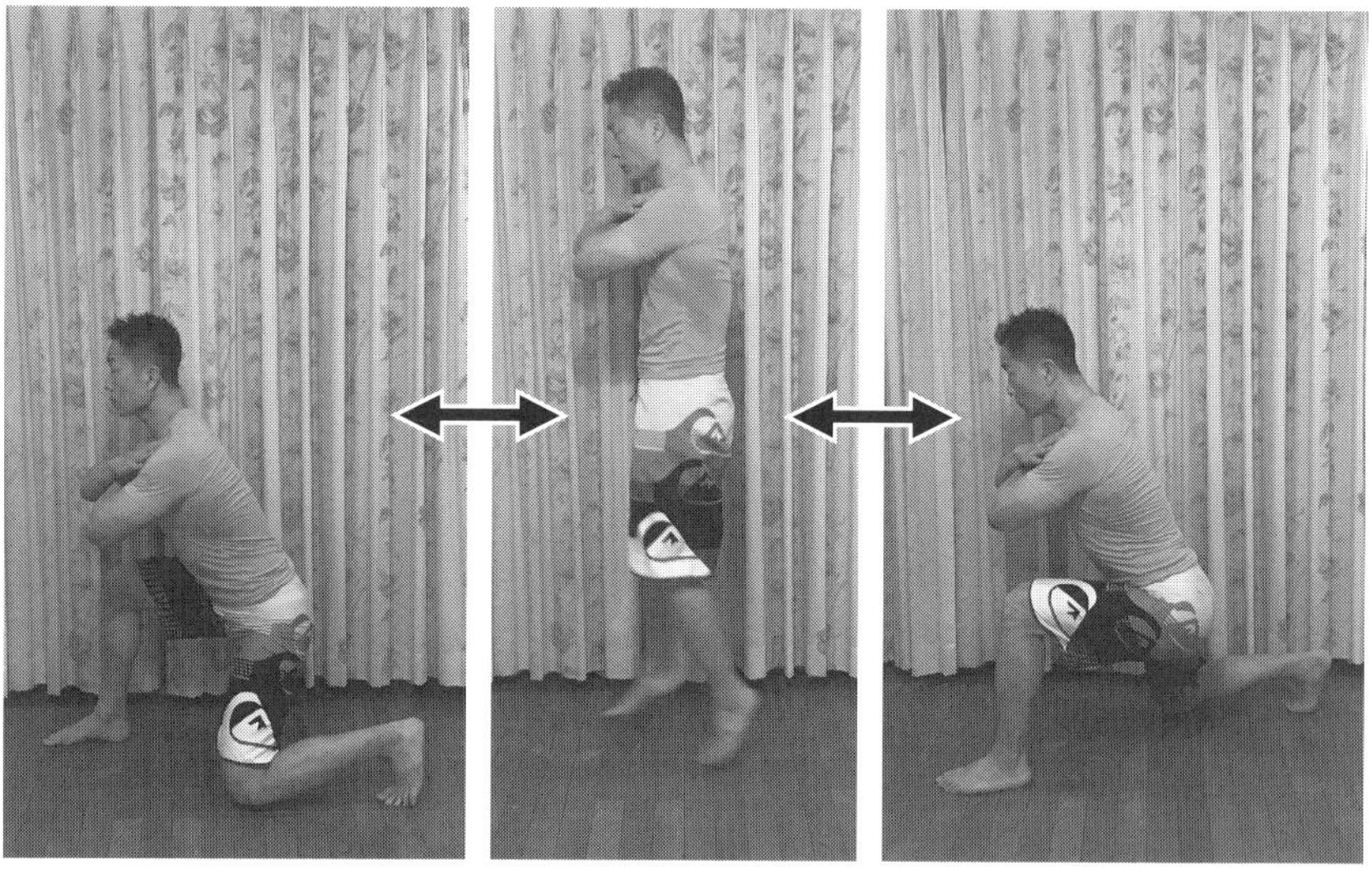

図70　ノンストップスプリットスクワット

脚を前後に大きく開いて、左右の脚を入れ替えながらスクワットを繰り返す。高くジャンプすると空中で休むことになるので、あまり跳ばずに動作を繰り返す。脚を前後に大きく開くほど負荷がきつくなる。これを反復できなくなるまで繰り返す。前後に大きく開けば10 ～ 15回程度（左右両方で1回）でも十分に追い込める

第3章

Enjoy

食事編

日々のトレーニングを楽しみ、
そしてその効果を
十分に得るには、
体づくりの材料となる
食事が欠かせない。第3章では、
健康に関わる食事の
知識や簡単レシピを紹介。

食事編 3 Enjoy

体づくり・健康づくりとグリセミック指数

運動直後の高GI糖質補給は筋肥大に有効だが

高GI食品は脂肪合成を促す

食事による糖質の吸収の速さを表す代表的な指標に、グリセミック指数（以下、GI値）があります。

ある食品を摂取したときの食後2時間の血糖値の積分値を、ブドウ糖の場合を１００とした相対値で表す方法が、一般的なGI値の算出法です。このとき、含まれる糖質摂取量が50gとなるように、各食品の量を統一した条件で比較を行います（※15）。

精白度の高いご飯（白米）や食パンなどはGI値が高く、精白度の低い玄米や全粒粉パンなどはGI値が低いことはよく知られていますね。これは消化・吸収の速さの違いによるとされます。また、砂糖を多く含む甘い食品は血糖値上昇のピークが高くなります（※16）。なお、同じ甘味でも果糖を多く含む果物は、果糖の吸収の遅さなどの理由から比較的GI値は低くなります。

GI値が着目される主な理由は、インスリンの分泌促進作用と関係するためでしょう。血糖値の上昇が大きいほど、血糖値を下げるホルモンであるインスリンの分泌が促進されます。

このインスリンには脂肪合成作用があり、血糖値が上昇しやすいGI値の高い食品は「肥満のもと」とされます。甘いものは太る、といわれる理由は、ここにあります。

そこで、玄米などのGI値の低い食品や、糖質そのものの含有量が少ない食品をとることで、インスリンの分泌を抑えれば、脂肪の合成を抑制できると考えられます。ひと昔前に流行した、低インスリンダイエット（アトキンスダイエット）、低糖質ダイエットの考えです。

小分けに摂取するボディビルダー食

糖質は筋肉と肝臓でストックされますが、その量は1500〜2000キロカロリー程度と、あまり大きくありません。そのため、多量の糖質が一気に吸収されると、行き場のない血液中の糖質の多くは(インスリンの作用で)脂肪組織に取り込まれ、脂肪に合成されることになります。

糖質はストックする場所が小さいので、使われる量に応じて少しずつ吸収されるほうが脂肪への合成が抑えられるのです。というのが、前述の「高GI食品は脂肪合成を促す」理由の説明としてもわかりやすいでしょう。

一般的なボディビルダー食は、このことを考慮しています。ボディビルダーの多くは、食事の回数を1日5〜7回程度に分けてとります。食事を小分けにすることで血糖値の上昇を抑え、糖質を少しずつ吸収させているのです。また、主食は玄米などGI値の低いものが好んで選ばれます。

インスリンは筋肥大の味方にもなる

脂肪の合成を促す作用をもつインスリンですが、インスリンには筋グリコーゲン(筋肉に蓄えられる糖質)の合成、また筋タンパクの合成を高める作用もありま す。つまり疲労の回復や筋肥大促進作用もあるのです。

上昇した血糖値は、脂肪・筋肉・臓器のいずれかに取り込まれるのですが、運動中や運動後の疲労時には、インスリンが脂肪細胞よりも、もっぱら筋細胞に作用してくれます。なぜなら、筋グリコーゲンの枯渇した、疲労した筋肉でのインスリンの感受性が高まるからです(Kuoら,2004)。

これにより、上昇した血糖の多くが筋肉に取り込まれることになります。血糖の取り込みによる筋グリコーゲンの速やかな回復は、疲労回復の重要な要素となります。ただし、運動終了から時間がたつと、筋肉のインスリンの感受性が下がってしまいますので、運動

※15…GI値の算出法は出典データによってまちまちであり、値も異なります。
※16…砂糖は血糖値のピークが高くなりますが、血糖値の低下も速やかに起こります。砂糖のGI値が非常に高いデータと低いデータがありますが、これは血糖値積分値の評価時間の違いによると思われます(積分時間条件が短ければ高く、長ければ低くなる)。

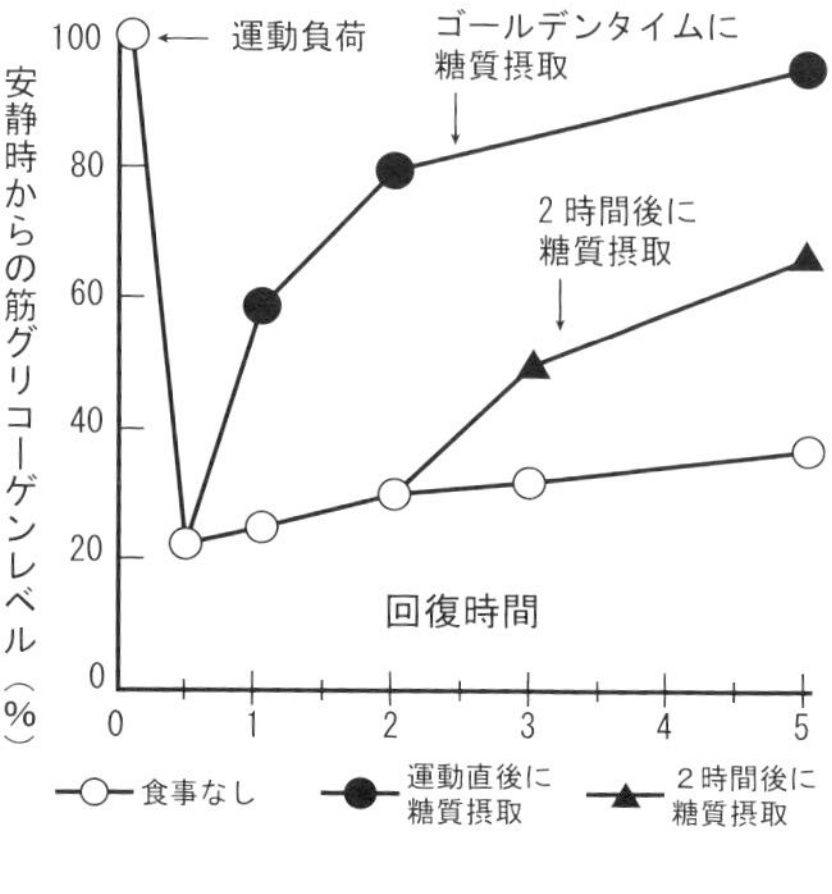

図71　運動後の糖質摂取のタイミングと筋グリコーゲンの回復（Ivyら, 1988より改変）

運動後の疲労回復には速やかな糖質摂取が必要（糖質摂取のゴールデンタイム）

後はできるだけ速やかな糖質の補給が必要となります（Ivyら,1988：図71）。

また、インスリンにはアミノ酸の筋肉への取り込みを促進し、筋タンパクの合成を高める作用もあります。筋トレの直後にプロテインをとることにより、筋タンパクの合成が高まることは古くから知られていますが（Esmark, 2001など）、プロテインと同時にGI値の高い糖質を補給すると、インスリンの作用によって筋タンパクの合成がさらに進みます（Rasmussenら, 2000）。

インスリンの分泌促進による疲労回復、筋肥大促進のためには、GI値の高い糖質30g程度以上の摂取が推奨されます（前記のRasmussenの研究では35gの砂糖を摂取）。吸収の速さを考えると、ブドウ糖などの単糖がよいのですが、身近に入手できる砂糖でも構わないでしょう。

近年では、「筋トレ後のプロテイン摂取は、高GIの糖質と一緒に」が主流となってきているようです。「吸収の速いホエイプロテイン30g＋ブドウ糖もしくは砂糖30g」程度が、一般的な摂取方法といえます（砂糖・ブドウ糖を30g程度含んだジュース類でプロテインを割ってもよい）。

年齢によるインスリンの筋肥大促進効果の違い

インスリンが筋肥大の手助けとなるという話をしましたが、実は、若年者と高齢者ではインスリンに対する筋肉の感受性に差があります。高齢になると、筋肉のインスリンの効きが悪くなる場合が多いのです。このインスリンの感受性が病的に低下した状態が糖尿病（Ⅱ型）です。

「アミノ酸40g単独」と「アミノ酸40g＋ブドウ糖40g」を

摂取したときの、筋タンパクの合成量を比較した実験によると、若年者ではアミノ酸単独よりもブドウ糖を合わせてとったほうが、はるかに筋タンパク合成量が増加します。それに対して高齢者は、ブドウ糖を合わせてとった場合、アミノ酸単独のときよりもやや筋タンパク合成が増加する傾向にありますが、統計的な差はありません（FujitaとVolpiら，2004：図72）。

筋トレなどの運動をしっかり行うことで、加齢による筋肉のインスリン感受性の低下は抑えられます。しかし、やはり若い頃と同じというわけにはいかないでしょう。インスリンによる筋肥大促進効果は、加齢とともに低下してくると考えたほうがよさそうです。

高血糖状態には血管障害性がある

ここで考えなければいけないのは、筋トレ後にGI値の高い糖質を多量にとっても「筋肥大効果があまり高まらない」ということだけではありません。インスリン感受性の下がった状態での高GI糖質の多量摂取は、血糖値の高い状態を生じさせます。

そして、高血糖状態には動脈障害性があり、動脈硬化を進めるという問題があるのです。糖尿病の患者さんが動脈硬化を併発しやすいのも、このことと関係しています。また、高GI糖質の多量摂取は、インスリンを分泌する膵臓の負担を増やすことにもなります。

高GI糖質の多量摂取は、血管や膵臓への負担が大きいといえます。こうした負担を考えると、いわゆるメタボ検診の対象となる40代くらいからのシニアトレーニーの方は、

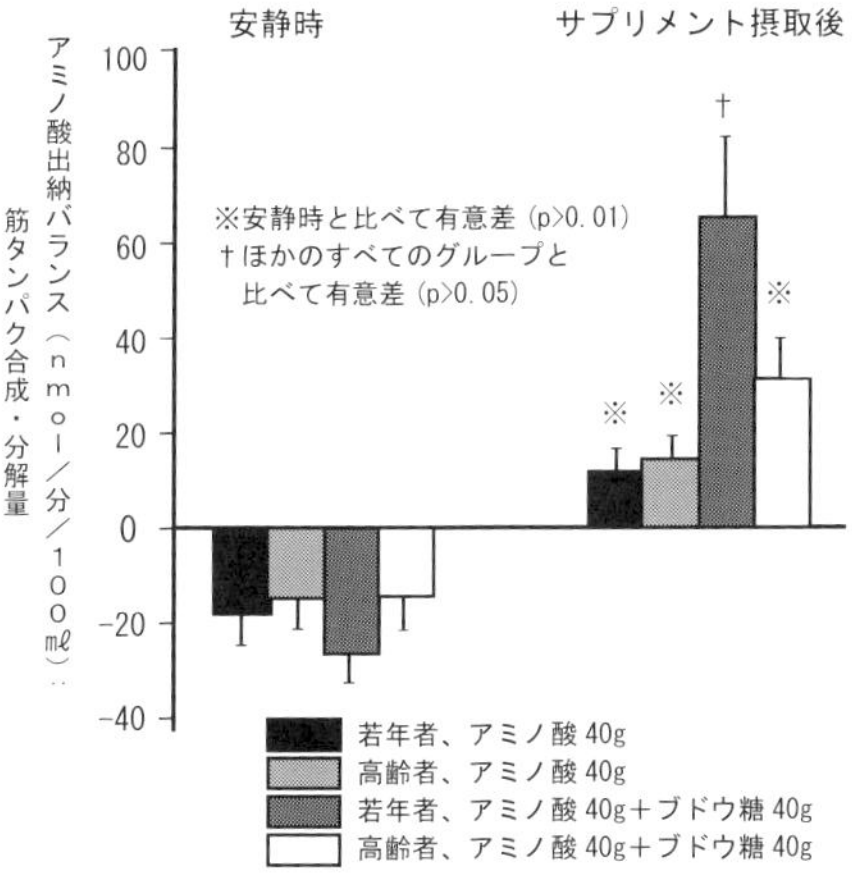

図72　プロテイン（アミノ酸）と糖質の組み合わせ効果と加齢の影響（FujitaとVolpi, 2004より改変）

糖質をプロテイン（アミノ酸）と合わせてとることで、若年者では筋タンパク合成が促進されるが、高齢者ではその効果がそれほど見られない

インスリンの効果を狙った筋トレ後の高GI糖質の多量摂取は控えめにしたほうがいいかもしれません。

体づくりと生活習慣病予防との兼ね合いを考えると、比較的GI値の低いフルーツジュースなどでプロテインを溶かすのがよいかと思います。糖質量も15g程度に抑えたほうがよさそうです。一般的な果物ジュースなら150㎖程度になります。

健康な血管、健康な臓器があってこその健康な筋肉だと僕は思います。

グルコーススパイクと動脈硬化

高血糖状態には動脈障害性があるという話をしました。健康診断における血糖値の指標として一般的なのは、空腹時血糖値やHbA1c（1～2ヵ月の平均の血糖値を表す）です。これらは、血糖値が平均的にどれだけ安定しているのかを見る指標といえますが、動脈硬化のリスクを考えると、空腹時血糖値やHbA1cが低いだけで安心はできません。仮に、この2項目の値が低くても、食後の一時的な血糖値の上昇（グルコーススパイクといいます）だけでも動脈硬化のリスクとなるからです（図73）。

筋トレ後に高GI値の糖質を摂取することも、動脈硬化リスクの例外ではありません。動脈血管系機能の健康を考えるなら、普段の食事で高GI食品を極力避けるのはもちろんのこと、トレーニング前後の栄養摂取時のGI値にも配慮すべきでしょう。

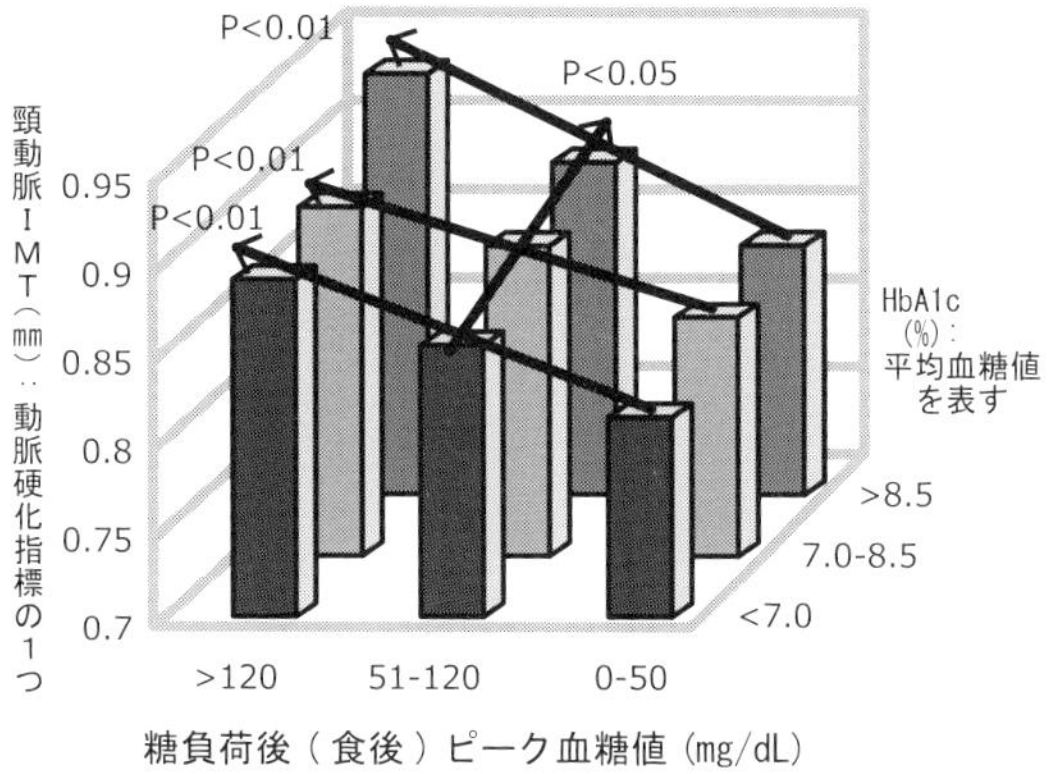

図73　グルコーススパイクと動脈硬化度の関係

（Espositeら, 2008より改変）

平均的な血糖値の高さだけでなく、食後のピーク血糖値の高さも動脈硬化のリスクとなる。筋トレ後の糖質摂取による血糖値の一時的な上昇も例外とはいえないところで、このGI値ですが、この値は食べる食材だけで決まるものではありません。消化吸収速度は一緒に食べるものの影響を大きく受けます。そして、組み合わせて食べるものの「順番」も大きく影響します。大阪府立大学の今井佐恵子教授らのグループが、同じ食事内容でも繊維質の多い野菜を最初に、続いて肉類などの主菜を、最後に主食の糖質をとることで、食後の血糖値の上昇が抑えられることを確認しています。

食べ順ダイエットという方法

普段の食事における血糖値の上昇を緩やかにすることは、グルコーススパイクを抑えて動脈硬化のリスクを下げる効果が期待できます。食べる順番を工夫するだけでも、血糖値の上昇を緩やかにできます。

食後の血糖値上昇の抑制は、インスリンの脂肪合成作用を抑えることにもつながります。また、血糖値がゆっくり上がることは、長時間血糖値が安定することになるので（腹もちがよくなる）、すぐにおなかがすかず、次の食事量を抑えやすくなります。血糖値低下による筋肉の分解も抑えられます（カタボりにくくなる）。

食べる順番を変えるだけなら、それほど無理がなさそうです。ダイエット法として広く受け入れられそうな感じがします。

まとめ

以上からGI値と体づくり・健康づくりのことを考えると、以下のような食事・サプリメントの摂取方法がよいといえます。

・普段の食事は低GIで脂肪合成の促進を避ける（血糖の安定により筋肉の分解も抑えられる）。

・運動後、筋トレ後は高GIで筋タンパク・筋グリコーゲンの合成を高める（プロテイン、高GI糖質30gずつくらいが一般的）。

・ただし、中年以降のシニアトレーニーは動脈障害性、膵臓への負担から、筋トレ後の高GI糖質の摂取量はやや控えたほうがよさそう。

・食べる順番の工夫でも食事のGI値は下げられる。繊維質の多い野菜から食べる方法が有効。

健康づくりと食事の豆知識

1 色鮮やかなものを選んで食べよう：フィトケミカルの実力

体にいい食品・栄養素って？

人体の構造は非常に複雑であるため、その健康に関わる要素は非常に多様です。肝臓によい、胃によい、目によい、骨によい…。しかもその「よい」も1つの内容ではなく、さまざまな面に対するものがあります。そのため、健康によい食品というのも極めて多種多様となります。

体によいとされる食品の特集がテレビなどでよく扱われますが、次々と別の食品や栄養素が取り上げられますよね。視聴する側としてみれば、「あれやこれや、次々とキリがない。いったい何を食べればいいんだ」と思ってしまいます。

では、どうすればいいのか？ その答えの1つが、「目標1日30品目」。体に必要な栄養素は多種多様なので、たくさんの種類の食品を食べましょう、ということです。そして、その品目を増やす際に意識したいこととして提案したいのが、「色鮮やかな食卓にする」ということです。

植物が自らの身を守るフィトケミカル

色鮮やかな食品には、多くの色素成分を含みます。

フィトケミカルという言葉を聞いたことはあるでしょうか。フィトケミカルとは「体に必須ではないが、健康によ

い影響を与える可能性のある植物由来の化合物」のことです。フィトケミカルの多くは色素成分ですので、「色鮮やかな」食品にたくさん含まれていることになります。「フィト」は植物、「ケミカル」は化学物質の意味で、植物が紫外線による活性酸素などから自身の身を守るために作り出した物質と説明されることもあります。フィトケミカルの多くは強い抗酸化作用など、さまざまな体を守る機能をもちます。

活性酸素による身体組織の酸化は、細胞の老化や、がんなどのさまざまな疾病を進める主要因の1つとされています。フィトケミカルはそれに対抗してくれるのです。

フィトケミカルにはどんなものがあるのでしょうか。例えばリコピン（トマトの赤）、β－カロテン（ニンジンのオレンジ）、アントシアニン（ブドウの青）、アスタキサンチン（サーモンやエビの赤）などが、代表的なフィトケミカルの色素です。

なお、植物由来なのになぜサーモン？ と思われそうですが、これは植物性のエサがもとになっています。藻のアスタキサンチンがそれを食べたエビの体に蓄積し、そのエビを食べたサーモンの体に蓄積されているのです。

肉食系？ 草食系？ いや「色鮮やかに雑食系」

色素成分は植物由来ですので、色鮮やかな食品の多くは野菜・果物になります。一般に不足しがちな食物繊維やビタミン類もそこには豊富に含まれています。

また、動物性食品にも色素は含まれますが、植物の色素を取り込んだサーモンやエビ、カニなどの魚貝類が色素豊富です。これらの食品は比較的低脂質・高タンパクで、脂質の種類としても血管や脳機能改善に好ましい作用を及ぼすタイプのもの（n－3系多価不飽和脂肪酸）が豊富です。

つまり、色鮮やかな食品を多くとることは、色素をたくさんとれると同時に、ほかの種類の栄養素においても都合のよいものをたくさんとれることになるわけです。

「肉食系男子」「草食系男子」などという言葉をよく聞きます。生き方として、貪欲でアグレッシブである場合を肉食系、あまり貪欲でなくおとなしいタイプを草食系と呼びます。生き方はどちらにもよさがあると思いますが、実際の食事はどちらにも偏ることなく、多種多様な食品を食べる「雑食系」が正解です。そして、それを色鮮やかな食材を積極的に入れ込みながら行いましょう。

生き方としても、多種多様な考えをバラエティに富んだ発想で取り入れながら、色鮮やかな食卓のように明るく楽しく過ごすのがよくありませんか？

実は体に良い着色料

着色料と聞くと、「食品添加物だから体に悪い」というイメージがおそらくあると思います。しかし、近年ではフィトケミカルで作られた天然の着色料が主流となってきています。この場合は、むしろ体によいものといえます。添加物＝悪とは限りません。

着色料は、その原材料を記載する義務がありますので、原材料名の表示を見てください（図74）。植物の色素成分で作られている場合は、「着色料（紅麹、カロテノイド、マリーゴールド、クチナシ…）」などと表記されています。

好ましくないのは「赤3、黄5」などといった表記がされている場合。これは石炭から抽出したタールが原材料です。タール色素には、フィトケミカルのような健康効果はありませんし、発がん性が指摘されるなどの問題があります（通常の摂取量では問題なしとされていますが）。

近年では、タール色素を使った製品は減っていますが、なくなったわけではありません。タール色素のほうが「安価」であるため、使うメーカーがあるのでしょう。

フィトケミカルの着色料を使った製品には、「多少コストがかかっても、体によいものを提供しよう」というメーカーの姿勢が感じられます。タール系の着色料の場合は、

あなたは「肉食系男子」「草食系男子」、それとも「雑食系」？

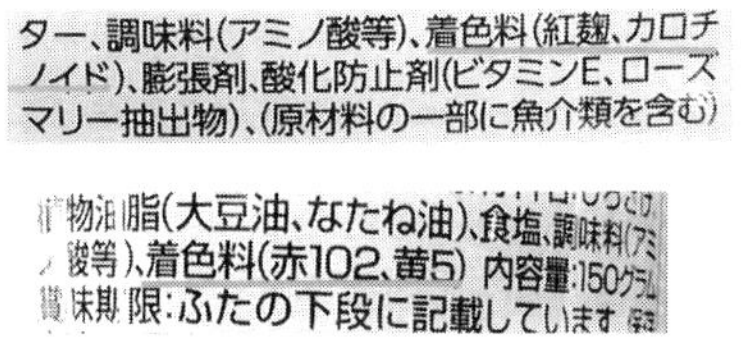

ター、調味料(アミノ酸等)、着色料(紅麹、カロチノイド)、膨張剤、酸化防止剤(ビタミンE、ローズマリー抽出物)、(原材料の一部に魚介類を含む)

物油脂(大豆油、なたね油)、食塩、調味料(ア
酸等)、着色料(赤102、黄5) 内容量:150グラム
味期限:ふたの下段に記載しています

図74　原材料名表示の例

上は着色料として植物の色素を用いている例、下はタール系着色料を用いている例。どちらを使っているかは、商品全体の信頼性・安全性を推し量る1つの目安になるといえる。チェックする癖をつけたい

残念ながらそのような姿勢を感じません。これは「商品全体の信頼度を推し量るよい目安」になるともいえそうです。

2 減塩の工夫を

塩の必要量はわずか1日1g！

塩分のとりすぎは、浸透圧の関係で血液量が多くなります。すると、多くの血液を心臓が強い拍動で送るため血圧が上がります。

高血圧の人は、動脈に強い力をかけ続けるため、動脈がそれに対して硬く変性してきます。動脈硬化が心不全、脳梗塞などの血管系の疾患リスクを高めることは周知の通りでしょう。また、胃に対する刺激が強く、胃がんのリスクも上がります。塩を排泄するための腎臓への負担も大きくなります。いろいろとマイナスがありますね。

厚生労働省の食事摂取基準では、塩分に関しては上限値のみが設定されていて、男性1日10g未満、女性9g未満となっています。高血圧学会の定める、高血圧の人に対する基準は6g未満です。

では下限値、つまりとらなければいけない必要量はどのくらいかというと、実はわずか「1日1g程度」で十分と考えられています。日本人の平均塩分摂取量は11〜12g程度であり、不足することはまず考えられないため、上限値のみの設定となっているのです。ですから、塩分に関しては「できるだけ減らす」という姿勢が必要となります。

和食はヘルシー？　実は塩分過多になりやすい

和食はヘルシーとよくいわれます。ユネスコ無形文化遺産に登録されて、その認識がさらに強まったように思われます。しかし、塩分に関しては、実はかなりよろしくないのです。

例えば大戸屋の定食で見ると、だいたい1食で5〜6g程度。ここに醤油をドボドボかけたりすると、たった1食で1日の上限に達してしまいます。特に問題視されるのは、味噌汁。ものにもよりますが、1杯で2g程度もあります。

現在では長寿日本一の長野県が、もともと漬け物をよく食べる高塩分な食習慣のため、脳卒中の発症率が日本一だった頃もあるという話は有名です。現在の長寿の主な理由は、行政の減塩啓発のためといわれています。減塩啓発で塩分摂取量が大幅に減り、同時に脳卒中の罹患率も大きく下がりました(※17)。

減塩の方法

ただ「減塩しろ」だけでは食事が味気なくなり、おいしさが犠牲になってしまいます。「できるだけ味覚を損なわず」に減塩する方法を、いくつか挙げます。

・**無塩の調味料を使う**：にんにく、お酢(塩分を含むすし酢を除く)、しょうが、わさび、からし、唐辛子、オリーブオイル、ごま油、バジルなど、塩分のない調味料を積極的に利用しましょう。しそ、ニラ、シイタケ、炒めた玉ねぎ、レモンやゆずなども、調味料として使えます。結構いろいろとあるものです。

・**塩味は表面に**：塩を食材になじませるのではなく、食べる前に振りかけることで、「舌の触れる表面部分」に塩がくるようにします。醤油やソースなども同様。例えば、寿司ならネタの表面の一部に醤油をつけて、醤油をつけた部分に舌が触れるように食べます。

・**食事は適度に冷ます**：熱い料理は塩気を感じにくくなります。アツアツよりも「温かい」くらいで食べましょう(熱すぎる食事は咽頭がんのリスクにもなります)。

・**食べる味噌汁**：具を増やすことで味噌汁のスープの部分を減らせます。野菜たっぷりの具にすれば、塩分排出作用のあるカリウムをたくさんとれる点もメリット。

・**表示を見よう**：外食や弁当類を買うときは、塩分の表示を見て選ぶ習慣をつけましょう。1食で塩分5g以上(ナトリウムで2g以上)は明らかに多すぎです。

以上、できそうなものは積極的に取り入れてください。塩分多めの食生活をしていると、塩味に対する感度が下がるという(味を薄く感じやすい)報告があります(加藤ら, 1991)。濃い味習慣は、塩味を感じにくくさせてしまうのです。逆にいえば、減塩生活が習慣化すれば塩味の感度が上がって、舌もそれに慣れてくるということです。

醤油を何周も回しがけするような方(よく見かけますね)も、無理なくできることを続けていけば、舌がいずれは慣れてくるはずです。

※17…脳卒中のリスクを下げる食事要因には、「低タンパク質食」であることなども関係しています。

3 ゆっくり味わって食べよう

早食いの人ほど太っている

太っている人の食事風景を見ると、よく噛まずに早食いする人が多い印象はありませんか？　実際に食べる速度とＢＭＩ（Body Mass Index：体重(kg)／身長(m)^2）の関係を調べた中年男女を対象とした研究では、食べる速さとの間にきれいな比例関係が見られます（図75）。

男性の場合の数字を見ると、かなりゆっくり食べる人の平均ＢＭＩ 22（１７０cmなら63・６kg）に対して、かなり速い人のＢＭＩは25（１７０cmなら72・３kg）。その差はなんと約９kg！（１７０cmとして）もあるのです。また、20歳時点と中年期との体重増加量も、同じく食べる速さに

醤油の回しがけは、減塩の最大の敵！

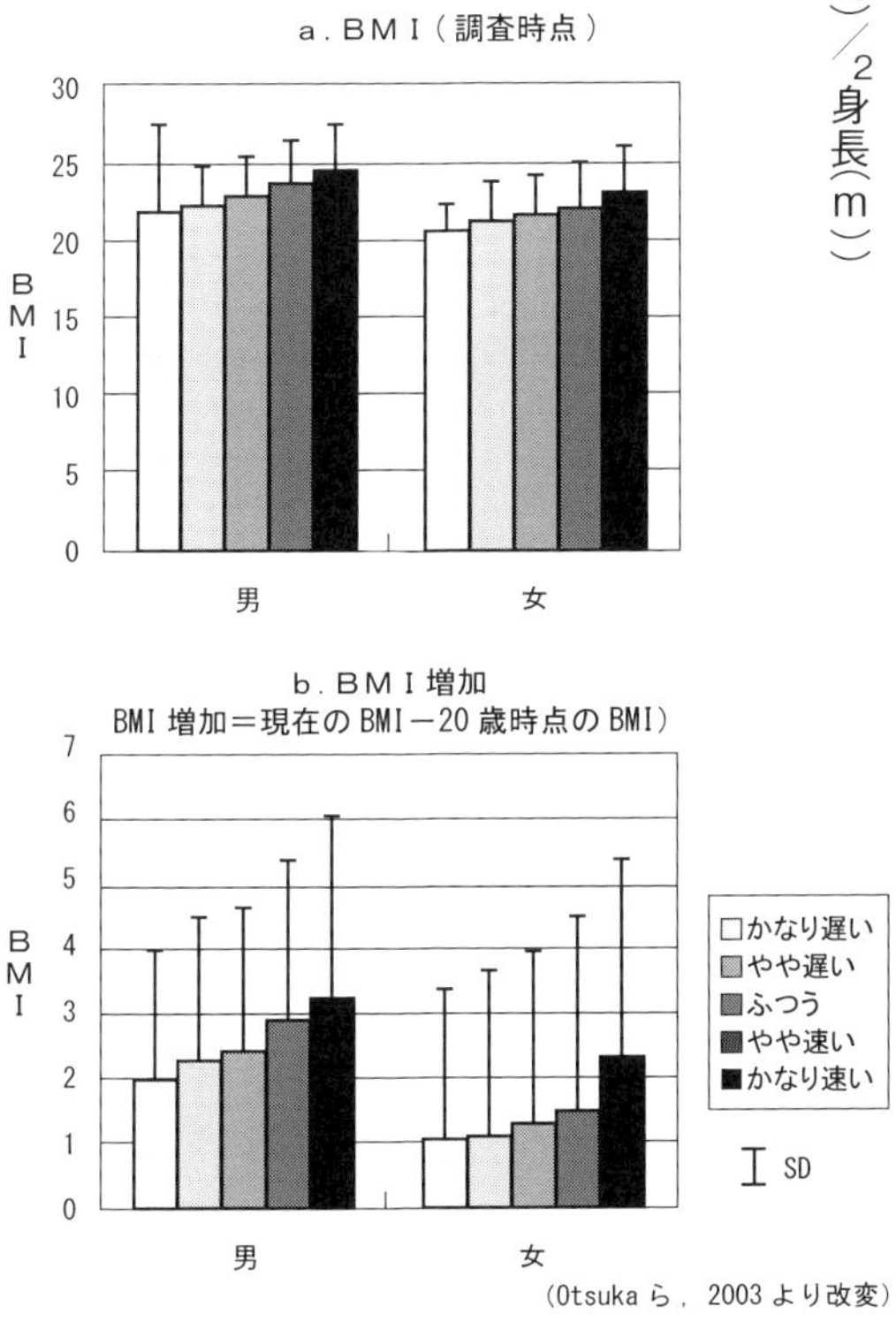

(Otsuka ら， 2003 より改変)

図75　食べる速さと中年男女のBMIの関係（上）、および20歳時点からのBMI増加量（下）

食べる速度が速いほどBMIが大きく、また、若い頃からの増加が大きいという関係が見られる

比例します。（Otsukaら，2003）

ここには、早食いの人は満腹感に気づく前に食べすぎてしまうことが関係していそうです（※18）。満腹感というのは、食事による血糖や血中脂質の濃度の上昇などを、脳の満腹中枢が感知する仕組みになっています（胃の膨満感など、ほかの要因もあります）ので、若干の「時間遅れ」が生じます。

早食いをすると、満腹を感じるときには既に食べすぎてしまっているわけです。

早食いで増量を図る力士

ゆっくり味わえば、満腹中枢が感知する時間が取れますので、腹八分目に抑えるのが簡単になります。無理に腹八分目で〝止め〟なくても、時間をかけることで食欲は十分満たされてくれます。

茶碗にご飯を盛りつけるときに、少なめにするのも有効な手立てになります。たくさんあると、どうしても早くかきこんでしまいがちです。「並べられた量に限りがある」と、ゆっくり味わって食べるようになるものです。食べ終わって一息ついた頃には、不思議とおなかは満たされているものですよ。

ちなみに、体重を増やしたい力士は、満腹感の時間遅れを利用して、満腹を感じる前に大急ぎで大量の食事をとることで増量を図ります。つまり、体重を増やしたい場合は早食いが有効な手立てになるといえます。

1回の食事量が増えることには、インスリンの働きで脂肪と筋肉の両方の合成を促す作用があります。筋肉も脂肪も合わせてとにかく増量したいという場合には、有効な方法となるでしょう。

味わって食べないともったいない

せっかくのおいしい料理も、よく噛んで味わわずに早く食べてしまうはもったいなくありませんか？　好きな食べ物こそ、よく噛んでゆっくりと味わうようにしたいものです。

生きている間の食事の回数は限られています。回数に限りのある食事ですから、1回1回の食事を手早くかきこんでしまうのは、なんとももったいない話。毎回の食事をし

※18…ほかにも、「いっぱい食べるからその分速くなる」という要素もあるでしょう。食べる速度と直接無関係の別の要因（交絡因子）が関与している可能性も考えられます。

っかり味わって楽しみたいものです。これは食事にかかわらず、すべてのことにいえます。すべての出来事が一期一会ですから。

また、「食べることは殺生」です。肉類は動物を、穀類や野菜類などは植物を殺して、その尊い命をいただいています。尊い命に感謝して、じっくり味わっていただきたいと思います。

牛乳のように、殺生せずにいただけるものもありますが、地球上の生態系はほとんどにおいて、食べる＝殺すこと。いただいた命が、自分の血となり肉となり、毎日を生きるエネルギーになる。また、病気や老化から守ってくれる栄養素もそこにたくさん含まれています。

忙しくかきこんでしまう食事は尊い命に失礼です。しかも、早く食べたせいで食べすぎて太ったり、健康を害したりしてしまう。その結果、食べすぎた食事を恨めしく思うことは、もってのほかではないでしょうか。

忙しくなると太る人

余談ですが、テレビ収録でご一緒したある芸人の方が、健康上の理由から太りすぎを大変に気にされていました。収録の待ち時間に、そのことで少し話を聞かせていただきました。

体重が増えたときの行動として、思い当たるところはないかと聞いたところ、「忙しいときほど体重が増えた」ということでした。そして、忙しいときは「早食いになっていた」そうです。

忙しくなるほど、急いで食べることが多くなった——これが太ってしまったことと関係していそうです。仕事のストレスから食事量が増えたというのもあるでしょうが、食べる早さも影響しているでしょう。忙しいときこそ味わって食べて、そこから癒やしを得たいものですね。

好きな食べ物こそよく噛んでゆっくり味わうようにしたいもの

食品のもつ固有の薬理効果

速筋を食べると速筋がデカくなる!?

タンパク質摂取と筋肉の関係の変遷 筋肉の材料→アミノ酸の薬理効果→ペプチドの薬理効果

筋肉や臓器などの体脂肪以外の組織のほとんどは、ほぼ水とタンパク質でできています。筋肉を増やすためには、その材料であるタンパク質を十分にとる必要があるという認識は古くからありました。「筋肉の材料としての重要性」が、筋肉にとってのタンパク質摂取の意義を考える〝第1ステージ〟といえます。

その後、さまざまな研究から、タンパク質は筋肉にとって「ただの材料ではない」ことがわかってきました。タンパク質を一定量以上とると、筋肉の合成反応を進めるmTORシグナル伝達系という反応系を律速させることが示されています。そのカギを握るのが、ロイシンというアミノ酸です（Handsら，2009など）。また、このロイシンとバリン、イソロイシンの3つを分岐鎖アミノ酸（BCAA）といい、BCAAには筋肉分解の抑制作用があることもわかっています（Shimomuraら，2006など）。

このような「特定のアミノ酸のもつ薬理効果」への注目が、タンパク質摂取のトレンドの〝第2ステージ〟といえます。ロイシンやBCAAのサプリメントは、これらの薬理効果を狙った製品です。ロイシンの代謝物であるHMBも、同じく第2ステージのサプリといえます。

そして近年は、「コラーゲンをとるとコラーゲン合成が高まる」「速筋を食べれば速筋合成が高まる」といったことがわかってきました。ここには、タンパク質がアミノ酸まで分解される前のペプチド状で吸収されることが関係して

いると考えられています。筋肉とタンパク質摂取の〝第3ステージ〟といえるでしょうか。
本項では、このことについて見ていきましょう。

コラーゲンを食べると、速筋を食べると

コラーゲンを食べるとコラーゲンが増える。白身魚のような速筋を食べると速筋が増える。子どもの発想的な冗談みたいな話ですが（コラーゲンサプリメントは当初は有識者に結構たたかれました。かくいう僕もその1人でしたが…ごめんなさい）、実際にそのような現象が観察されています。

なぜそんなことが起こり得るのかというと、アミノ酸まで分解されずに吸収される、アミノペプチドが関係しているのでないかと考えられそうです。小・中学校では、「タンパク質は消化されてアミノ酸に分解されて吸収される」と習ったと思います。しかしながら、実際には単一のアミノ酸まで分解されなくても吸収される分があることがわかっています。アミノ酸がいくつか結合したアミノペプチドの状態でも吸収される分があるのです。

そして、このペプチドにさまざまな薬理効果があることが、多分野で注目されています。コラーゲンの話もこれが関係しているとされます。コラーゲンには消化されにくい構造部分があり、相当量がペプチドの状態で吸収されることがわかっています（Iwaiら, 2005）。そして、これにコラーゲン合成を促進する作用があるようなのです。

体内のコラーゲンの分解産物と同様のものであるコラーゲンペプチドが、コラーゲン合成の信号となっているのかもしれません。つまり、食事でとったコラーゲンペプチドが体内で増加することで、「体内のコラーゲンが分解されているよ」という信号になっているとの考えです。その信号を受け取って、「これは大変だ。コラーゲンを合成しよう」という反応が起こるわけです。

このような反応は、コラーゲンがアミノ酸に分解されて吸収された場合は起こらないと考えられます。単

白身魚のような速筋を食べると速筋が増える？　実際にそのような現象は観察されている

一のアミノ酸まで完全に分解されると、コラーゲンの特徴が大きく損なわれてしまうからです。

ほぼ速筋の白身魚で速筋が肥大した

速筋を食べると速筋が肥大するという話も、これと似たメカニズムの可能性があります。それを支持する研究報告がいくつか出てきています。魚肉は白身と赤身で速筋と遅筋がはっきりと分かれているので、魚の白身を使って検証した研究が多いようです（魚肉産業の販売戦略の意味合いもあるでしょう）。

ラットを対象とした研究では、ほぼ速筋でできた白身魚のスケソウダラのタンパク質を４週間摂取すると、同量のカゼインタンパクを摂取した場合に比べて、ほぼ速筋でできている腓腹筋の重量が５％ほど増大していました。その一方で、遅筋優位のヒラメ筋では差が見られませんでした（Mizushigeら,2010）。

ヒトを用いた研究では、高齢女性がスケソウダラのタンパク質１日につき４・５g、12週間にわたって摂取したところ、特に運動の介入はしていないにもかかわらず、四肢の筋肉量が約１・４％増大した（藤田ら，２０１７）という報告もあります（こちらは速筋と遅筋を分けての分析はされていません）。

また、ラットにスケソウダラのタンパク質を３日間摂取させた場合は、腓腹筋の重量がカゼイン摂取と比べて７％程度増大したのに対して、スケソウダラのタンパク質をアミノ酸にまで分解したものを摂取した場合には、その効果

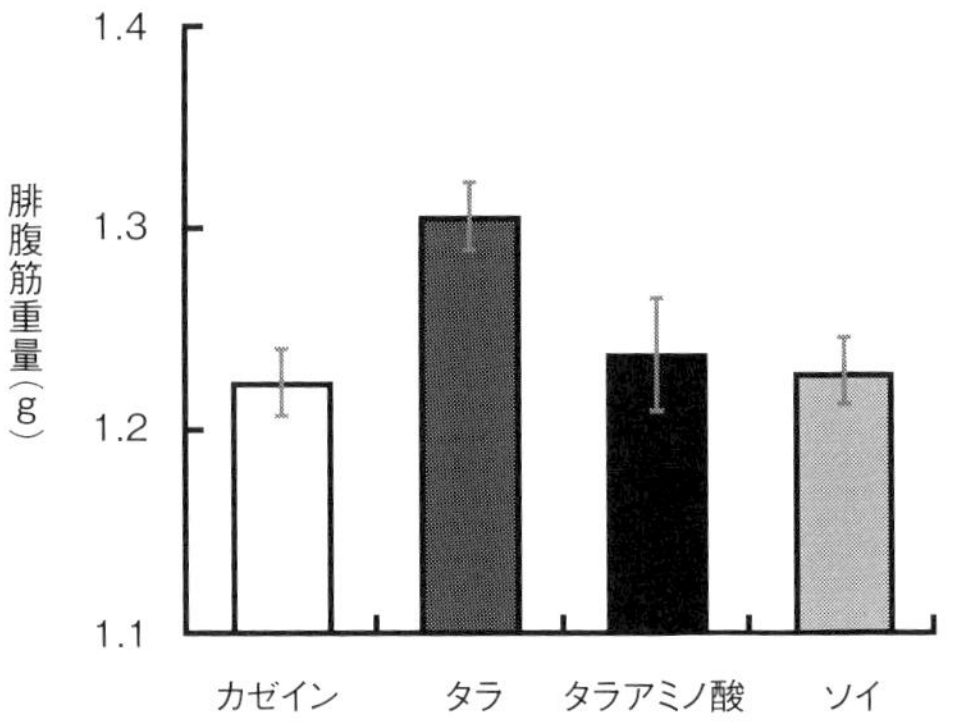

図76　ラットにカゼイン、タラ、ソイ（大豆）のタンパク質、およびタラのタンパク質の組成のアミノ酸を摂取させたときの腓腹筋の重量比較

速筋でできたタラの摂取で腓腹筋重量が増大しているが、同じ組成のアミノ酸ではその効果が見られない

は見られなかったという研究があります（図76：岸田ら，2020）。これは非常に興味深い結果です。コラーゲンの場合と同様に、ペプチドで吸収されたものが影響した可能性があります。

アミノ酸まで分解されずに吸収された、白身魚の速筋タンパクの分解物であるペプチドが、「速筋が分解された」「だから速筋を合成してくれ」というシグナルになっているのかもしれません。筋トレによって筋タンパクは微細な損傷を生じますが、これは主に下ろす動作で使われる速筋で生じているとされます。

この2つを合わせて考えると、速筋タンパクの摂取で取り込まれる速筋のペプチドが、筋トレをしたときのようなシグナルを送っているのではないか、だから白身魚のタンパク摂取で速筋が肥大するのではないか、と解釈することができます。

このメカニズムの解釈はあくまでも仮説です。その真偽は明確であると断定できませんが、実際に速筋の白身魚を食べて速筋が大きくなっていることは事実です。そして、コラーゲン摂取でコラーゲン合成が増えるのも事実です。

なお、ここに説明したコラーゲンや速筋のペプチドの話は、BCAAの筋肉分解抑制作用のメカニズムの仮説と似ています。高強度運動では、筋タンパクが分解されて血中にBCAAなどのアミノ酸が放出されます。BCAAを摂取して血中濃度を上げると、「もう十分に分解されているよ」というシグナルになって筋肉の分解を抑制するという考えです。

ペプチドの同定は容易ではない

この仮説から考えると、どのペプチドが効いているのか？ を同定したくなります。しかしながら、2個のアミノ酸のペプチドなのか、3個、あるいは4個なのか？ また、1種類のペプチドが単独で効いているのか、それとも複数のコンビネーションで効いているのか？ アミノ酸は20種類もありますから、組み合わせは無数になります。これがわかれば、サプリメントや治療用の薬品に応用できるかもしれませんが、同定は容易ではないでしょう。

現状では、「食品として速筋のタンパク質をとるのがよいだろう」ということになるでしょう。なお、僕の知る限りでは、この話でエビデンスが複数あるのはスケソウダラだけですが、ほかの速筋タンパクでも同様の効果はあるかもしれません。

速筋の多い食肉は白身魚と鶏ムネ肉

魚は速筋と遅筋が完全に分かれているので、判別が容易です。速筋と遅筋の生理特性から（速筋は低温で活動しにくい）、体温の保てる内側に速筋の白身を、外側に遅筋の赤身を配置しています。水の比熱と熱伝導率が高いからでしょう。また、マグロのような回遊魚は、ほぼ遅筋の赤身だけ、カレイやヒラメはほぼ速筋の白身だけです。なお、エサのエビの色素に染まった鮭の肉は、オレンジの部分は白身、茶色っぽい部分が赤身です。

鮭は、エサであるエビの色素に染まっているため、白身部分がオレンジ色をしている

陸上の動物の獣肉は、魚と違って速筋と遅筋が入り混じっていますが、部位差はあります。体重を支えるようなよく使う部位は遅筋優位、使わない部位は速筋優位です。また、大きな動物ほど体を支えるのが大変なので、遅筋が多くなります。これは畜産業界では常識。なぜかというと「味が違うから」です（詳しくは後述）。

そうなると、あまり大型ではない動物のほとんど使われていない部位が、速筋ばかりの筋肉となります。その代表例が鶏のムネ肉。いわゆるムネ肉は大胸筋、ササミは小胸筋です。色も白いですよね。牛や豚には速筋ばかりの部位はおそらくないでしょう。

ボディビルダーは脂肪が少ないという理由から、ササミやムネ肉をよく食べますが、もしかすると速筋合成のシグナルとしての効果もあるのかもしれません。サラダチキンもビルダーに人気ですが、これはムネ肉です。

なお、鶏ムネ肉は速筋という話で、獣肉の味の違いがわかったでしょうか。速筋のムネ肉はパサパサとあ

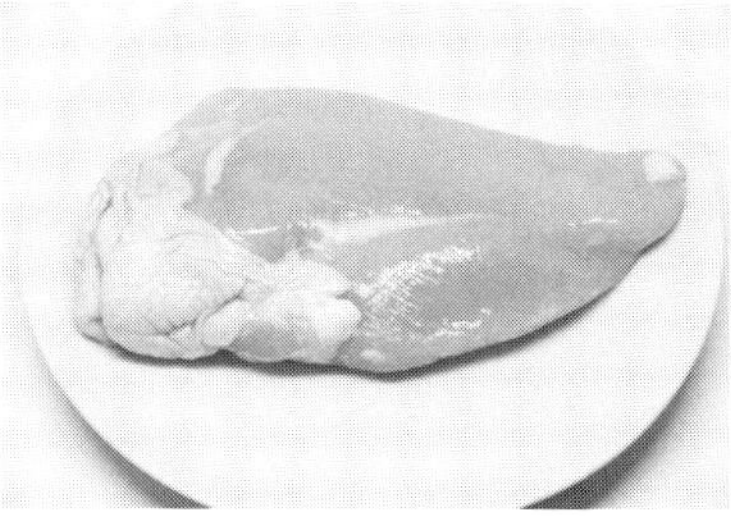

速筋ばかりの筋肉でできた肉類の代表が鶏ムネ肉。いわゆる大胸筋だ

っさりした味、遅筋の多いモモ肉は脂身を除いてもジューシーです。遅筋には細胞内脂肪、細胞外脂肪が多いからというのが主な理由です。筋肉内の脂肪はごくわずかですが、味わいに大きな影響を与えています。

白身魚は練りものの主原料

白身魚のスケソウダラは、ちくわやかまぼこの主原料です。臭みがなく練り物に適しているからでしょうか。

僕はスティック状のカニカマがおやつに食べやすいので、結構気に入っています。それをテレビで紹介したら、随分なブームになってしまいました。間食に適度なタンパク質と糖質がとれるのが大きな利点と考えますが、一番熱く解説したその部分の話はオールカットでした…。

カニカマやちくわは、今ではほとんどのコンビニで置いています。白身魚の摂取が筋トレをした場合と似た刺激になるとしたら、オフの日や筋トレの時間とは離れた時間の間食に、より適しているかもしれません。糖質も多少とれることは、合成反応のエネルギー源の補給やインスリンによる筋肉合成促進にも少しばかり役立ちます。

ただし、カニカマもちくわも塩分多めであることは難点です。食感の問題から、塩分を減らすことは難しいそうです。僕はカニカマを水につけて塩分を落としますが、気休め程度でしょうか。

サプリだけに頼らない食品の強み

筋肉とタンパク質摂取の第1ステージの考えから、「材料のタンパク質」を補給するプロテインサプリが生まれ、第2ステージの「アミノ酸の薬理効果」からBCAAやロイシンのアミノ酸サプリが出てきました。そして、第3ステージの「ペプチドの薬理作用」から、食材そのものの重要性に目が向いたことは興味深いことです。

第3ステージにきて、ぐるっと1周して食品に回帰するというのは、ちょっと面白いですよね。コラーゲンも多くは豚皮から取り出したゼラチンがもとですので、食材そのものに近いといえます。サプリメントばかりに頼ることなく食事をしっかりとることの大切さに、あらためて気づかせてくれますね。

別の事例ですが、同量のビタミンCをとるなら、ビタミンC溶液よりもオレンジジュースのほうが、抗酸化能力が高いという報告があります(Guarnieriら，2007)。食品には未知の成分が含まれていること、さまざまな成分が相互作用をして、高い効力を発揮する可能性があることを示唆しています。

なお、第1ステージから第3ステージまでそれぞれの要素がありますので、どれも重要な意義があります。優劣がつくものではありません。

もしかすると…

肝臓を食べると肝臓がよくなる、といわれることがあります。猿の脳みそを食べる古い中華料理があるそうですが、これで頭がよくなるなど、「もしかすると」そんな効果もあるのかもしれません。完全にアミノ酸まで消化されずに吸収されるペプチドの効果として、あってもおかしくないことに思われます。

なお、肝臓の場合は、そこに含まれるビタミンやミネラル類など、含まれる成分に着目されています。もちろんそういった要素もあるでしょう。

Column

プロテインとおなら問題

プロテインをたくさん飲むとくさいおならが増える、という人はいませんか？　インドール、スカトール、アンモニアなど悪臭の腸内ガスは、主にタンパク質由来とされますから、吸収されずに大腸までタンパク質が多量に届いている可能性があります。これらのガスは、腸内フローラとしてはいわゆる悪玉菌の餌として代謝されて出ているものが多いとされますので、腸内環境としてもあまりよい状態とはいえなさそうです。

腸内ガスが出やすいタンパク質として、乳タンパクのカゼインがよく知られます。スポーツ栄養学の大家である故・鈴木正成先生は、試合前はおなかが張るから乳製品はとるな、と言われていました。ちなみに初期のホエイプロテインは、実際はホエイ「入り」プロテインで、主成分はカゼインというものもありました。僕はこれをとると、その後おならが出っぱなしだったのを覚えています。

解決策としては、まずはとりすぎに注意。一部をEAA（必須アミノ酸）に変えるのも効果的と思われます。完全に消化されていますので、未吸収で大腸まで達する分は少なくなるでしょう。

なお、EAAはプロテインよりも優れているといわれることがありますが、間違いとはいえないものの、必ずしもそうとはいえません。1つは、非必須アミノ酸が含まれないこと。非必須アミノ酸は体内で合成できますが、十分足りているとは限りません。また、タンパクとしてとることの効果も、今回の例のように考えられます。これさえとっておけば、というオールインワンはないということですね。

流行の糖質制限、ケトジェニック

糖質は毒？

1 糖質制限とケトジェニック

糖質の代わりに脂質を使うケトーシス

糖質制限にはいろいろな手法があります。本項では、糖質を「かなり極端に制限する」方法に焦点を絞って、話を進めます。

極端な糖質制限をすると、脂質をケトン体という形に変えてエネルギーに利用するケトーシスという状態になります。ケトーシスにすることをケトジェニックといいます。

ケトジェニックでは糖質をほとんど摂取しませんが、通常の食事において糖質は、三大栄養素のなかでも最も主要なエネルギー源です。糖質はエネルギー反応経路の最上流にあり、筋肉内にグリコーゲンの形で多量にストックされていて、最も速やかにエネルギー減として利用されます。高強度の運動ではほぼ100％のエネルギーが、供給の速やかな糖質から賄われます（176ページ図77）。

体内の糖質が枯渇すると、エネルギー源となる脂質が体にたっぷりあったとしても、運動の継続は困難になります（176ページ図78：糖質を補給せずに運動を続けると急失速するときが来る、マラソンでいういわゆる「35㎞の壁」）。脂質燃焼には糖質の助けを必要とすることから、糖質はエネルギーの種火ともいわれます。

また、脳などの神経組織は、エネルギー源に糖質しか利用できません。これらのことからもわかるように、エネルギー反応は「まず糖質ありき」なのです。糖質が不足した低血糖状態になると力も元気も出ません。ひどくなると昏

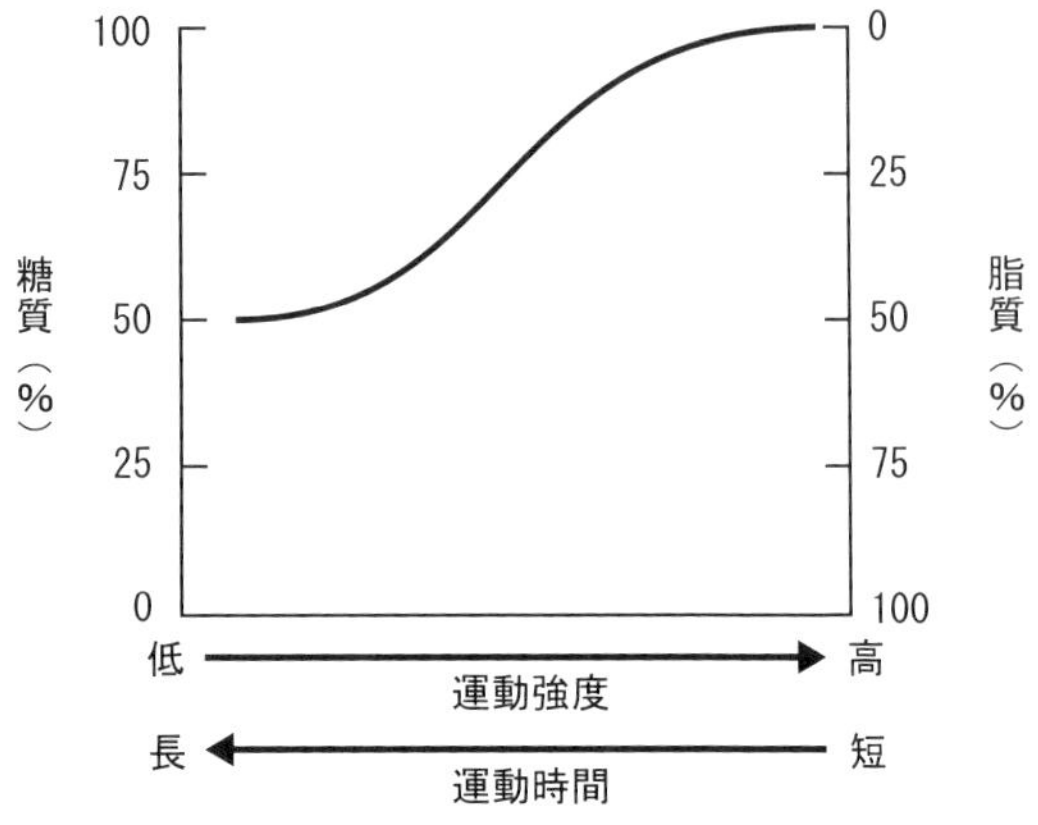

図77　運動強度、運動時間とエネルギー源

多量のエネルギーを使う高強度運動では、エネルギー供給のほぼ100%が速やかにエネルギー利用できる糖質である

睡状態に陥り、場合によっては死に至ることさえあります。

ところが、糖質を極端に制限する食生活を続ける（加えて脂質を多くとる）と、体はそれに適応して〝特殊〟な状態になります。これが「糖質の代替となるケトン体をつくる状態」、すなわちケトーシスです。ケトーシスになると脂質がよく使われるので、体脂肪がよく落ちるという考えからケトジェニックが減量に用いられるわけです。

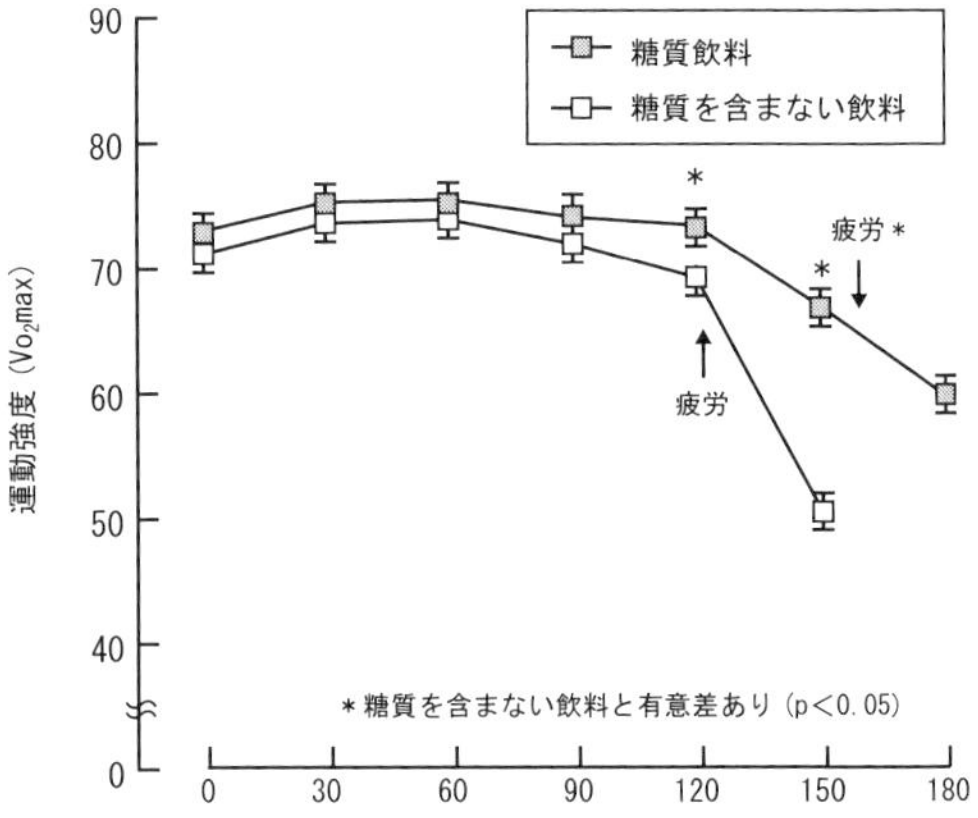

図78　糖質摂取と運動強度との関係

体内の糖質ストックが枯渇すると、運動の継続が困難になる

いろいろなケトジェニック

ケトーシスを狙った方法はいろいろ提唱されています。最も古いものは、実は減量目的ではなく、神経障害であるてんかんの治療に使われる手法で、その起源は１９２０年頃にまでさかのぼります。

糖質・脂質・タンパク質の摂取量から、ケトン指数を算出する手法が古典的にありますが、調整が複雑（実行が面倒）となることから、近年は簡易な手法として「糖質を10〜15g程度に抑えて脂質を多めにとる」という修正アトキンス食が用いられることが多いようです。

減量目的でのケトジェニックの先駆けは、おそらくロバート・アトキンス医師の提唱したローカーボダイエットでしょう。ローカーボダイエットでは、最初の2週間は糖質を1日20g以下にすることで、速やかにケトーシスを起こし、その後は40g程度を目安にして減量を図ります。

脂質はしっかりとり、摂取カロリーは制限しません（！）。この減量法は、アメリカを中心に2003年頃から爆発的なブームとなりました。前述のてんかん治療の修正アトキンス食は、このローカーボダイエットを基に、てんかん治療用に改良したものです。

日本では、江部康二医師の推奨するスーパー糖質制限が有名で、糖質を30〜60g／日にすることを推奨しています。テレビ番組『世界ふしぎ発見』（TBS系列）で紹介されたケトン体質ダイエットの解説をされていた白澤卓二医師は、日本ファンクショナルダイエット協会という組織でケトジェニック食を推奨しています。

そのほかにも、パレオダイエットなど、いろいろなケトジェニックの手法がありますが、いずれも糖質に関しては1日30〜50g程度以内とし、脂質はしっかりとってカロリー制限なしとするのが標準的のようです。

なお、ライザップの掲げる食事法では、糖質は30g以下程度と指導しているようですが、同時に低脂質・高タンパクとする点、厳しいカロリー制限も課している点がそのほかの方法とは異なります。

ケトジェニックに有効な魚油・亜麻仁油・クルミ&流行りのココナッツオイル

ケトジェニックでは極端な糖質制限だけでなく、ケトーシスに導くために脂質をしっかりとることもポイントです。（ライザップは例外のようです）。脂質のとり方ですが、より体脂肪を落とすため、そして健康面への影響にも配慮して、脂質の種類に気を配ったほうがよいとされています。

○魚・クルミを食べよう

まずは飽和脂肪酸を控え、不飽和脂肪酸を多めにとることです。飽和脂肪酸は脂質のエネルギー利用を抑えてしまう作用や、悪玉コレステロールのLDLを増やし、善玉コレステロールのHDLを減らす作用があります。そこで不飽和脂肪酸を積極的にとりたいのですが、特によいのがn－3系の多価不飽和脂肪酸です。脂質のエネルギー利用を促進する作用、LDLを下げる作用が強いからです。

飽和脂肪酸は乳脂肪や肉類に多く、n－3系は魚油のほか、亜麻仁油、シソ油（エゴマ油）、クルミなどに多く含まれます。なお、クルミは食欲を抑える働きもあるため、その点でも減量の強い味方となります。

また、脂肪酸はリン脂質として細胞膜の材料になりますが、n－3系の脂肪酸が多く含まれる細胞膜では、インスリンの感受性がよくなることがわかっています（Panら、1995）。食事でn－3系を多くとることは糖代謝異常の起こりにくい、つまり糖尿病になりにくい筋細胞をつくることにつながると考えられます。

○ココナッツオイルのMCTをとろう

もう1つは、近年ココナッツオイルで有名になった中鎖脂肪酸（MCT）をとることです。MCTは炭素の配列が短く体内での吸収・輸送が速いため、エネルギー源として速やかに代謝（燃焼）されます。この速やかな脂質代謝がケトーシスを進めると考えられています。ココナッツオイルが燃えやすい脂肪といわれるのは、その約60％がMCTで占められるからです。

ただしココナッツオイルは、MCTではない残りの40％のほとんどが飽和脂肪酸であるという問題があります。よりこだわりたい人は、MCTのみを抽出したオイルを使うとよいでしょう。輸入モノのサプリメントもありますし、最近では日清製の商品がスーパーでも売られています（やや高いですが）。量としては、1日30g程度を何回かに分けて摂取することが推奨されています。ココナッツオイルに換算すると50g程度になります。

ケトジェニックはかなり特殊

冒頭でも述べたように、糖質は本来主要なエネルギー源であり、通常の食事では摂取エネルギーの60％程度（量にして300～400g）を占めています。実際に世界中のほとんどの国の主食は、米や小麦（パン・麺類）、芋など糖質メインのものになります。

主要エネルギーである糖質をほとんどとらずに、ケトーシスという「普段の体の中では起こらない代謝状態」をつくり出すことは、生理学的にかなり特殊なことといえます。ケトジェニックでは便秘、頭痛、痙攣、倦怠感などの症状が出やすい（Yancyら,2004）とされますが、通常と異なる極端な生理的状態になるからかもしれません。

また、食文化的にもかなり特殊です。糖質1日30～50ｇというのは、「ご飯やパンなどの主食をとらないだけではとても達成できない数字」だからです。

糖質は主食以外にも、多くの食品に相当量含まれます。例えば牛乳コップ1杯（200㎖）で10ｇ。野菜も1日の所要量程度を食べれば20ｇほどで、根菜類が多いとさらに増えます。

一般的なおかずにも糖質が相当量入っているものは多く、トンカツ1枚なら衣で10ｇ、ソースで5ｇほどもあります。餃子なら皮があるので1人前（5個）で30ｇほどになります。ご飯なしでも「トンカツ1枚＋牛乳1杯＋野菜盛り」を1食として食べた時点で既に45ｇです。

コンビニなどでいろいろな食品の成分表を見てみてください。30ｇや50ｇといった数字がどれだけ厳しいものかがわかると思います。

2 ケトジェニックの減量効果は、実際にはどう？ vs.低脂質カロリー制限

短期効果は高いが長期効果は変わらない

実際の糖質制限の減量効果がどれほどあるかを検証した研究報告は結構あります。アトキンスダイエットブームが医学界、生理学界に与えた影響の大きさを物語っているともいえそうです。

「糖質制限（60ｇ以下）＋カロリー制限なし」（糖質制限ダイエット）と、一般的な減量食である「低脂質食（摂取カロリーの30％以下）＋カロリー制限」（低脂質カロリー制限ダイエット）とを比較した複数の研究を取りまとめたレビューの内容を見てみましょう（Nordman,2006）。いずれの研究もＢＭＩ25（軽度肥満）以上の被験者を用いています。

6ヵ月後の変化を見た結果、糖質制限ダイエットは、低脂質カロリー制限ダイエットよりも3・3kg多く体重が減っていました。糖質制限ではカロリーを制限しなくても、一般的な低脂質カロリー制限ダイエットより体重が落ちたのです。なお、12ヵ月後の変化まで追うと、体重の変化の差はほぼなくなっていました。

カロリーを制限しないことは継続率にも影響しているようです。6ヵ月の糖質制限の継続率は70％で、低脂質カロリー制限の57％を上回っていました。ただし継続率も、12ヵ月後には差がなくなります。カロリー制限なしとはいえ、長期になると通常の方法と継続の難度は変わらなくなるようです。

カロリー制限なしでも摂取カロリーが減る！

カロリー制限なしでもよく痩せる、というのは、夢の方法（！）に思えますが、もちろんここにはからくりが存在します。糖質制限食は、カロリー制限をしなくても「自然と摂取カロリーが減っている」のです。

Ｓｈａｉらの研究によると、糖質制限（最初の2ヵ月は1日20gで、その後は徐々に制限量を緩和＋カロリー制限なし）で、減量初期に大きく体重が減少しています（図79）。減量開始から6ヵ月の時点での摂取カロリーは、平均で減量前の食事よりも「マイナス560キロカロリー／日」でした。これは低脂質カロリー制限（脂質は摂取カロリーの30％以下＋男性1800キロカロリー／日・女性1500キロカロリー／日）の「マイナス460キロカロリー／日」を上回っていました（Shaiら，2008）。

ならば、摂取カロリーをそろえた研究では（さらに食事誘発性熱量産生の大きいタンパク質摂取量もそろえると）どうなるかというと、こちらは糖質制限による体重および体脂肪の減

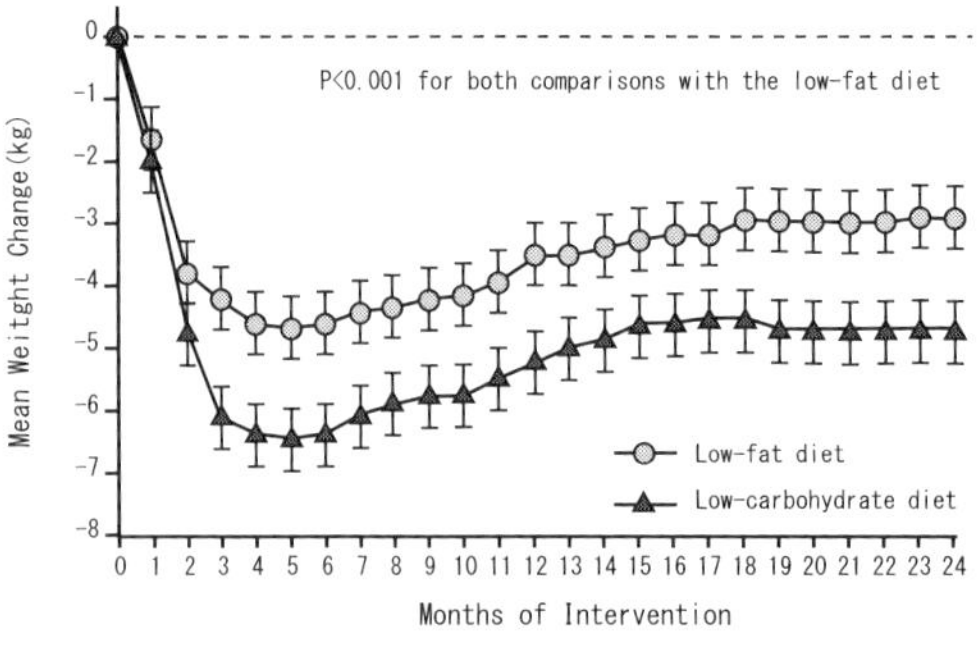

図79　糖質制限の減量効果（Shaiら, 2008）

糖質制限ケトジェニックの短期的な減量効果は確かに高い。ただし、糖質制限は摂取カロリーが減っているという要素

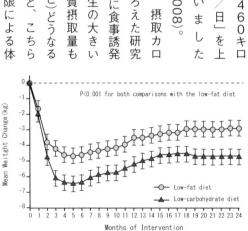

少は特に大きくなかったとの報告があります（Soenenら，2012）。

以上から考えると、糖質制限の減量効果が優れる主な理由は「単純に食べなくなるから」ということになるのかもしれません。

摂取カロリーが減ることも含めての効果

しかしながら、これを「糖質制限は食べるのが減ったから痩せただけ」と否定すべきではないでしょう。食べないようにさせたわけではなく、食べなくなったわけですから、「それも含めて」糖質制限の効果と考えるべきです。では、なぜ糖質制限では摂取カロリーが減るのでしょうか？

糖質はもともと摂取カロリーの60％程度と大半を占めていますので、そこを極端に削ればトータルカロリーは減りやすくなると考えられます。またケトーシス状態では、低血糖による空腹が起こりにくくなる可能性もあります。糖質制限をするとあまりおなかがすかなくなる（あくまでも「あまり」ですが）、という声も実際に聞きます。

前述の通り、糖質制限は食べられるものがかなり制限されます。制限が多くて食べられるものが少ないことも、摂取カロリーの減少につながっているといえそうです。

「糖質以外は食べ放題でも痩せる」はちょっと違う

「（ケトーシスに導けるレベルに）糖質を制限していれば、ほかは好きなだけ食べても痩せる」とよく言いますが、以上からわかるのは、「自由に食べても結果的に、たいていの場合は糖質を削った分、総摂取カロリーが大きく下回るから」ということです。総摂取カロリーが増えるほど食べてしまっては、やはり減量効果は見込めないでしょう。

実際に「糖質をほぼカットしているけれども、ちっとも痩せない。そのほかは自由に食べられるから焼き肉をよく食べている」という人に会ったことがあります。焼き肉は高脂質で、カルビなら1人前で500キロカロリーです。何皿か食べれば、それだけですぐに1日分のカロリーに達してしまいます。しかも牛肉に多い飽和脂肪酸は、脂質のエネルギー利用を抑制する働きもあります。痩せないのももっともですよね。

糖質制限の利点と欠点、およびオススメの取り入れ方

糖質制限とさまざまなメリット・デメリット

減量には高い成果が期待できる糖質制限（※19）ですが、当然ながらよい面もあれば望ましくない面もあります。以下にメリット・デメリットの双方を順に見ていきましょう。

【メリット1】糖化障害が減じる

糖化という言葉はアンチエイジング関連の用語として耳にしたことがあるかと思います。血液や組織液の糖質濃度が上がると、組織のタンパク質に糖質が結合して障害を起こします。これがいわゆる糖化という現象で、疾病や老化の原因となります。

わかりやすい例が糖尿病です。血糖を下げる能力が低いため、さまざまな組織を糖化によって傷つけてしまいます。これが血管で起こると動脈硬化に、目の水晶体で起こると失明につながります。

血糖を正常にコントロールができている健常者なら問題は少ないのですが、無関係とはいきません。健常者でも食後は、一時的に高血糖状態となります。短時間でもこれが動脈硬化を進める、つまり糖尿病やその予備軍でなくとも糖化のリスクが少なからずあることがわかっているのです（Espositeら,2008）。

糖質制限食では食後の一時的な血糖上昇がほとんど起こりませんから、糖化リスクは下がることになります。

※19…ここでの糖質制限とは、「ケトジェニック」と呼ばれ、脂質を糖質代わりに使うケトーシス状態を狙って、糖質摂取を極限（1日30 ～ 50g以下）まで減らす方法を指します。

【メリット2】脂質・糖質代謝関連指標の変化

糖質制限の健康への影響として、脂質・糖質代謝関連指標の血液分析結果が研究で示されています。複数の研究を取りまとめたNordmanらの報告では、糖質制限食は一般的な減量法である低脂質カロリー制限食と比べて善玉（HDL）コレステロールの増加、中性脂肪（TG）の減少、空腹時血糖値およびインスリンの減少などの効果が高いことが示されています。一方で、悪玉（LDL）コレステロールや総コレステロールの減少効果が小さいか、むしろ増加することも示されています（Nordmanら, 2006など）。

脂質、糖質代謝に関してはおおむね良好な数字の変化を示すようです。ただし、一部マイナス要素もありますので、自身の血液性状の数値（健康診断で測定しているはずです）から適正を判断するとよいと思います。

なお、血液性状の変化には個人差があるため、気になる方は糖質制限の実行前後で変化を見てみるのも一案です。健康診断前に実施して例年の数字と比較するもよいですし、健康診断後に行って医療機関で再度血液検査を行うもよいでしょう（多少お金がかかりますが）。

【メリット3】血糖依存ではなくなるため、カタボりにくい？

エネルギー源を主に血糖に依存している通常の状態では、糖質が不足して血糖が下がってくると、筋タンパクの分解による血糖維持作用が働きます（糖新生）。筋肉を分解して血糖値を保とうとするわけです。いわゆる筋肉が「カタボる」状態です。

対して、厳しい糖質制限で導くケトーシスの状態では、エネルギー代謝が糖質の代替物であるケトン体に強く依存するため、血糖低下に伴う糖新生のための筋肉の分解が起こりにくくなる可能性があります。逆にいうと、ケトーシス状態にできない中途半端な糖質制限は、筋肉の分解を進める恐れがあるともいえます。ケトジェニックを開始する際には速やかにケトーシス状態に導いて筋肉の分解を最小限にできるよう、徐々にではなく即座に厳しく糖質量を絞ったほうがよいのかもしれません。

なお、BCAA（分岐鎖アミノ酸：バリン、ロイシン、イソロイシン）が筋肉のカタボリック抑制に効果的であることはよく知られています（1回5g程度の摂取が一般的。研究でもこの程度の量で効果が認められています）。サプリメントで併せてとっておいたほうが、よりカタボリック防止効果が高くなるでしょう。

【デメリット1】1日30目は達成しにくい

ケトジェニックに導く糖質制限では、食べられる食品が〝かなり〟限られます。おかず類にも糖質は結構な量が含まれるからです。果物はほぼ食べられませんし、野菜も存分には食べられません。野菜にも糖質が相当量含まれており、1日の推奨量である350gに糖質は15g程度含まれます。よく食べる人なら30gくらいにもなります。

食べる食品が限定されれば、それだけ摂取する品目数は減りますので、1日30品目を達成しにくいという点で健康上のデメリットとなります。バラエティに富んだ食品をとれないため、不足する栄養素が生じがちになるわけです。

ローカーボダイエットを推奨するアトキンス博士は、この点を考慮してサプリメント摂取を勧めています。悪くはありませんが、それだけでは補い切れないものもあります。

【デメリット2】タンパク質の過剰摂取に注意

糖質の摂取量が大きく減るとその分、脂質とタンパク質の摂取量が増えることになります。その際、腎臓や肝臓への負担（窒素成分の排出・解毒）を過大にしないためには、タンパク質量を適量に抑えるべきです。

タンパク質の必要量は、筋肥大を目的とする場合で体重1kg当たり1・4〜1・8gが推奨されています（アメリカ栄養学会）。それ以上は効果が頭打ちになってきますので、体の負担を考慮して2gを大きく超えない程度にしたいところです。

糖質制限の多くの方法では脂質摂取を積極的に行いますので、タンパク過剰になりにくいのですが（タンパク質の摂取上限を定めているものもある）、ライザップ式のように糖質制限に追加して低脂質・高タンパクを推奨している方法では、タンパク過剰が懸念されます。

ライザップと類似の食事プログラムとされる吉川メソッドでは、タンパク質8：脂質2（摂取カロリー1500キロカロリー、糖質15g以下）を推奨していますので、1日のタンパク質摂取量を計算するとおよそ300g程度、体重70kgなら体重1kg当たり4g（!）ほどにもなります。タンパク質の過剰摂取によって即座に健康に悪影響が出ることは少ないですが、長期継続には不安のある量に思えます。

【デメリット3】インスリンの恩恵にあづかれない

インスリンは脂肪合成を高める悪者と思われがちですが、実は「筋肉を大きく発達させる非常に強いアナボリック作用」もあります。

プロテイン単独よりも糖質を組み合わせたほうが、筋タンパク合成はより高まります。トレーニング直後は筋肉でのインスリンの感受性が高まるので、その恩恵がより高まることになるわけです（※20）（図80上：157ページに類似図あり、Millerら,2003）。また、糖質の摂取は、トレーニング後の筋タンパク分解の抑制作用があることもわかっています（Royら,1997）。

それから、運動後は筋肉中のエネルギーストックの筋グリコーゲン量が低下して、これが疲労の一要因となるのですが、筋グリコーゲンレベルの速やかな回復にも直後の糖質摂取が役立ちます（図80下：156ページに既出、Ivyら,1988）。運動後は筋肉でのインスリンの感受性が高まっているため、摂取した糖質が選択的に、筋肉へと速やかに取り込まれるのです（GLT−4という糖質を取り込む輸送体の発現量が増えるという要素もある）。このとき、脂肪細胞へ取り込まれる分はそれだけ減じることになりますので、太る心配はさほどありません。

トレーニング直後のプロテイン摂取では、同時に糖質もしっかりとる「ハイカーボ&ハイプロテイン（糖質30g程度＋タンパク質20g程度が一般的）」が、体づくりの主流といえます。これは「インスリンのアナボリック作用の恩恵を

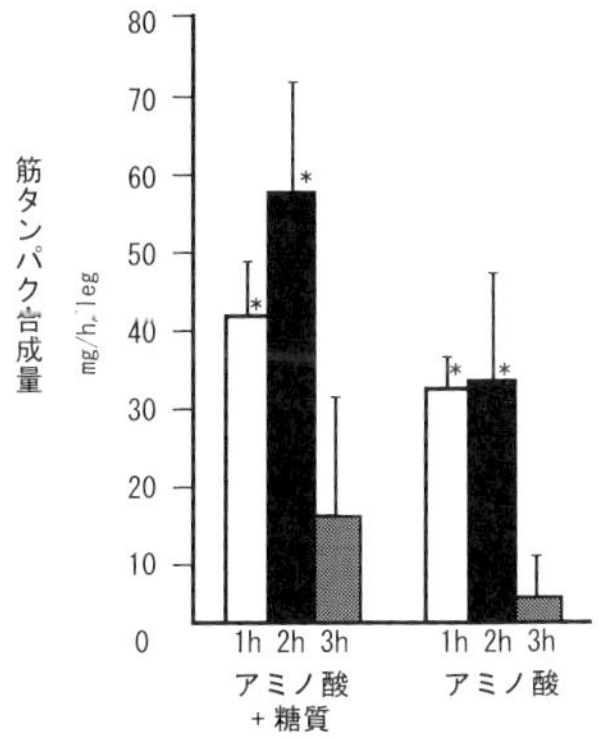

（Millerら,2003より）

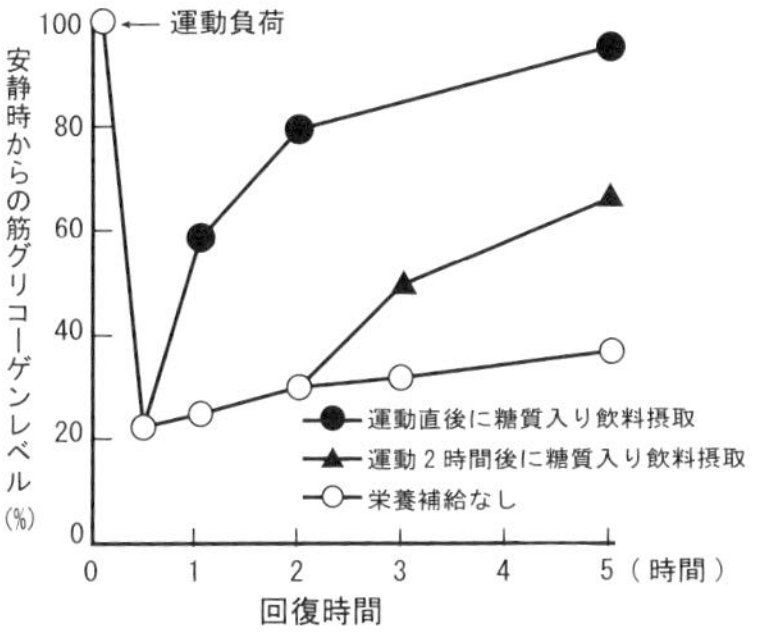

（Ivyら,1988より）

図80　アミノ酸と糖質の組み合わせ効果（上）、および運動後の糖質摂取のタイミングと筋グリコーゲンの回復（下）

トレーニング後は、プロテイン単独よりも糖質を組み合わせてとったほうが、筋タンパクの合成が高まる。また、筋グリコーゲンレベルの速やかな回復につながる。一般的な推奨量は、糖質30g程度＋タンパク質20g程度。糖質30g甘いジュース類1本分程度に相当する

※20…十分量のプロテインを摂取していれば、糖質追加による筋タンパク合成促進および分解抑制効果の増大はわずかであり、ほとんど差がないとする研究報告もあります（Staplesら, 2011）。血糖コントロールに不安がある場合は、トレーニング後に無理をして20～30gも糖質をとる必要はないのかもしれません。

受けること」「速やかな疲労回復」が主な狙いです。

糖質制限を実践している最中は糖質をほぼとらないので、糖質摂取に伴うインスリンのアナボリック作用の恩恵も、速やかな疲労回復の恩恵も受けられないのがデメリットとなります。糖質制限を実践している間は減量優先ということで、この恩恵に関しては割り切る必要があります。

なお、糖質制限ブームの影響からケトジェニックの糖質制限をしていないにもかかわらず、「糖質はよくない」という考えの下、トレーニング後も糖質をとらない方が増えているようです。筋肥大や疲労回復を進めるインスリンの恩恵を受けないのは、非常にもったいないことです。

糖質制限のオススメの利用方法

○サイクルで使うのが理想？

糖質制限のメリット・デメリットを挙げてきました。減量の大きな効果は確かにありますが、インスリンの恩恵による筋肥大効果が少ないこと、とれない食品が多くて品目不足になりがちなこと、前項に示した頭痛や倦怠感などの症状が出ることなどを踏まえると、長期で実践することは体づくりや健康増進の面で好ましくないかもしれません。

短期で減量効果が出やすい方法ですので、取り入れるのなら長期では行わずに、1～2週間ほどの短い期間での実践を、通常の減量食とサイクルさせる方法を推奨したいと思います。僕もたまに実践しますが、ケトジェニックは1週間程度でも明らかに体が絞れます。

ケトジェニックの糖質制限以外の時期の減量法に関しては、いろいろな方法がありますが、筋肉をつけて脂肪を落とすダイエット法の主流としては、糖質に関していえばGIコントロールがよく行われています。岡田隆先生も著書『除脂肪メソッド』（ベースボール・マガジン社）のなかで紹介しています。本項では、このGIコントロールとケトジェニックのサイクルをオススメします。

インスリン感受性の高い運動後には、前述の通り、ハイグリセミックハイカーボ（吸収の速い糖質をある程度以上摂取）で筋肥大と筋グリコーゲン回復を狙います。運動中にも筋肉に糖質を送り届けたいので、運動前も胃腸に負担にならない程度に糖質補給を行います。インスリンの効きが筋肉優先にならないそのほかの時間は、インスリンによる脂肪合成作用を避けるためにローグリセミックローカーボ（吸収の遅い糖質を少なめに摂取）とします。

◯サイクルさせてお互いの欠点を補い合う

ケトジェニックとGIコントロールの組み合わせには、双方の欠点を補い合う効果が期待できます。

GIコントロールでは、トレーニング後に糖質制限の時期には得られないインスリンのアナボリック作用の恩恵を受けるために、糖質を多量にとります。しかし、一時的であっても高血糖状態をつくると糖化を進めることがわかっています。そこで糖質制限の時期を設けることにより、その期間は糖化の進行を減らしてGIコントロール期間の糖化分を相殺するという考えは有効でしょう。

また、GIコントロールで行う高血糖刺激の繰り返しは、インスリンの感受性を下げてしまう恐れがあります。糖質制限の時期は高血糖刺激がありませんから、その期間にインスリン感受性の回復効果が見込めそうです。

◯緩い糖質制限、GIコントロールも1つの手段

ケトジェニックを狙った糖質制限では、とれる食品が限られ、実行が大変です。厳しい糖質制限は倦怠感も生じやすく、肉体的にも負担が小さいとはいえません。ケトーシス状態を導く極端な糖質制限まで行わなくても、糖質を控えめにするなどの「緩い糖質制限（その結果、総摂取カロリーも制限される）」にもそれなりの減量効果、健康増進効果が見込めるでしょう。

糖質のとりすぎによる糖化リスクや、インスリンによる肥満誘発などの影響を減じる効果が期待できます。糖質：脂質：タンパク質のカロリー摂取割合を4：3：3とする（一般的な食事は6：2・5：1・5程度）、ゾーンダイエットなども1つの選択肢となるでしょう。

また、糖質のとり方に関しては、前述のGIコントロールもよい選択肢となります。ゾーンダイエットにGIコントロールの要素を入れるのもよいでしょう（GIコントロールをゾーンダイエットのCFPバランスで行う、ともいえますが）。

減量の食事法には個々に向き・不向きがありますので、自分に合うもので行うとよいと思います。飽きがこないようにいろいろ試すのもよいでしょう。ただしそれを大義名分にして、続かない方法を繰り返さないように気をつけてください。

牛乳の脂肪は肉類よりも飽和脂肪酸が多い

飽和脂肪酸と不飽和脂肪酸

食事に含まれる脂肪（※21）の大半は中性脂肪です。中性脂肪とはトリグリセリドのことで、グリセロールというアルコール（※22）に3つの（〝トリ＝tri〟は「3つの」を意味する）脂肪酸が結合したものです。グリセロールは脂肪酸よりも小さい分子ですので、食事の脂肪の多くは脂肪酸からなるということになります。

本項では、この「脂肪酸の種類」に着目して話を進めていきます。脂肪酸の種類にはいろいろありますが、炭素骨格に二重結合のない「飽和脂肪酸」と二重結合のある「不飽和脂肪酸」に大きく分けることができます（図81）。

前者の飽和脂肪酸は、動脈にコレステロールを着床させて動脈硬化を進めるLDL（いわゆる悪玉コレステロール）を増加させ、血管に着床したコレステロールを回収する作用のあるHDL（いわゆる善玉コレステロール）を減少させることが知られています。対して、後者の不飽和脂肪酸にはLDLを減少させる作用があります。

飽和脂肪酸は「悪い脂肪」、不飽和脂肪酸は「よい脂肪」などといわれる主な理由はここにあります。ですから、脂肪は、その「摂取量」だけを考慮するのではなく、含まれる「脂肪酸のバランス（割合）」も大事ということになります。

血管の硬化は心不全、脳梗塞、また認知症などにもつながります。全身にさま

※21…「脂質」と「脂肪」と「脂肪酸」：用語の正確な定義
「脂質」は生体構成要素の水に解けない物質の総称。「脂肪」とは中性脂肪、トリグリセリドのことで脂質の一種（食品中の脂質の大半は中性脂肪）です。脂肪はグリセロールに3つの「脂肪酸」が結合したもので、脂肪酸には多くの種類があり、飽和脂肪酸（脂：常温でたいていは固体）と不飽和脂肪酸（油：常温でたいていは液体）に大別されます。本書では、厳密には不正確になりますが、一般に使われる「脂肪」という用語を主に用いて構成しています。

※22…アルコールと聞くとお酒を連想しますが、酔いの症状を起こすのはいろいろな種類があるアルコールのなかでも（微生物のアルコール発酵で生じる）エタノール固有の特性です。アルコールなら何でも酔う、というわけではありません。

ざまな物質を送り届ける道路網である血管を良好な状態に保つことは、健康な肉体維持にとって極めて重要です。

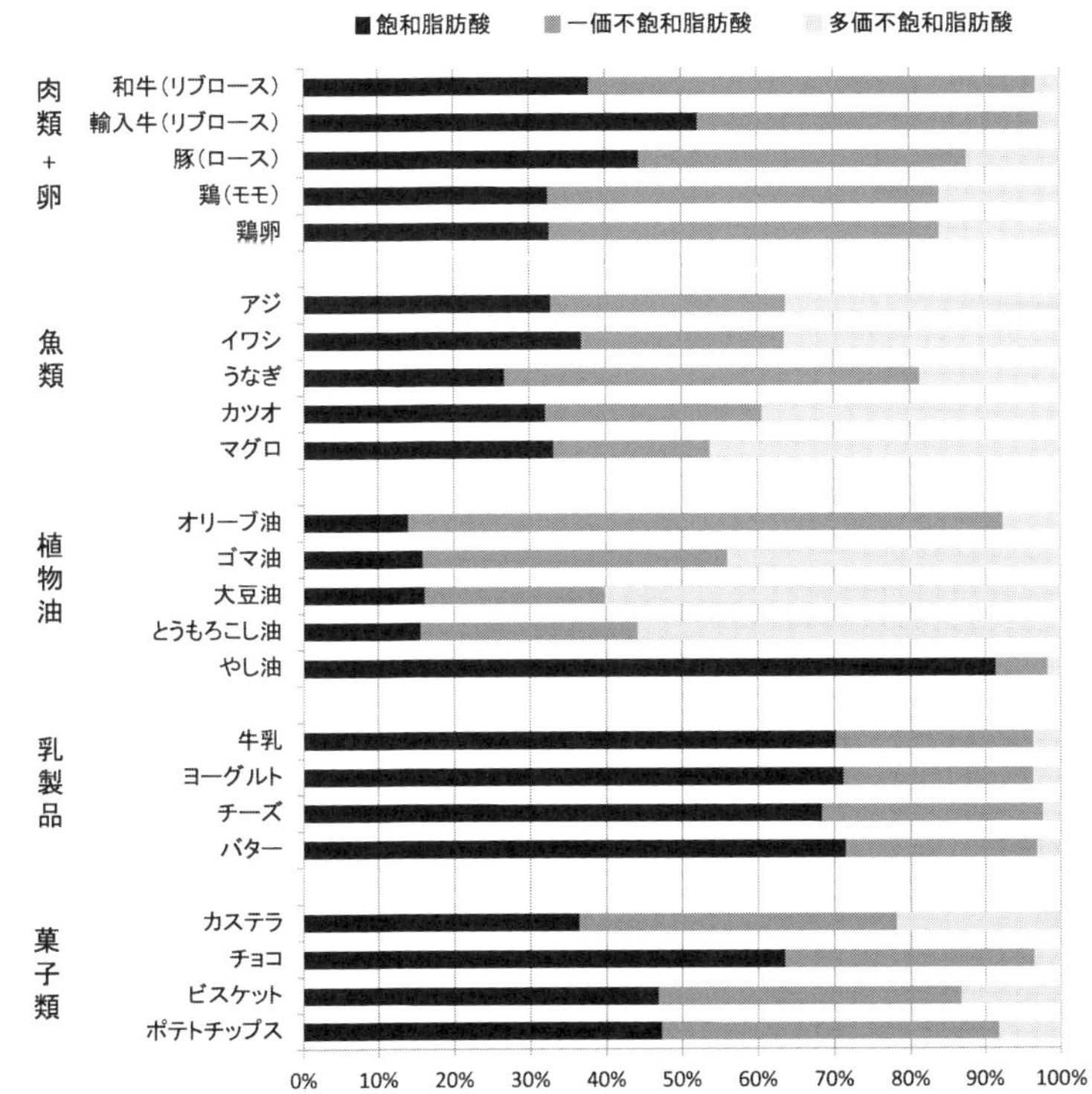

図81　各食品の脂肪酸組成

不飽和脂肪酸は、炭素の二重結合が1つの一価不飽和脂肪酸と、2つ以上の多価不飽和脂肪酸からなる

肉類は飽和脂肪酸が多いが

一般に肉類は飽和脂肪酸（悪い脂肪）が多く、植物油や魚は不飽和脂肪酸（善い脂肪）が多いことはよく知られています。「肉より魚を食べよう」とか「オリーブオイル豊富な地中海料理はヘルシー」などといわれるのは、このことと関係しています。

しかし、肉の脂肪酸は100％飽和脂肪酸というわけでは、実はありません。ほかの食品と比べて「飽和脂肪酸の割合が多めである」というのが正しい表現になります。

また、肉の種類によってその比率は変わってきます。牛肉、豚肉の場合で、飽和脂肪酸の割合は40～50％程度（残りの50～60％が不飽和）、鶏肉で飽和脂肪酸の割合は30％程度です。

肉のなかでは、鶏肉が比較的飽和脂肪酸が少ないことがわかります。ちなみに魚の場合は、魚種によりますが30％程度、植物油では15％程度（例外：ヤシ油は90％程度と高い）が飽和脂肪酸です。

動物性食品をとる場合、血液性状・血管系の状

血液性状、血管系に与える影響を考えるとき、脂肪はその「摂取量」だけでなく、「摂取バランス（割合）」についても考慮する必要がある

態の改善を考えるなら「肉より魚がよい」のは確かなのですが、肉類のなかでも差があるのです。肉類の脂肪は控えめにするのが血管系の健康にとっては基本ですが、同じ肉類をとるなら「牛や豚よりも鶏のほうがややよい」ということになります。

圧倒的に飽和脂肪酸が多い牛乳

肉類の飽和脂肪酸の含有率の話をしましたが、実は肉類よりもずっと飽和脂肪酸（悪い脂肪）の比率の多い食品があります。牛乳および牛乳から作られるヨーグルトやバター、チーズ、生クリームなどの乳製品です。乳脂肪の脂肪酸の実に70％程度が飽和脂肪酸で構成されます。

牛乳というと、カルシウム、タンパク質が豊富で「体にいいもの」というイメージをもたれることが多いようです。

しかし、牛乳にはコップ1杯200㎖だけでも7g程度もの脂肪を含むこと（比較：ショートケーキ1切れ10〜15g程度）、そしてその脂肪には飽和脂肪酸（悪い脂肪）がかなり多量に含まれることはあまり知られていません。

また、ヨーグルトは牛乳以上に体にいいイメージがありますが、ヨーグルトの脂肪もまた同じ乳脂肪。血中の脂質性状への影響は肉類以上によろしくないのです（ただしヨーグルトは低脂肪加工されている製品が多い）。

牛乳やヨーグルトをとるのなら、無脂肪や低脂肪のもの（※23）がオススメです。

オリーブオイルはヘルシー？

不飽和脂肪酸の1つであるオレイン酸には強いLDL低下作用が認められるという理由から、オレイン酸豊富（含有率75％程度）なオリーブオイルは健康にいい油と認識されています。それ自体は間違いではないのですが、「オリーブオイルはオレイン酸豊富で体にいいから、積極的にたくさんとろう」という考えには少し問題があります。

実は、肉類の脂肪酸は、牛、豚、鶏いずれも50％程度の

※23…乳酸菌の発酵は牛乳に含まれる糖質の分解により起こります。脂肪は乳酸発酵に関係しませんので、低脂肪や無脂肪のヨーグルトだから善玉菌の含有量や組成などの質が劣るという心配はありません。

オレイン酸を含んでいます。肉類の脂質にはオリーブオイルがたくさん入っているようなもの、と考えてもらっていいわけです。

ですから肉を食べている人の場合、オレイン酸摂取のためにオリーブオイルを積極的にとる必要性は低いといえます。不飽和脂肪酸であっても、多量に摂取すれば当然カロリーオーバーになりますし（脂質は1g当たり9キロカロリーとエネルギー密度が高い）、とりすぎると逆に心疾患のリスクが上がるという報告もあります（Xuら,2006：そうではないという報告もある(Ohら,2005)）。

オリーブオイル摂取に対する解釈の仕方としては、

・オレイン酸豊富なオリーブオイルは脂肪酸バランスとして優れているので、調理の際にバターなどの脂肪酸組成のあまりよくない脂肪の代用として使うとよい。

・オレイン酸は肉類にも豊富に含まれているので、オリーブオイルを積極的にとる必要性は低い（ベジタリアンの方は別）。

くらいに理解していただくのがよいでしょう。例えば、フライパンにひく油をバターからオリーブオイルに代える、ホームベーカリーで食パンを焼くときにバターの代わりにオリーブオイルを使う、などです。

食パンと白飯の大きな違い

食パンの話が出たので、ちょっと横道にそれますが、食パンとご飯(米)との違いについて少し触れておきましょう。国内で売られている食パンやホームベーカリーで焼く食パンは、製品にもよりますが、実は結構な量のバターを含んでいます。脂肪をほとんど含んでいなさそうな食パンでも、1斤で10gほども含まれているのです。もちろんここには、パンに塗るバターやマーガリンの分は含まれません（ニューヨーカーの好むベーグルやヨーロッパの食パンには、ほとんどバターは含まれません）。

ご飯には、脂肪はほぼ含まれません。食パンは、同じ主食であるご飯の代替のように考えがちですが、実はその中身がかなり異なるのです。

バターの含有量以外にも、食パンには塩分（食パンは1斤に塩5g程度：1日の推奨量は6g以下）と砂糖(1斤10g程度）が非常に多く含まれるという特徴もあります。ご飯には塩分も砂糖もほぼ含まれていません。

食パンはご飯に比べると、脂肪、塩分、砂糖が多く含まれている

塩分の過剰摂取は血液量を増加させるため、即効的に血圧を上げます。高血圧は心筋への負担を増加させるだけでなく、継続的な高血圧状態は動脈硬化にもつながります。

また、砂糖の含有は血糖値の上昇速度を高めます。血糖値の上昇速度を表すグリセミック指数（GI値）という指標がありますが、食パンはGI値がご飯よりも高いのです（食パン95、ご飯85程度）。その理由の1つに、砂糖の含有が多いことも関係していると考えられます。高血糖値の高い状態には血管障害性がありますので、高GI値食品には糖尿病だけでなく、動脈硬化を促進するリスクもあります。

パンをおいしく健康に食べよう

とはいえ、食パンはおいしいですし、おかずによってはご飯より合う場合も多くあります。そこで、前記の問題をあまり気にせずに食パンを楽しむ方法を紹介しましょう。

わが家でいつも行っている方法ですが、ホームベーカリーでパンを焼く際に材料を少し工夫します。使用するバターをオリーブオイルに代えて、さらに量もやや控えめにします。それでも味に問題はありませんし、むしろオリーブオイル独特の風味がしてイケてるくらいです。

さらに、全粒粉（通販で買えます）を使ってGI値を下げます。精製度の粗い全粒粉のパンは消化に時間がかかるため、GI値がぐっと下がるのです（GI値50程度、玄米と同等）。塩は「やさしお」のような分量を減らしても塩味がしっかり出るものを利用して、メニューの量の半分程度（5g程度）にしています。

牛肉は冷めないうちに食べないともったいない

最後に、健康の話だけでなく、脂肪酸の種類と「おいし

さ」に関する話にも触れておきましょう。

　飽和脂肪酸の多い牛脂などは常温で固体の「脂」、不飽和脂肪酸（中でも多価不飽和脂肪酸）の多い魚油や植物油は常温で液体の「油」です。なぜかというと、飽和脂肪酸と不飽和脂肪酸では融点（液体になる温度）が異なるからです。飽和脂肪酸は構造が安定しているため融点が高く、不飽和脂肪酸（特に多価不飽和脂肪酸）はその逆に融点が低くなります。飽和脂肪酸の割合が多いほど溶けにくく、不飽和脂肪酸が多いほど溶け易くなります。

　脂肪分の溶けやすさは「舌触りのなめらかさ」、いわゆるジューシーさに強く関係しています。液状に溶けた脂肪が舌触りのなめらかさを増すからです。これは味覚上非常に重要なポイントとなります。

　脂肪の融点は、牛脂が40～50℃、豚脂が30～45℃、鶏脂が30℃程度、植物油や魚油はほとんどが常温で溶けます。お刺身が冷たくても口溶けがよく、なめらかであるのはこのためです。

　鶏肉は冷めてもよく噛めば、舌の上で脂肪がとろけて、なめらかな舌触りとなります。融点の高い牛脂の場合は、高温の状態で脂肪がとろけてなめらかさが増しますので、ステーキや焼き肉は熱いうちに食べないともったいないわけです。

「（牛）肉は熱いうちに食え」ということですね。

「脂身なのにあっさりしてる」って？

　これはいつも思うことなのですが、よくグルメ番組で高級な肉料理を食べたときなどに聞く「脂身なのにあっさりしてる」というフレーズ。よく考えるとおかしいですよね。脂肪の旨みは主には、口溶けのなめらかさ、ジューシーさにあります。なめらかでおいしくなるから、高カロリーでも脂肪の多いものが好まれるわけです。

　肉料理で「脂身なのにあっさり」は、脂肪が多く（しかも飽和脂肪酸多め）、それでいて脂肪固有の旨さであるジューシーさがそれほどでもないといっているわけです。いってしまえば「マイナスマイナス」の二重苦の状態ともいえます。

「低脂肪なのに舌触りがなめらか」なら、「プラスプラス」でダブルハッピーですよね。上等なマグロの赤身などはこれに該当すると思います。

アルコールは即座に使われるから脂肪にならない？

お酒のアルコールにまつわる都市伝説

「アルコールはエンプティカロリーなので飲んでも太らない」とする2つの誤解：「すぐ使われるから」「熱になるから」

「アルコールはエンプティ（空っぽ）カロリーだから飲んでも太らない」とよく言われます。しかしこれは誤り。ほかの栄養素の糖質（4キロカロリー／g）、タンパク質（4キロカロリー／g）、脂質（9キロカロリー／g）と同様に、アルコールはカロリーをもちます。しかも7・1キロカロリー／gと、かなりのハイカロリーです。

エンプティだから7・1キロカロリー／gはカウントしなくてもよい、という論調がありますが、この「エンプティ＝空っぽ」という解釈が間違っています。英語のエンプティカロリーにそのような意味はありません（「誤訳コラム①」参照）。

この誤訳の背景には、「アルコールは飲んだら速やかにエネルギー源として使われるから」「アルコールのカロリーはすべて熱に変わるから」といった考えがあるようです。

実際にアルコールを摂取すると、エネルギー源として、ほかの栄養素に優先されて速やかに使われます。しかし、アルコールが優先して使われるということは、その間に「糖質や脂質が使われなくなっている」ことを忘れていませんか？
アルコールには発熱を促進して体温を上げる作用も確かにあります。しかし、発熱などで余計に使われる分は多く見積もっても30％と、それほど多くはありません。
いずれもカロリーが空っぽという理屈にはつながらないのです。

Column：誤訳コラム①

エンプティカロリーの本当の意味

「エンプティカロリーフード」とは、「カロリーはあるけれども、体づくりや健康づくりに必要な栄養素が空っぽ、もしくはほとんど含まれない食べ物（飲み物）」を意味します。お酒のようなアルコール飲料は、アルコール以外の栄養素に乏しいものが多いのでそのようにいわれるわけです。

カロリーが空っぽという意味はありません。ほかにも、具材の少ないインスタントラーメンや、生クリームと生地だけのケーキなどがエンプティカロリーフードに該当します。

体に必要なビタミン類をはじめとする、さまざまな栄養素のカロリー当たりの含有量を「栄養素密度」と呼んだりしますが、エンプティカロリーフードとは栄養素密度の低い食品ということになります。

即座に使われるからカロリーにならない？

前述の通り、アルコールは速やかにエネルギー源として使われるのは事実です。しかし、アルコールが優先して使われる間は、「アルコールをとっていなければ使われていたはずの、ほかの栄養素が使われなくなる」ので、それが余剰になることになります。
そもそも、摂取したものが消費されるのが「即座であろうとゆっくりであろうと」摂取したものが消費される、つまりエネルギー源として使われることになんら変わりはあ

アルコールはほかの栄養素より優先してエネルギー源に使われるが、その間に使われなくなった糖質や脂質が結局は余剰カロリーとなる

りません。やはりそれはカロリーとしてカウントされることになります。

なお、アルコールがどのくらい優先して使われるかですが、これは血中アルコール濃度と尿分析から算出することができます。これは古典的に測定がされていて（長峰ら，1959）、例えば体重1kg当たり1gのアルコールをとった場合（体重75kgの人が5%のビールを1・5ℓ飲んだくらい）の、その後5時間の利用割合は、アルコール65%、タンパク質25%で、糖質&脂質はわずか10%になるという報告があります（糖質&脂質は血液、尿分析の残りから算出）。

通常安静時の糖質&脂質の利用割合は80～90%程度ですが（廣瀬，1958など）、それがわずか10%とアルコールにとって代わられ、ほぼ使われなくなるわけです。糖質&脂質が使われないということは、実質としては糖質・脂質をとっているのと変わらないともいえます。詳しくは後述

Column：誤訳コラム②

DITのTは“熱”ではなく“熱量（エネルギー量）”

「DITとは食事でとったカロリーのうち、熱に変わる分」といったセリフを聞いたことがあると思います。実はこれも“誤訳”で正しくありません。

DIT（Diet Induced Thermogenesis：食事誘発性熱産生）の“T”は「“熱”産生」ではなく「“熱量（エネルギー量）”産生」、つまりエネルギー消費を意味します。「発熱する」とか「体温を上げる」といった意味はありません（※24）。

DITの定義は本文にも示したように、「食事によって増えるエネルギー消費量（熱量）」のことです。DITの中身には、消化吸収、排泄の手間や、平熱維持以上の余計な発熱（平熱維持のための発熱はDITに含まれません）などがあります。それぞれの比率までは計測できません。アルコールの場合は体温を上げる余計な発熱の要素が多そうです。

なお、エネルギーが消費される際はたいていの場合70%程度が熱エネルギーになります。したがって、DITを熱という言葉も含めて表現するなら、以下が正解といえます。

「食べることで増えるエネルギー消費がDITで、その70%程度は熱になるので、DITが高いと体温が上がりやすい。」

なお、エンプティカロリーもそうですが、欧米ではこのような誤訳による勘違いはほぼないそうです。誤訳が独り歩きしてしまったようですね。

※24…NEAT（非運動性活動熱産生：運動と意識しない生活活動によるエネルギー消費量）の“T”も同じく“熱量（エネルギー量）”を意味します。

しますが、アルコール摂取は特に脂質代謝を抑制することがわかっています。

アルコールは熱に変わる?:
アルコールと食事誘発性熱産生(DIT)

摂取したアルコールのカロリーは「すべて発熱などの余計に使われるエネルギーになる」という論調がありますが、実際には「100%すべて」とはなりません。実測では10〜30%程度というのが現実です。

発熱作用に限らず、摂取したカロリーのうち「その栄養素を摂取することで増えるエネルギー消費量」の割合をDIT(食事誘発性熱産生:「熱」とは、「熱量(エネルギー量)」の意味で発熱の意味ではありません。「誤訳コラム②」参照)といいます。栄養素を摂取した際の安静時代謝の増加分から評価します。その中身は消化吸収に要するエネルギーや、本来の体温維持に必要である以上の発熱反応などになります。

つまり、DITの分はその栄養素をとるだけで増える消費カロリーですから、実質の摂取カロリーから差し引いてよいことになります。各栄養素のDITは、糖質5〜10%、脂質0〜3%、タンパク質20〜30%程度となっています(Achesonら,1993)。アルコールのDITが100%に近ければ、エンプティでカロリーにならないといえるのですが、実際のところは呼気ガス分析評価から10〜30%程度(個人差や摂取量による差が大きいようです)という答えになります(Westerterpら,1999)。タンパク質と同じか、少ないくらいです。

また、体に取り込まれずにアルコールのまま呼気などから排出される分もありますが、これは多くて数%程度とされますので、少なく見積もってもとったうちの65%は摂取カロリーとして加算する必要があることになります(呼気での排出5%、DIT30%として)。糖質をアルコールに置き換えて体重変化を見た実験でも、アルコールの摂取カロリーの有効率は70%程度と推察されています(Pirolaら,1972)。

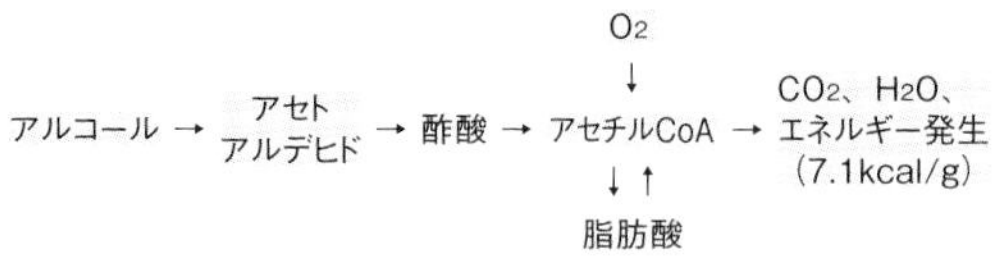

図82　アルコール代謝の概要と脂肪酸合成経路

アルコールもほかの三大栄養素同様、燃焼反応によってCO_2とH_2Oに完全分解される。その際に発生する熱量は7.1kcal/g。そのうち10～30%は安静時代謝の増加に使われる。そして代謝過程の途中には脂肪合成の反応経路がある

アルコールから脂肪酸合成の経路がある：脂肪肝の原因にも！

アルコールは摂取後、エネルギー源として優先的に使われ（燃焼され）ます。そのため、アルコールが脂肪に変わることはないといわれたりしますが、これも正しくはありません。

アルコールは、アルコール⇒アセトアルデヒド⇒酢酸⇒アセチルCoAと変化し、その後、ミトコンドリア内で酸素と結合して二酸化炭素と水になって（燃焼）排出されます。この一連の反応の途中段階のアセチルCoAという物質には、実は脂肪酸合成に進む反応経路があります。アルコールが脂肪に変わる代謝経路があるのです（図82）。

さらに、アルコール分解の過程では、脂肪燃焼に必要なNAD＋という補酵素を多量に使うため、脂肪燃焼反応を抑制してしまいます。多量の飲酒は脂肪合成反応促進と燃焼反応抑制とが強く起こるので、脂肪が多量にできてしまいます。その結果、血中の中性脂肪がはね上がり（1000mg／dℓにまでなることも。これは正常の6倍以上！）、肝臓にとどまる分は脂肪肝として蓄積します。アルコールの多飲が高脂血症を誘発すること、脂肪肝を進めることは、医学的によく知られた事実です。

アルコールは別腹？

アルコールは結構なカロリー源になるわけですが、では、その分食べる量が減るかというと、そうでもないようです。飲酒する人としない人の食事でのカロリー摂取量を調べた研究では、食事でとるカロリー量に違いは見られません（Liu,1993など）。つまり、アルコールの分だけ摂取カロリーが増えるということです。

アルコールは別腹といえるでしょうか。ここにはアルコールのもつ食欲増進作用が関係していそうです。ただし、酒呑みの方のなかには米を全く食べず、少しのアテだけで食事を済ませる人も多くいます。個人差が大きいものと思

われます。

蒸留酒は飲んでも太らない？

発酵したアルコールを蒸留（蒸発させて集める）して作るウィスキーや焼酎などの蒸留酒は、アルコール以外のカロリー源をほぼ含みません。ほぼ水とアルコールだけでできたお酒です。「アルコールのカロリーはカウントしなくてよい」という前提に基づけば、蒸留酒ならいくら飲んでも太らないということになりますが、前提が正しくないので、この考えは誤りになります。

蒸留酒は「同じアルコール量の摂取」であれば、確かにほかのカロリー源がない分低カロリーになります。ただし、ビールをはじめ糖質なども含む醸造酒に含まれるカロリーの多くはアルコールによるものですので、醸造酒でもアルコール分以外のカロリーの影響は、実はそれほど大きくありません。

ですから、ビールなどの醸造酒をハイボール（糖質0の炭酸で割ったもの）などの蒸留酒に切り替えることにもちろん意味はありますが、飲酒量を減らすことのほうがカロリーを抑えるのは容易といえます。例えば、蒸留酒で糖質0のアサヒ辛口焼酎ハイボールを、醸造酒のサントリープレミアムモルツと比べてみると、糖質などのカロリーがない分はアルコール度数の差（5・5％と8％）でキャンセルされてしまいます（図83）。

ビールをハイボールに変えるよりも、量を抑えてビールを飲むほうがカロリーは抑えやすいですし、ビール好きな

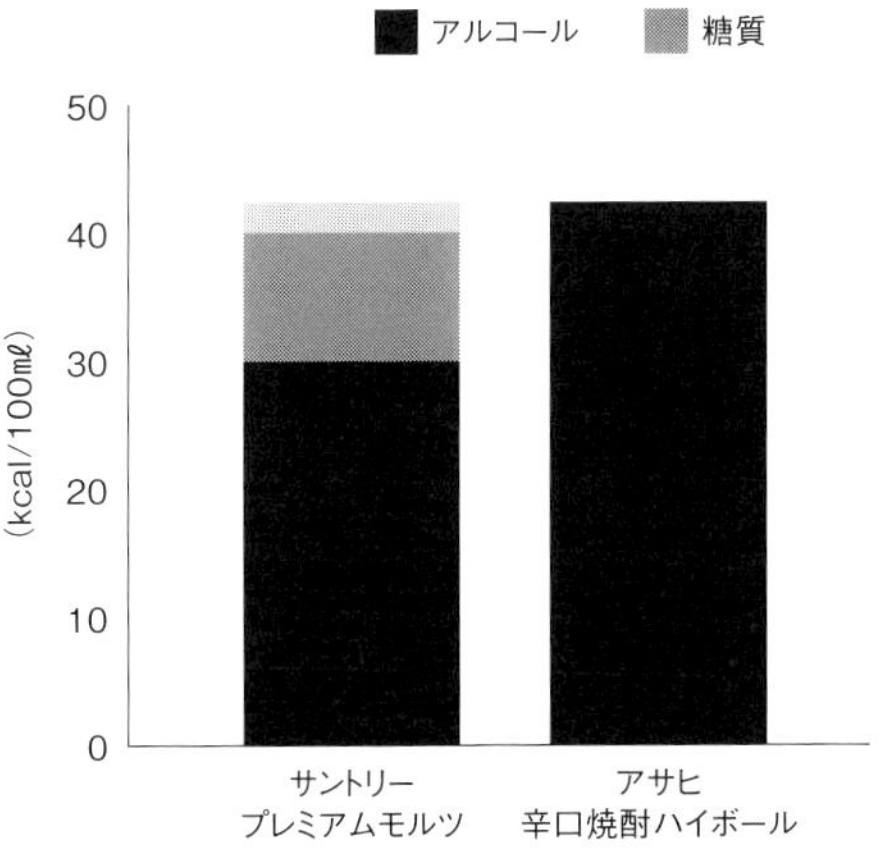

図83　醸造酒のビールと蒸留酒ベースの糖質0ハイボールのカロリー比較

多くの醸造酒のカロリーの多くはアルコールによるもの。そしてアルコールのカロリーはDITなどを考慮しても70%程度の有効率がある。ビール党が無理にハイボールに乗り換えるよりも、好きなビールを、量を控えめに飲むほうがよいかもしれない

らそのほうが幸せな気がします。

アルコールの健康被害と適量によるメリット

ここまでは、「太る・太らない」という、体の「形」に絞って話を進めてきましたが、体の「中身」、つまり健康に関することにも触れておきましょう。

アルコールは非常に毒性の高い物質で、多量の飲酒による健康被害は多岐にわたります。先ほど挙げた脂質代謝異常による動脈硬化や脂肪肝の誘発だけでなく、肝臓の線維化、痛風、膵炎のリスク増大など、挙げればキリがありません。EDを誘発するという報告もあります（鍛えた肉体の活用の場が1つ減りますね）。

がんのリスクとの関係も非常に強く、アルコールが高濃度で通過する咽頭や食道のがんは、多量飲酒者では死亡率が4～5倍に高まり、強い相関が認められています（Holman,1996など）。

逆に、「適量のアルコールは体にいい」といわれるように、健康によい面もあります。少量のアルコールはHDL（いわゆる善玉コレステロール）を増やすため、動脈硬化の予防に望ましい影響を与えます。実際に1日20～30g程度までのアルコール摂取（ビールなら大瓶1～1・5本）は、心疾患の死亡リスクを20％ほど低減するという報告がありますす（Holman,1996など）。また、飲酒が精神的ストレスを解消することも、心疾患予防に役立っていると考えられます。

その効果の影響と思われますが、アルコール1日20g程度（ビールなら大びん1本）までなら、アルコールをとらない人よりも総死亡率は低下します。いわゆる「たしなむ程度（個人差がある点には注意）」が、健康上はよいといえそうです。

ただし、総死亡率の低下は「心疾患による死亡率の低下がほかの要素による死亡率増加分を上回っているから」ということは忘れてはいけません。総死亡率に対して適量といわれる飲酒量でも、ほかの疾患に関してはやはりマイナス要素があります。喉頭がん、食道がんなどは適量とされる飲酒量でも1・5～2倍程度死亡リスクが増加します。たしなむ程度の飲酒にはプラスとマイナス、両方の影響があり、トータルとしてプラスの要素が上回っているということです。要素によってはマイナスもあることを覚えておきましょう。

筋肉男子は厨房に入る！

超簡単でおいしくLean Bodyフード 食事編

絞るための〝つらい我慢〟はしない

僕は、食べたいものを我慢したり空腹に耐えたりする食事制限などは一切していません。一時的に絞るのではなく、常にそのコンディションを維持したいからです。

もちろん好き放題に飲み食いしているわけではありません。「有用な知識とちょっとした工夫」があれば、つらい我慢を要するほど節制しなくても、それなりに絞れたイイ体はつくることができると考えています。

食べたいものを気兼ねせずに、おいしく食べられることは、精神衛生上好ましいことだと思います。そもそも食事の機能は「エネルギー源となること」「体の材料となること」「体の調子を整えること」といった、栄養としての要素だけではありません。「おいしさを楽しむ嗜好性」もまた、食事の重要な機能の1つに数えられます。さしずめ、心の栄養といったところでしょうか。人間の体は、ガソリンとオイル類があれば調子よく走れる自動車とは違うのです。「我慢をするより工夫をする」「根性よりも頭を使う」ことで、食事を楽しみながらも、健康で絞れた、かつデカい体

腕だけ日焼けしてます

をつくりたいものです。我慢や根性で勝負するにしても、頭を使って工夫をした上で勝負するのが賢明です。

簡単でおいしいLean Bodyフード。まずは食事編です。好きな食べものに挙げられることも多いラーメン、カレーライス、そしてパンのレシピを紹介しましょう。なお、文中のカロリーはすべて「日本食品標準成分表（七訂）」から引用しています。糖質の吸収速度の指標であるGI値（グリセミック・インデックス）は、出典により数値が異なるため、ここでは比較して並べるものの値は同一出典からとしています。

ラーメンは肥満の元凶…でもない

太る元凶のように思われていることの多いラーメン。ラーメンが大好物の太った人は、「意識が低い」「自業自得」のような印象をもたれがちです。また、「体づくりのためにラーメンは食べない」という声を聞くこともあります。そんなラーメンですが、種類によるものの、実はそれほど太るメニューでもありません。基本的には低脂質で、麺も低GIです。

脂質の多そうなチャーシュー麺でも、日本食品標準成分表での脂質の値は1食6・4g（タンパク質は27・9gと相応にとれます）、醤油ラーメンに至っては3・1g（タンパク質は20・6g）です。ほとんどの中華料理が1品だけで20g以上の脂質を含んでいるのに比べれば（例…麻婆豆腐23g、八宝菜25g）、中華料理のなかでは優等生といえます。また、中華麺のGI値は、白米81、食パン91、うどん85に対して73と低めです。そばの55には及びませんが、パスタの65に迫る好成績です。

Lean Bodyフードとして比較的優秀なラーメンですが、さらに工夫してみましょう。

上にのせる具材はエビ、イカなどのシーフードで、低脂質（ほぼ脂質0）・高タンパクのものがオススメです。肉類がよければ、前述の通り、チャーシューも実は低脂質です（100g当たり8・2g）。スーパーでも売られていますが、たいていの商品は低脂質です（ただし脂身系の柔らかいものは違います！）。また、ヒレ肉（4・8g）やハム（4・5g程度）なら、脂質はほとんど含まれません。牛ハツも低脂質（約4・5g）で、ラーメンによく合います。鶏肉も意外に合いますが、比較的低脂質かつ低飽和脂肪酸

（モモ肉で14g、皮なしなら3・9g）です。これが牛カルビ（50g）や豚バラ肉（34・6g）になると、脂質量は一気に増えます。

さらに、野菜を多めにしてGI値を下げます。ボリュームが増すので麺の量が抑えられ、食物繊維のほかに多くの微量栄養素もとれて栄養価が上がります。僕はチンゲン菜、シイタケ、もやしなどをよく使います。シーフードにはキクラゲもよく合います。少量のごま油と刻みにんにくで炒めて風味を出しましょう。

肥満の元凶と思われがちなラーメンですが、意外とそうでもありません（ものによりますが）。ただし高塩分なので、その点は注意しましょう　Getty Images

スープは低脂質な醤油味や塩味。シーフードの具材ともよく合います。なお、スープといえば、脂質と同時に塩分も問題になります。そもそも麺自体に塩がかなり使われており（約2g）、さらにスープ（約4g）も含めると相当の塩分量となります。食事摂取基準の目標値である男性8g未満、女性7g未満に1食で迫るほどです。

この塩分と脂質たっぷりのスープの摂取を抑えるオススメの方法（※25）があります。それは、一度小さなお椀に入れ替えて食べる「子ども食べ」です。子どもは熱いラーメンを冷ますために小椀を使いますが、この行為によってスープを落とせるので、スープの塩分や脂質の摂取量をかなり抑えられます（最後にスープを飲んでしまっては、元の木阿弥ですが…）。

スープ自体を減塩・減油するのもひとつの手ですが、あまりおいしくはありません。「子ども食べ」でスープの摂取量を減らせば、味を損なうことなく減塩・減油できます。過剰な塩分摂取は、血漿量が増えるため高血圧になりやすく、塩分排出のため腎臓の負担を増やします。また、消化器系への刺激も強く、胃がんなどのリスクを高めます。

ちなみに、ラーメン好きといえば藤子不二雄の漫画に登場する小池さんが有名です。いろいろな作品に登場する小池さんですが、『ウルトラ・スーパー・デラックスマン』という作品のなかで、胃がんで亡くなります。ラーメンのせ

※25…共著者である荒川裕志先生は、スープの表面をフーッと吹き、表面に浮いた油をよけたところでスープを素早くすくって飲むそうです（減塩にはなりません）。意識が高い（?）人同士では「あるある」「わかる、わかるよー（安岡力也風）」の食べ方ですね。

いでしょうか…ちょっとブラックです。

レシピ

具材としてエビ・イカ（もしくはチャーシューか鶏モモ肉）、チンゲン菜、もやし、キクラゲなどをお好みでたっぷり用意する。ごま油と刻みニンニクで具材を炒め、市販の醤油もしくは塩ラーメンにのせる。食べるときは小さい椀にとって、子どもも食べを。

ラード（バター）と小麦粉で作るカレールーをスープカレーに替える

カレーはラーメンと並び、体づくりをする上では敬遠されがちなメニューでしょうか。事実、カレーはそれなりに〝危険〟といえます。

なぜなら、カレーのルーはラードやバターで作りますので、ルーだけでそれなりの脂質量になるからです（1食分で約7g。しかも高飽和脂肪酸です。飽和脂肪酸は太る脂質、悪玉コレステロールを上げる脂質と覚えておいてください）。しかも、カレーに使う肉は脂身の多い牛肉であることが一般的ですので、トータルすると25gを超えます。

また、ルーには小麦粉も使うため、カレーライスは「炭水化物の重ね食い」的なメニューでもあるのです（ルーの糖質は1皿約9g。ラ◯ザップならルーだけでNGです！）。

このルー問題を解決するのにオススメなのが、スープカ

カレー粉を使ったスープカレーなら、低脂質・低飽和脂肪酸のカレーを作ることができます。具材もご飯ももちろん工夫しましょう。オリーブオイルの分量は、ルーよりもトッピング具材に多めに使います

レーです（自作のものですよ）。スープカレーにすることでまず、小麦粉はゼロにできます。脂質に関しては、自分で作れば量を調整できますし、何より油の質を変えることができます。

ベースは、コリアンダーや唐辛子などの香辛料でできた、脂質のほぼない粉末のカレー粉（脂質は1皿1g未満）です。ただし、油の味わいや舌触りのまろやかさは、おいしさの重要な要素ですから、少しだけ油を足します。その際には、バターなどの飽和脂肪酸が豊富なものは避け、飽和脂肪酸の少ないオリーブオイルを使います（使用する油量は、市販のルーの半分程度に）。香り豊かなオリーブオイルで、イタリアーンな感じのおしゃれカレーになります。

さらに、亜麻仁油を足してn－3系の多価不飽和脂肪酸（脂質代謝を上げる、悪玉のコレステロールを下げる脂肪酸と覚えておいてください。筋タンパク合成促進作用もあります）をとります。なお、亜麻仁油は熱で変性しやすいので、盛りつけてからかけるとよいでしょう。

さらに、ご飯も工夫します。糖質は主要なエネルギー源として重要ですが、とりすぎないようにやや少なめにします。加えて、GI値を下げるために、僕は玄米にしています（GI値は白米81、玄米50）。玄米のスープカレーはオーガニック度、ナチュラリスト度ともに高めで、体に優しそうな感じがしませんか？

玄米が手に入りにくい場合は、もち麦やこんにゃくマンナンなど、ご飯に混ぜるタイプの商品が市販されているので活用しましょう。胃酸でゲル化する水溶性食物繊維が多いので、1割ほど混ぜるだけでGI値はグンと下がります。

レシピ（10皿分）

玉ねぎ、大根（合います！）、ニンジンを大きめに切り、水1400ccを入れた圧力鍋で煮込む。市販のカレー粉大さじ4を目安に、ガラムマサラなどの香辛料とコンソメを適量と、オリーブオイル10gを足します。亜麻仁油は、盛りつけ時に1皿に対して1～2gほど加えましょう。

鶏モモ肉（牛肉よりも低脂質で、低飽和脂肪酸）やエビ・イカなどの海鮮、ピーマン、ナスなどにオリーブオイル20gとコンソメ少々を混ぜ合わせ、刻みにんにくで炒めて盛りつけ時にトッピングします。ゆで卵も合います。具材の量は、入る分だけたっぷりと。ご飯は、玄米か麦入りご飯でやや少なめにします。

ホームベーカリーで低GI・高タンパクの食パンを作ろう

ご飯と食パンの違いは、米と小麦というだけではありません。ご飯は米と水だけでできていますが、食パンは小麦だけでできていないからです。前項でもお話ししたように、小麦以外に砂糖、バター（※26）、塩が相当量入っています。そのため、食パンはご飯よりも、高GI・高脂肪（しかも高飽和脂肪酸）・高塩分となります。

パンは、発酵させるイースト菌の〝エサ〟として、またしっとりさせる保湿性のために、結構な量の砂糖が必要です（1斤で約15g）。そのためGI値は91と、白米の81よりもかなり高くなります。そして、舌触りをなめらかにするためにバターがたっぷり入っており（食べるときに塗る分とは別）、脂質は1斤で約16gにもなります。バターは乳脂肪ですから、その大半が飽和脂肪酸です。さらに、膨らみの調整と味わいのために塩が入ります。1斤で5g程度ですので、かなり高塩分です。

食パンのデメリットばかりを並べてしまいましたが、ホームベーカリーを使って工夫すれば、これらの問題は一気に解決し、しかもおいしい食パンを簡単に作ることが可能です。

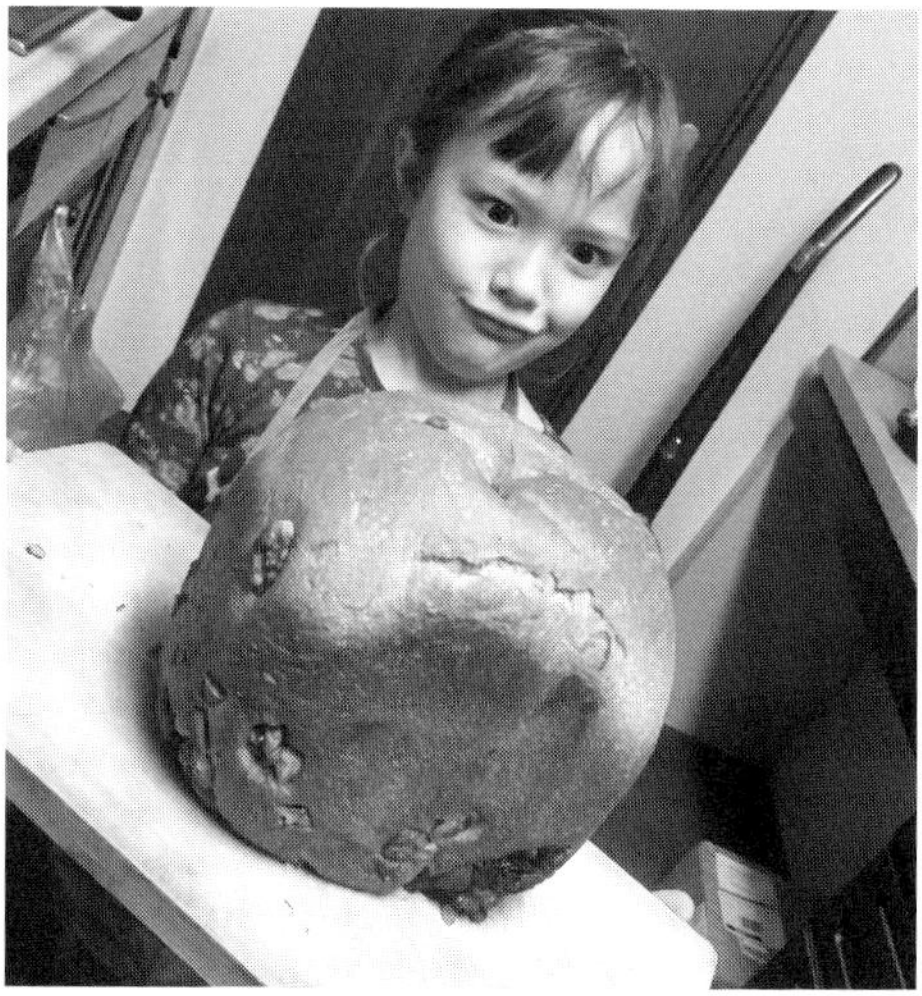
意外に高脂質で高GIな食パンも、工夫すればLean Bodyフードに変えられます。ホームベーカリーで作るパンは格別ですよ

まず、使う小麦を全粒粉に替えます。これは白米を玄米に替えるようなもので、これによってGI値は50程度も下がります。ちなみに、全粒粉はインターネット通販などで安価に入手できます。

そしてバターの代わりに、不飽和脂肪酸をほとんど含まないオリーブオイルを使います。使用量はパサつかない程

※26…食パンをはじめ、パンにバターをたっぷり入れて作るのは日本固有のようです。バターを入れないと、ベーグルのような固い仕上がりになります。

度に、半分ほどに抑えます。全く入れないときもあります。それでも味に問題はありません。むしろオリーブオイル独特の風味がして、おしゃれなおいしさになります。

減塩のパンが売っているように、塩は多少減らしてもさほど問題なく仕上がります。わが家では1斤に2g程度と、所定量の半分で作っています。一方、砂糖は減らすと膨らみが悪くなり、しっとり感も出にくくなるので、所定量を入れます。全粒粉でGI値を下げていますので、それほど気にしなくても大丈夫です。

さらに、お好みでドライフルーツやナッツ類をトッピングします。色鮮やかなドライフルーツにはフィトケミカルやビタミン類、ナッツには不飽和脂肪酸が豊富に含まれています。特にクルミは、n-3の多価不飽和脂肪酸が豊富です。

そして、水の代わりに無脂肪乳と豆乳を半々ずつ入れます。大豆タンパクの脂質代謝促進効果が得られ、乳タンパクと合わせてタンパク質が豊富となります（食パンは1斤約33gと、もともと比較的高タンパクではありません）。

わが家ではさらに、〝裏技〟として小麦粉の15％ほどをグルテン（小麦タンパク。ネットでかなり安く買えます）に置き換えています。これにより糖質をやや抑え、タンパク質を多くとることができます（1斤で糖質21g減、タンパク質21g増）。グルテンはパンのふっくらとした骨格を作る役割があるので、仕上がりも少し変わります。なお、グルテンは体に悪いという説もありますが、小麦アレルギーでなければ問題はありません。

食べるときは、そのままでもおいしいですが、天然の乳プロテインであるカッテージチーズを塗るのがオススメです。

レシピ（2斤分）

ホームベーカリーに次の材料を入れて、全粒粉パンモードを選び、スタートボタンを押します。

材料 全粒粉３８０g、グルテン70g（グルテンを入れない場合は全粒粉４５０g）、砂糖30g、塩4g、オリーブオイル10g、無脂肪乳１８０㎖、豆乳１８０㎖。トッピングとしてクルミ、カボチャの種、ドライフルーツなどを適量（ドライフルーツは熱で溶けて塊になるため、上に敷きます）。イースト入れにイーストを４g

筋肉男子は厨房に入る!

超簡単でおいしくLean Bodyフード

間食スイーツ編

基本は高タンパク・良脂質・低GI

本項はスイーツ編ですが、まずは食事全般の基本的な考えについてまとめておきましょう。

食事のカロリー源は主にPFC「タンパク質（Protein）・脂質（Fat）・糖質（≒炭水化物、Carbohydrate）」の3つからなります。筋肉をしっかり増やしつつ、脂肪は極力つけずにLeanな（絞れた）状態をつくるための1つの方法として、「高タンパク・良脂質・低GI（※27）」をオススメします。

筋肉をつくるタンパク質を多めにとり、脂質は量を抑えつつ良質なものをとるよう心がけます。そして主要なエネ

自分で作れば、スイーツも甘くなるどころか、「絞れて、かつデカくなれる間食」に変えられます。筋肉男子こそ厨房に入ろう。スイーツ作りなんてパティシエ気取りで楽しくなりますよね。僕は日々キッチンで「パティスエ涼子だ」と騒ぎながら作っています

※27…GI値は糖質100g1を含む食品をとったときの、血糖の上昇度合いを示す指標。値算出の定義上、糖質の量の要素はこの値には反映されないが、ここではわかりやすさのため、糖質量が少ない場合も含めて血糖の上がりにくさを低GIと呼ぶこととする。

ルギー源となる糖質は、とりすぎないようにやや控えめにし、吸収速度が遅くなるようにGI値の低いものを選択する工夫をします。

タンパク質…筋肉をつけるためには、その材料のタンパク質が必須です。タンパク質を摂取すると、その後の筋肉の合成反応が進むことがわかっています。ですから、1日のトータルの摂取量だけでなく、「とる回数を増やす」ことも重要となります。

目安としては、朝昼夜の3食でそれぞれ1回20g以上、プラス間食で1回10g以上のタンパク質を2回程度。トレーニング後は20g程度。1日のトータルは、体重×1・5〜2g程度をとるようにしましょう。

朝食と間食のタンパク摂取量が不足しがちですので気をつけてください。朝食や間食でも肉・魚などでタンパク源をしっかり確保しましょう。間食はプロテインシェイクでも構いません。

脂質…量を抑えて低脂質にすることが大切ですが、質も気にしましょう。肉類の脂身や洋菓子の乳脂肪に多く含まれる「飽和脂肪酸」には、脂質代謝を抑えて肥満を誘発したり、悪玉のコレステロールを増やして動脈硬化を誘発したりする作用があります。これらはできるだけ控え、魚や植物性の油をとるようにします。

最近注目の「n－3系」の脂肪酸は特にオススメです。飽和脂肪酸とは反対に脂質代謝を促進し、悪玉のコレステロールを減らす作用があります（Clarke,1997など）。

なお、高飽和脂肪酸の食品は高脂質のものに多いので、質のよい脂質の摂取を心がけることは、量の抑制にもつな

プロレスラーのバルキーな肉体は迫力満点だが、Lean Bodyスイーツに替えればデカいだけでなく、デカくて絞れた肉体に変わるかもしれない

がります。

糖質：糖質をほとんどとらない糖質制限も1つの方法ですが、本来糖質は人体のメインのエネルギー源です。ご飯、パン、麺類、芋類などの主食もほぼ糖質でできています。ある程度はとらなければ力が出ず、疲れやすくなります。糖質を制限したことで、肝心のトレーニングがしっかりできなければ大問題です。力が出ずに日常の活動量が減れば消費カロリーも減りますし、なにより生活が充実しません。仕事も勉強も能率が落ちてしまいます。ただし、余剰分は脂肪になりやすいので量は控えめにしましょう。

　そして、食べた糖質をうまくエネルギー源に変え、脂肪合成に回さないために、吸収速度を緩やかにすること（低GI）が重要です。野菜から先に食べたり、糖質の吸収速度の遅い食材を選んだりすることで、血糖値の上昇を緩やかにしましょう。吸収が速い甘味は、運動後に限定します。

自分で作ればとりたいものをとれる

　外食やコンビニ食でも食事内容を調整することは可能ですが、理想通りのものが売っているとは限りません。とりたいものをとるには、やはり自分で作るのが一番です。「男子厨房に入らず」は古い考え。ニュータイプ男子は、「筋肉男子こそ厨房に入れ」となるでしょうか（もちろん筋肉女子も厨房に入ってください）。

「とりたいものがなければ自分で作ればよい」わけです。「やりたいことが見つからなければ自分でつくり出していけばよい」のと同じですね。生き方にもつながる考え方かもしれません（？）。

　ここでは、僕がよく作っているいくつかのオススメレシピのうち、間食スイーツ編を紹介します。とりたい栄養のために作るのですが、もちろん味にもこだわっています。

超々簡単！
高タンパク・低脂質・
低GIスイーツで小腹を満たす

○小腹を満たすLean Bodyスイーツがあると便利

　僕がよく作るオススメのレシピを3品紹介します。食間の空腹を感じたときに、食欲を満たしながらタンパク質と適度な糖質補給ができます。これなら、体が甘くなる心配もなく、Lean Body食としてスイーツを楽しめます。大量に作り置きしておけば、食べたいときに手元に用意しておけます。僕はプラスチック容器に入れて職場に持参しています。また、Lean Bodyスイーツに替えることで、時には安心して本物のスイーツを食べることもできます。

○高脂質かつ飽和脂肪酸の塊、レアチーズケーキをLean Bodyスイーツに

洋菓子はおいしいのですが、高脂質かつ高飽和脂肪酸(飽和脂肪酸の多い乳脂肪がたくさん含まれる)なのが難点です。僕の大好きなレアチーズケーキがまさにそう。1人前の脂質はなんと30g(!)で、しかも脂肪酸の7割が飽和脂肪酸です。超高脂質かつ超々飽和脂肪酸の、横綱級の危険なスイーツです。

これを工夫してLean Bodyスイーツに変えてしまいます。しかも、作り方は超簡単。材料をミキサーで混ぜて冷やすだけです。

まずは、主材料のチーズをほぼ無脂肪のカッテージチーズ(※28)に変えます。ヨーグルトも無脂肪のものを使いましょう。甘味は合成甘味料を使えば、糖質をほぼゼロにできます。僕の場合は間食で糖質も多少はとりたいので、糖質80%オフのシュガーカットを使っています。なお、チーズケーキは乳タンパクが胃で固まるため、吸収が遅くなります。糖質量を抑えることと併せて、低GIになるのです。また、ゼラチン(コラーゲン)を多めに入れることで食感がプリッとしますし、キレイにもなれます(詳細は後述)。

超簡単レシピは以下の通り。何度も作るのは手間なので、僕はいつもミキサーに入り切る目いっぱいの分量で作っています。材料が多くてミキサーが動きにくいため、スプーンなどで多少補助しながらミキサーします。

レシピ（ミキサー1杯、約9人分）

カッテージチーズ330g、無脂肪ヨーグルト240g、100ccのお湯(50〜60℃)で溶いたゼラチン12g、砂糖100g相当の甘味料(例…シュガーカット50g)、レモン汁30cc(瓶で売っています)をミキサーで混ぜ、プラスチック容器に入れて冷蔵庫で半日冷やすだけ。

1人前(90g)/エネルギー67キロカロリー、タンパク質8・6g、脂質1・5g、糖質4・7g(市販品は33

※28…カッテージチーズは牛乳をお酢で固めて作られます。発酵食品ではありませんので、乳酸菌の整腸作用は見込めません。

4キロカロリー、タンパク質4・8g、脂質27・7g、糖質16・3g）

○コラーゲンゼリーはお湯に溶かして冷やすだけ

美肌サプリとして注目されるコラーゲンは、肌だけでなく、全身の細胞間質の結合組織の主材料となるタンパク質です。体は細胞と細胞間質でできていますが、この2つの比率はおよそ2：1と細胞間質は結構な割合を占めています。それだけコラーゲンは全身に多く存在する、重要なタンパク質ということになります。

細胞間質の多い組織として、皮膚のほかに関節の軟骨や靱帯、腱、骨、爪、毛髪などがあります。コラーゲンはトレーニングで酷使される腱や靱帯の修復にも重要なタンパク質といえます。

コラーゲンは摂取すると分解され、アミノ酸になって吸収されるため、体内のコラーゲンの材料としては、ほかのタンパク質を摂取する場合と同様、特別な意義はないとされていました。ところが、コラーゲンには消化されにくい構造部分があり、相当量がアミノペプチドの状態で吸収されるとわかってきました（Iwaiら, 2005）。そして、これに

コラーゲンの多量摂取（5～10g程度）には、実際に美肌効果が認められている。また関節や骨、さらには毛髪や爪にも効果があることが多数報告されている

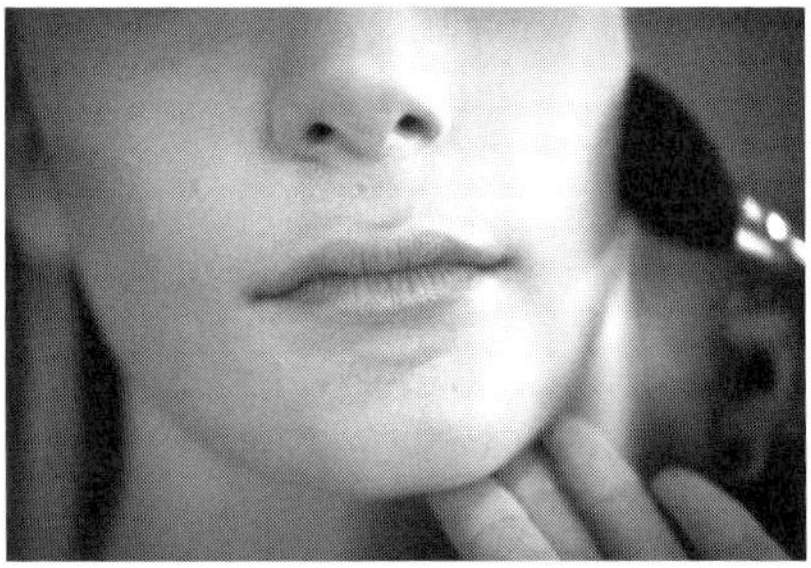

生体内でのコラーゲン合成を促進する作用があるようなのです。

「コラーゲンで美肌！」という宣伝は、実は嘘ではなかったのです（結果としてですが）。コラーゲンの経口摂取による効果の研究は多く、1日に5g摂取することで肌の角層の水分量が増加し、その摂取量が多いほど効果が高まると報告されています（Oharaら, 2009）。

関節に関しては、1日10gの摂取で、激運動による関節痛の軽減効果を認めています（Clarkら, 2009）。そのほかにも毛髪が太くなる（ヤッタネ！）、爪がキレイになるといった報告もあります（Scalaら, 1976など）。コラーゲン、侮れない存在ですね。

なお、摂取すべき推奨量は、現時点では明確になっていませんが、多くの研究から1日5～10g程度が1つの目安になるといえそうです。

コラーゲンをサプリでとろうとすると、結構な値段がしますが、実は極めて安価にとることができます。ゼリーを作る製菓用の粉末ゼラチンを使えばよいのです。ゼラチンは、コラーゲンを熱処理して分解が少し進んだもの。言い換えれば、少し消化の進んだコラーゲンといったところですので、ゼラチン摂取はコラーゲンをとることとおよそ同じといえます。実は、多くのコラーゲン摂取の研究でも、ゼラチンを経口摂取しています。

僕は通販サイトで、450g入りを1500円ほどで購入しています（プロテインよりも安いくらいです）。これを50～60℃のお湯に溶かして、半日冷蔵庫で冷やせばゼリーができます。僕の場合は、歯ごたえの強さとたくさんとりたいことから、ゼラチンを少し多めに入れます。

コラーゲンを安価にとるには、製菓用ゼラチンを使うとよい。筆者の利用している商品は、450gで1500円！　お湯に溶かして冷やすだけで、ゼリーが出来上がる

コーヒーや紅茶で作れば立派なゼリーのできあがりです。甘味は砂糖の代わりにゼロカロリーもしくは低カロリーの甘味料を使います。紅茶ゼリーは上品な感じがしますし、意外とイケます。果物ジュースを温めて作ってもよいでしょう。

レシピ（大きめのプラスチック容器1個、約11人分）

コーヒーまたは紅茶を50〜60℃ほどに冷ましたもの1ℓに、ゼラチン35g、砂糖50g相当の甘味料（例：シュガーカット）を入れて混ぜ、プラスチック容器などに移して半日冷蔵庫で冷やす。甘味料の量はお好みで。

1人前（1カップ＝90g）／エネルギー13・5キロカロリー、タンパク質（コラーゲン）2・5g、脂質0g、糖質0・8g

☆2カップ分でコラーゲン5gがとれる

◯偶然の発見：ソイ&コラーゲンシェイク「キレイニナール」

ゼラチンからゼリーを作るのが面倒だったこと、間食として大豆（ソイ）プロテインと多少の糖質をとりたかったことから、偶然できたオリジナルスイーツもあります。

偶然できた、谷本オリジナルスイーツ「キレイニナール」。大豆＋コラーゲンという組み合わせが女性にはうれしい

大豆プロテインには、脂質代謝促進作用があるので（Ricketts, 2005など）、減量期の間食で摂取するボディビ

ルダーも多いと思います（トレーニング後は吸収の速さからホエイが好まれます）。僕は大豆プロテインをゼラチンと混ぜ、ミルクティーで割って飲んでいたのですが、これをたまたま冷蔵庫に入れておいたら、ややざらざらした感じで固まり、シャーベットとゼリーの中間のような状態になっていたのです。スプーンですくって食べると、心地よい食感のスイーツに仕上がっていました。

なお、大豆タンパクには女性ホルモン様作用もありますので、コラーゲンの美肌効果、大豆タンパクの脂質代謝促進効果（脂肪燃焼効果）と合わせて、女性がキレイになる要素が詰まっているといえます。スイーツ系の間食で小腹を満たせる点も、女性にうけそうです。女性向けスイーツとして売り出せば、案外イケるかもしれません。商品名は「キレイニナール」にしますので、商品化に興味のあるメーカーの方はご一報ください。

レシピ（大きめのシェイカー1杯、約4人分）

ゼラチン40g、ソイプロテイン（イチゴ味）40g、ミルクティー400㎖をシェイカーで混ぜ、冷蔵庫に1時間ほど入れておく。

1人前（1カップ＝120g）／119キロカロリー、タンパク質18・2g（コラーゲン8・8g）、脂質1・5g、糖質8・2g

☆砂糖を合成甘味料に代替してもよいのですが、砂糖を抜くとざらざらとした食感はなくなります。甘味が弱いので、合成甘味料を足してもよいでしょう。
☆冷やす温度や少しの分量の違いで、固まり方が変わります。

ホンモノのスイーツは…

僕は、糖質量が20gを超えるようなホンモノのスイーツは運動後に限定し、上限を30g程度までにしています（どら焼き1個、だんご1串程度）。もちろん、飽和脂肪酸のほぼ含まれない和菓子か、比較的少ないカステラやプリンなど一部の洋菓子です。洋菓子の乳脂肪による飽和脂肪酸が豊富なスイーツは、時間帯にかかわらずとらないようにしています（週1回のチートデイに少し食べる程度です）。

スイーツは〝心の栄養〟ですし、すべての栄養素には摂取する意義があります。ケーキやパフェなどのスイーツは、決して毒というわけではありません。Leanな体づくりのためには、量を控えたほうがよいということです。

筋肉男子は厨房に入る！

超簡単でおいしくLean Bodyフード

外食・コンビニ編

2択クイズ：全問正解を目指してください

食品の二択をクイズ形式で考えていきます。「筋肉をつけつつ、脂肪を落とす」という視点から、どちらが好ましいか選んでみてください（※29、30）。もちろん、どちらの食品にもそれぞれの利点がありますので、不正解のほうが全面的に好ましくないというわけではありません。

カニカマスティック vs. 魚肉ソーセージ

カニカマスティックが正解：カニカマスティックのある意識高い系コンビニ

どちらもコンビニでよく見かける間食系の食品ですが、魚肉ソーセージのほとんどの商品は、実は魚肉だけでできていません。原材料を見ると、「植物油」や「ラード（豚脂）」と記載があります。これは意外に知られていないように思います。

そのため、若干高脂質で（161キロカロリー、糖質12・6g、脂質7・2g、タンパク質11・5g／100g：1本強）、何よりも驚きなのが、魚に多いn－3脂肪酸はほぼ含まれていない点です（2％以下）。つまり、魚油はほぼ入っていないというこ

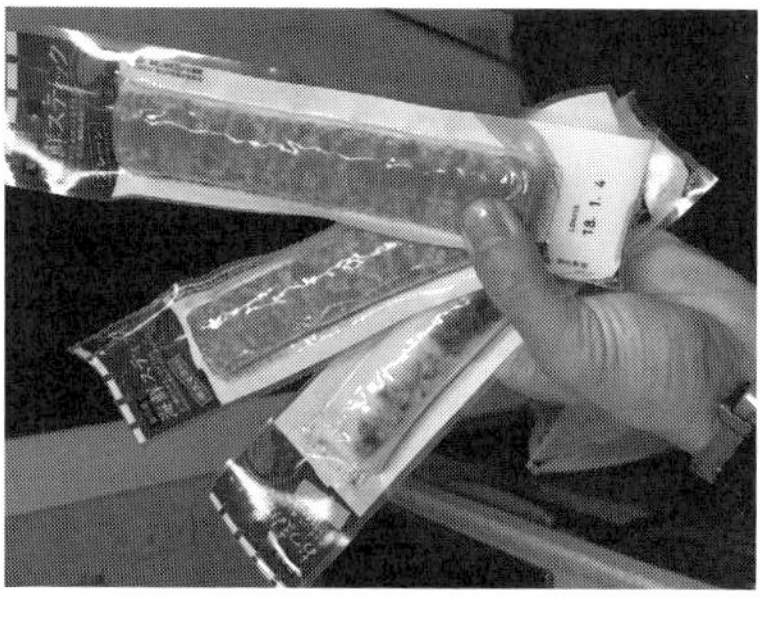

高タンパク、ほぼ脂質ゼロ、適度な糖質がとれるカニカマスティック

※29…食品の栄養成分は商品により異なります。今回は、文部科学省の日本食品標準成分表に準ずるものとしました。・

※30…GI値は出典により異なります。比較しているもの同士は、同一出典による数値としました。

Column

間食とアミノ酸スコア

アミノ酸スコアとは、人体のアミノ酸必要量に基づいて算出されるタンパク質の評価値のことで、100が満点です。不足しているアミノ酸があると、そこから減点されます。

いろいろな食品をとれば、不足するアミノ酸を相互に補完できるので、普段の食事ではこのスコアはさほど気にする必要はありません。普通に食事をすれば、通常は100になります。ただし、摂取する品目の少ない間食の場合は、アミノ酸スコアの相互補完があまり働かないので、アミノ酸スコアを少し気にする必要があります。

例えばイカ、タコ、エビ、貝、カニなどの「魚以外の魚介類」は、低脂質・高タンパク、かつ脂質の組成もn-3脂肪酸の比率が多く、とても優れているのですが、アミノ酸スコアは70程度とやや低めです(肉や魚系の食品のアミノ酸スコアは100)。

では、冒頭で「意識高い系おやつ」として紹介したカニカマスティックはどうなのかというと、これが問題ありません。カニカマは、カニではなくタラなどの白身魚が材料だからです。アミノ酸スコア的にも、やはり意識高い系といえますね。

とです。結構な驚きですよね。また、飽和脂肪酸の割合が40%ほどもあり、これは牛や豚と同程度です。

一方のカニカマは、ほぼ脂質を含みません(90キロカロリー、糖質9・2g、脂質0・5g、タンパク質12・1g／100g：1本強)。白身魚で作られるので、わずかに含まれる脂質にはn－3脂肪酸が31%と、魚と同等に含まれます。糖質も適度に含んでおり、おやつとしては大正解ではないでしょうか?

最近は多くのコンビニで、おやつに食べやすいカニカマスティックが販売されています。サイズが大きめのものなら、これでタンパク質と糖質を10g程度ずつとることができます。置いてある店舗とない店舗がありますが、僕は置いてある店舗を「意識高い系コンビニ」と呼んでいます。オーナーが体づくりに理解があるのかもしれませんね。

ハム vs. ソーセージ

ハムが正解：ハムとソーセージは似て非なるもの

ものにもよりますが、ほとんどのハムはかなり低脂質(糖質3・9g、脂質4・5g、タンパク質15・4g／1

ハムとソーセージは似て非なるもの。ソーセージに比べると、ハムは低脂質。ただし、高塩分である点には注意が必要

00g：5枚程度）。食品標準成分表の値よりもさらに低脂質なハムも、スーパーにはたくさん並んでいます。

対するソーセージは、かなりの高脂質食品です（糖質6・2g、脂質24・7g、タンパク質12・7g／100g）。しかも、飽和脂肪酸の割合も38％と高めです。一見似たような食品ですが、この2つの組成は大きく異なるのです。

栄養組成的には、断然ハムがオススメですが、保存食であるため、高塩分であることがやや問題です（2・4g／100g）。可能であれば水につけおきして、多少でも塩分を落としてから食べたほうがよいかもしれません。

なお、ハムとレタスのサンドイッチは高タンパク・低脂質でよさそうに思えますが、コンビニ商品の場合（※31）はマーガリンやマヨネーズがたっぷり入っています。コンビニの1人前のパックで脂質約20gと結構な高脂質。自分で作るなら、低脂質のカッテージチーズとハムとレタスなどで作るとよいですね。

春雨 vs. こんにゃく

こんにゃくが正解：春雨はデンプン、こんにゃくは食物繊維

多くの人が、カロリーカットの目的でこの2つの食材を利用すると思います。その目的で選ぶなら、こんにゃくの圧勝です。ともに低カロリーのイメージがありますが、カロリー量には「大差」があります。

春雨の原料はデンプンですので、普通に糖質でできた食

春雨もこんにゃくも低カロリーのイメージがあるが、こんにゃくのほうが圧倒的に低カロリー

※31…カフェやレストランではバター・マーガリン、マヨネーズなしで作る意識高い系のお店もあります（スターバックス、エクセルシオールなど）。

※32…かつて、食物繊維は0kcalとされていましたが、腸内細菌による分解で吸収できる分もあるとの考えから、現在では2kcal/g（糖質の

品です。ではなぜ低カロリーかというと、理由は水分が多いからです（136キロカロリー：糖質8・3g、脂質0・02g、タンパク質0・01g／100g、戻し率4として計算）。春雨は約75％が水（残りは25％）なので、約60％が水（残りは40％）のご飯（米）や麺類に比べると、同じ量のカロリーが半分ちょっとになるわけです。

こんにゃくは100gで7キロカロリー（※32）と、なんと春雨の20分の1です（糖質0・3g、脂質0・1g、タンパク質0・1g＋食物繊維3g／100g）。カロリーカットを目的とするなら、こちらが断然優秀です。また、水溶性の食物繊維が豊富ですので、同時に摂取した食事全体のGI値を下げることにも役立ちます。

炊くときに、ご飯に混ぜるタイプのこんにゃくが売られていますが、これにはカロリーカットだけでなく、ご飯のGI値を下げるというメリットもあります（本書の共著者である荒川裕志先生は、マンナンヒカリを愛用しています。ちなみに僕は、GI値に関しては玄米派。微量栄養素も豊富ですからね）。そのほかにも、カルシウムなどの微量栄養素も豊富（カルシウムは68㎎／100g）といったメリットもあります。

チャーシューvs.牛カルビ

チャーシューが正解：比較的低脂質なチャーシュー

どちらも高脂質なイメージがありますが、チャーシュー（焼き豚）は肉類のなかでは低脂質なほうです（糖質5・1g、脂質8・2g、タンパク質19・4g／100g：薄切り14枚程度）。脂身ぎっとりのものはもちろん違いますが、大抵のチャーシューは、この程度。スーパーにも売っていますので、ぜひ成分表を見てみてください。

一方の牛カルビは、牛のバラ肉ですが、これは肉というより脂です（糖質0・1g、脂質50g〈！〉、タンパク質11g／100g：1人前）。脂質がタンパク質より多いどころか、4倍もあります。しかも飽和脂肪酸が15・5g、脂肪酸が36％と多めです。

食事摂取基準では、脂質の摂取量は総カロリーの25％を推奨していますので、1日2000キロカロリーとるとして、焼き肉のカルビ1人前（100g）で早くも1日分に達してしまうことになります。また、飽和脂肪酸の摂取量は7％以下とされますので2000キロカロリーとるとして約15g以下。これもたった1人前で1日分になってしまいます。

焼き肉の定番ともいえるカルビですが、これでは「焼き脂（やきあぶら）」ですね。ちなみに、焼き肉のネタなら牛レバー（糖質3・7g、脂質3・7g、タンパク質19・6g／100g）、ヒレ（糖質0・3g、脂質4・8g、タンパク質20・5g／100g）、牛ハツ（糖質0・1g、脂質7・6g、タンパク質16・5g／100g）あたりが優秀です。

そば vs. うどん

そばが正解：そばは低GIの代表格

これは皆さん正解されたのではないでしょうか？

両者の大きな違いは、糖質の吸収の速さを示すGI値です。そばは主食のなかでは低GIの代表格。うどんのGIは85程度で白米以上ですが、そばのGIは55程度と、玄米や全粒粉パン並みの低さです。

運動直後に限っては、筋タンパク合成を促すという点から高GI食品にもメリットがありますが、それ以外の時間帯は、体脂肪合成の抑制、食後高血糖による糖化ストレス（動脈硬化の誘発など）、腹もちのよさなどから低GIが望ましいといえます。ちなみに、主な主食のGI値は次の通りです。食パン91、うどん85、白米81、コーンフレーク75、ラーメン73、パスタ65、玄米フレーク64、そば・玄米55、全粒粉パン50（製品による、データは出典により異なる）。

GI値が大きく異なるうどんとそば。そばは精製度が低く、微量栄養素も豊富

栄養成分としても、そばは優秀です。1人前のそばは296キロカロリー、糖質57・5g、脂質1・8g、タンパク質12・5gと、比較的タンパク質が多めです。うどんは1人前242キロカロリー、糖質49・7g、脂質0・9g、タンパク質6g。また、そばは精製度が粗いため、ビタミンB群や鉄、亜鉛などのビタミン・ミネラル類も、主食のなかでは豊富なほうです。

ご飯vs.食パン

ご飯が正解：ご飯＝米、パン≠小麦

これまでにもお話しした通り、ご飯の原料は米だけですが、食パンは小麦のほかに砂糖（1斤に約15g：発酵に必要）、バター、塩が相当量入っています（238キロカロリー、糖質42g、脂質4g、タンパク質8・4g、塩分0・8g／4枚切り1枚）。砂糖によってGI値が白米よりも高く、バターによって肥満や動脈硬化につながる飽和脂肪酸を少なからず含みます（34％）。さらに、

ご飯の原料が米だけなのに対して、食パンは小麦のほかに砂糖やバター、塩が相当量入っている

Column

日本と欧米のパン事情

パンはGI値が高く、それなりに脂質も含まれ、しかも高飽和脂肪酸――という話を、「ご飯vs.パン」のところでしました（191ページ参照）。前職で世界各地を回っていた共著者の荒川裕志先生によると、実はこれには日本特有なところがあります。

欧米では、クロワッサンなどは別として、主食に食べるパンにバターはあまり入れません。小麦粉は精製度の高い白いものではなく、精製度の低い茶色いものが主流です。日本のパンよりもずっと低脂質で低GIです。ごまやナッツ類、カボチャの種などの種子類が練り込んであるものも多く、組成のよい脂質もとれます。

我々日本人の感覚からすると、パサついていて、ややくさみというか精製度の低い小麦特有の香りがします。これはこれでおいしいので、日本でも欧米スタイルのパンが普及すればいいのにな…と、学会などでヨーロッパに訪れるたびに思います（欧米スタイルの「欧米か!」なパン屋さんもありますが、少ないですね）。

通常はそこにマーガリンやバターを上塗りして食べます。

ご飯は米100%ですので、ほぼ無脂肪・無塩です（269キロカロリー、糖質59・4g、脂質0・5g、タンパク質4g／茶碗1杯）。ただし、白米ではGIが高めですので、GIの下がる食べ方の工夫をしましょう。野菜を先に食べると水溶性食物繊維の影響でGIが下がります。同じく水溶性食物繊維の豊富な麦入りご飯を選ぶのもよいでしょう。コンビニでも、麦入りご飯の商品が増えてきました。レトルトのご飯も、麦入りの商品が多くのコンビニに置かれています。

ギョーザ vs. シューマイ

引き分け：シューマイはヘルシーなイメージがあるが、組成はほぼ同じ

シューマイのほうが、ヘルシーなイメージがあるかもしれませんが、PFCバランスはあまり変わりません（ギョーザ：236キロカロリー、糖質28・6g、脂質9・7g、タンパク質8・5g／120g：5個）（シューマイ：241キロカロリー、糖質21・6g、脂質12・5g、タンパク質10・4g／112g：小8個）。

どちらも結構高脂質です。飽和脂肪酸もギョーザ32%、シューマイ34%と高めです。また皮があるため、おかずにしては糖質が多めです。ギョーザやシューマイは具だくさんのおにぎりやサンドイッチのようなもので、既に主食の糖質が皮の部分に相応に（茶碗半分弱）入っています。ご飯と一緒に食べると、思いのほか糖質のとりすぎになるので注意しましょう。

カッテージチーズ vs. プロセスチーズ

カッテージチーズが正解：カッテージチーズは天然のプロテイン

飽和脂肪酸が7割を占める乳脂肪は、飽和脂肪酸の横綱。牛乳を低脂肪にするように、パンのお供はプロセスチーズではなく低脂質のカッテージチーズにしましょう。脂質摂取を3分の1、ものによっては6分の1以下に減らすことができます（プロセスチーズ：339キロカロリー、糖質1・3g、脂質26g〈飽和脂肪酸67%！〉、タンパク質22・7g、塩分2・8g／100g）（カッテージチーズ：21

カッテージチーズは脱脂乳を発酵させて作る、天然のプロテインのようなチーズ

0キロカロリー、糖質3・8g、脂質9g、〈飽和脂肪酸71%〉、タンパク質26・6g、塩分3・8g／100g〈注：多くの市販品はこの数値よりも低脂質で4～5g程度です〉。

カッテージチーズはパンにつけるほか、カレーやビーフシチューに入れたり、肉や野菜類のおかずに添えたりすることもできます。乳タンパクにはGI値を下げる作用があるので、食事の際にとるのは、その点でも有効です。

また、「酒の肴にチーズを」という人は多いと思いますが、それをカッテージチーズにしてみるのもよいでしょう。僕は、家飲みの肴によく使っています。

カッテージチーズは脱脂乳を発酵させて作る、天然のプロテインのようなチーズです。無脂肪乳にお酢などの酸を加えて乳タンパクを固めて、カッテージチーズ状のものを作ることもできます。ただし、この場合は低脂質ではありますが、発酵していないので、乳酸菌や乳酸菌を作り出す成分は入っていません。

パスタ vs. ピザ

パスタが正解：パスタは低GI、ピザは高GIかつチーズたっぷり

ピザはチーズたっぷりなので、1人前で脂質は20gを超えます。しかも、チーズは飽和脂肪酸が70%弱と極めて高飽和脂肪酸な食材。さらに生地はパンなので高GIです。自宅では全粒粉でパン生地を作り、チーズをほぼ無脂肪のカッテージチーズに代えられますが（わが家ではそうしています）、外食ではそうはいきませんね。

パスタは低GIで、オリーブオイル（飽和脂肪酸14%）を使うものが主なので、飽和脂肪酸も少なめです。具材がシーフードや野菜・キノコならなおよし。ただし、生クリームをたっぷり使ったカルボナーラは脂質、飽和脂肪酸が鬼レベルで入っています（脂質40g、飽和脂肪酸45%：1人前）。かけるソース次第で変わるので、その点は注意しましょう。

PROFILE

谷本道哉　たにもと・みちや

順天堂大学大学院スポーツ健康科学研究科 先任准教授
1972年、静岡県生まれ。大阪大学工学部卒業。パシフィックコンサルタンツ株式会社で道路トンネル設備設計業務に従事後、東京大学大学院総合文化研究科博士課程修了。博士（学術）。国立健康・栄養研究所特別研究員、順天堂大学博士研究員、近畿大学生物理工学部准教授などを経て、2022年4月から現職。専門は筋生理学、身体運動科学。

荒川裕志　あらかわ・ひろし

国際武道大学体育学部 教授
1981年、福島県生まれ。早稲田大学理工学部卒業。東京大学大学院総合文化研究科博士課程修了。博士(学術)。国立スポーツ科学センター研究員、国際武道大学准教授を経て、2020年4月から現職。専門はバイオメカニクス・トレーニング科学。元プロ格闘家で、自らも筋肉トレーニングは欠かさない。

健康《けんこう》にEnjoy《エンジョイ》筋《きん》トレライフ

2023年4月28日　第1版第1刷発行

著　者　谷本道哉《たにもとみちや》・荒川裕志《あらかわひろし》
発行人　池田哲雄
発行所　株式会社ベースボール・マガジン社
〒103-8482
東京都中央区日本橋浜町2-61-9 TIE浜町ビル
電話03-5643-3930（販売部）
03-5643-3885（出版部）
振替口座　00180-6-46620
https://www.bbm-japan.com/

印刷・製本　共同印刷株式会社

ISBN978-4-583-11530-6　C2075